ビジュアル版

転職の前に知っておきたい
正しい辞め方

今さら聞けない

転職・退職の超基本

株式[illegible]ハッカズーク 監修

朝日新聞出版

はじめに

ここ数年、「キャリアオーナーシップ」や「キャリア自律」という言葉が頻繁に耳に入るようになりました。これは、終身雇用や長期雇用が当たり前ではなくなり、転職や独立などキャリアが多様化する中で、自らのキャリアを主体的に築き上げていくことの重要性が認識されるようになった表れと言えるでしょう。

本書のタイトルにある「転職」はキャリアオーナーシップやキャリア自律と切っても切れない密接な関係にあります。日本の労働人口の半数以上が転職経験をもつこの時代、「キャリア形成＝転職」と考えている人も少なからずいるのではないでしょうか。しかし、本書は転職や退職を推奨するものではありません。あくまでキャリアを考える上で避けて通れない「転職」の基本を知り、キャリアオーナーシップやキャリア自律の一助とすることを目的としています。皆さんにとってこの本が、転職を考えるきっかけになるのではなく、ご自身のキャリアを見つめ直すきっかけになることを願い、本書を監修しました。

また、「転職」に必ずついて回るのが、同じく本書のタイトルにある「退職」です。

かつて終身雇用や長期雇用などの雇用慣習が一般的だった日本では、転職や独立のための退職は「悪」と見られ、退職者が裏切り者扱いされたり、退職が縁の切れ目となったりすることがありました。

ライフスタイルやワークスタイルが大きく変化してキャリアは多様化し、新しい転職の手段が増えて誰もが身近なものになったにもかかわらず、前述のような「転職」や「退職」に対するネガティブな考えは長い間アップデートされずにきました。仕事を通じて築き上げる人間関係や信頼関係などの社会関係資本を構築することは、キャリア形成においてとても重要です。「転職や退職は悪」という考えは退職で縁が切れてしまって、社会関係資本を毀損することにもなり得ます。

退職は必ずしもネガティブなものではありません。退職後もつながり続けられることで、築き上げてきた人間関係や信頼関係をキャリア形成に役立てることもできます。「退職」の基本を知ることで、社会関係資本を高めるきっかけとなるような〝辞め方〟が当たり前の国になることを願っています。

株式会社ハッカズーク

Index

Chapter 2 転職・採用市場を知る

Index

Chapter 3 転職の基本

Chapter 4 辞め方の基本

※2024年3月時点の情報です。

押さえておきたい心構え

転職も勤続も自分で選ぶ

周囲の同年代が
転職していく
30歳になるし、
何かしないと…？
希望の部署に
異動させてもらえない。
辞めちゃう…？

＼ちょっと待って！／

漠然とした不安や不満で焦って転職を考えてしまう

変えられることがないか考えず、辞める決断をしてしまう育児をしながら、キャリアも充実させたい。多様な働き方に柔軟に対応してくれる企業に転職し、ワークライフバランスを向上させたい。

現職の仕事の一環で障がい者の雇用支援に携わり、関心をもつように。もっと深くかかわるために、これまでのキャリアを障がい者雇用支援専門の企業で生かせないか。

現在の企業では、給与や担当部署の面で自分の仕事を的確に評価してもらえている実感がない。評価制度、報酬制度が明確なら、モチベーション高く仕事できそう。

将来的に、マネジメント系の職種に就きたいと思っている。自分のキャリアプランのために、スキルアップ研修が整っているA社に転職したい。

エンジニアとしてキャリアアップをしていくためには、さらに専門性の高い業務をこなす必要がある。その分野を事業範囲にしているB社で経験を積みたい。

＼ ここからスタート！ ／

自分らしいキャリアを築く手段のひとつが転職・退職

ライフプランに応じた働き方の選択肢を探す

押さえておきたい心構え

転職・退職してもキャリアは続く

後味の悪い辞め方をしてしまったAさんと円満退職後、人や会社とのつながりを維持しながらキャリアを築いているBさん。

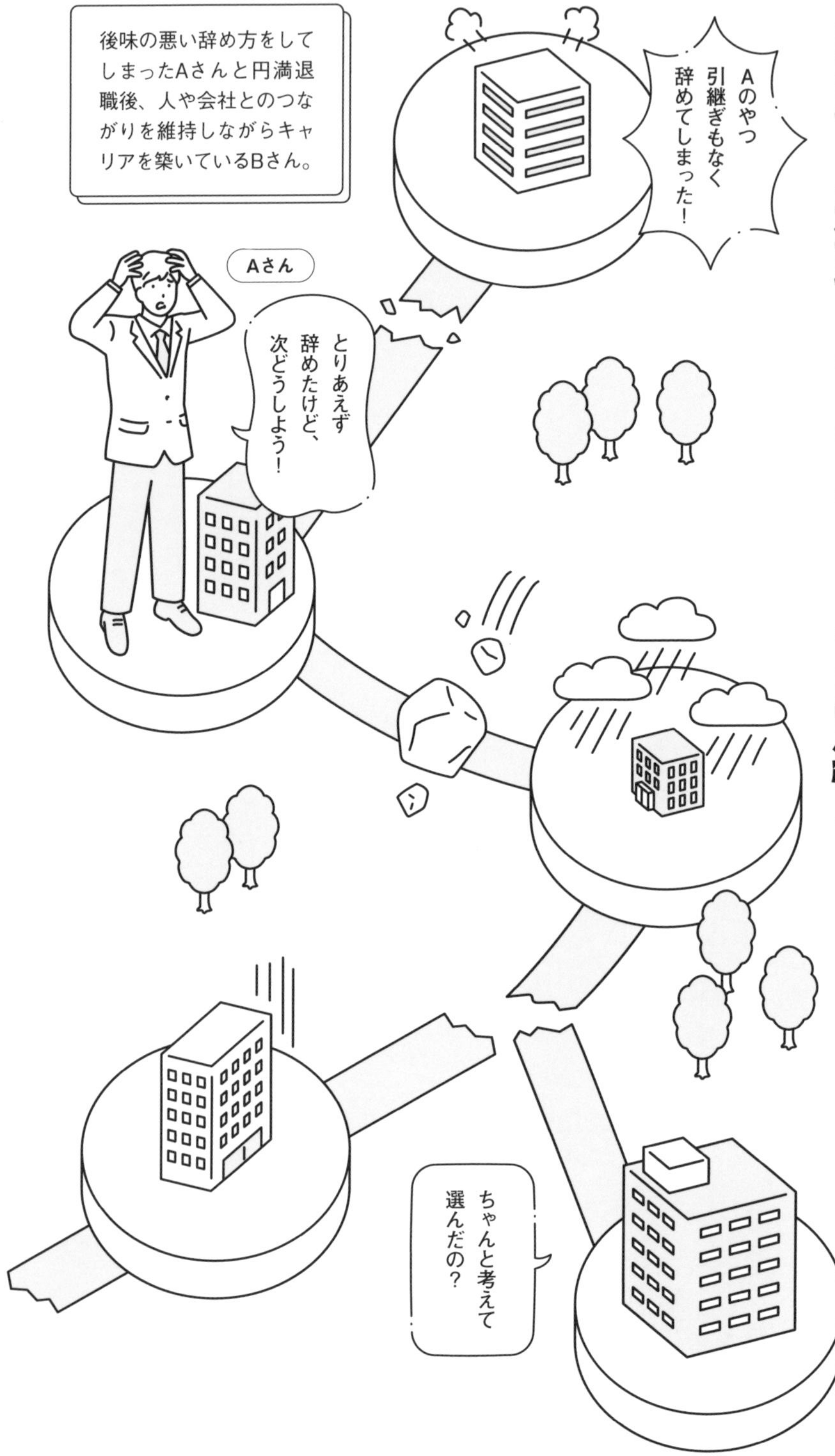
Aのやつ引継ぎもなく辞めてしまった！
Aさん
とりあえず辞めたけど、次どうしよう！
ちゃんと考えて選んだの？

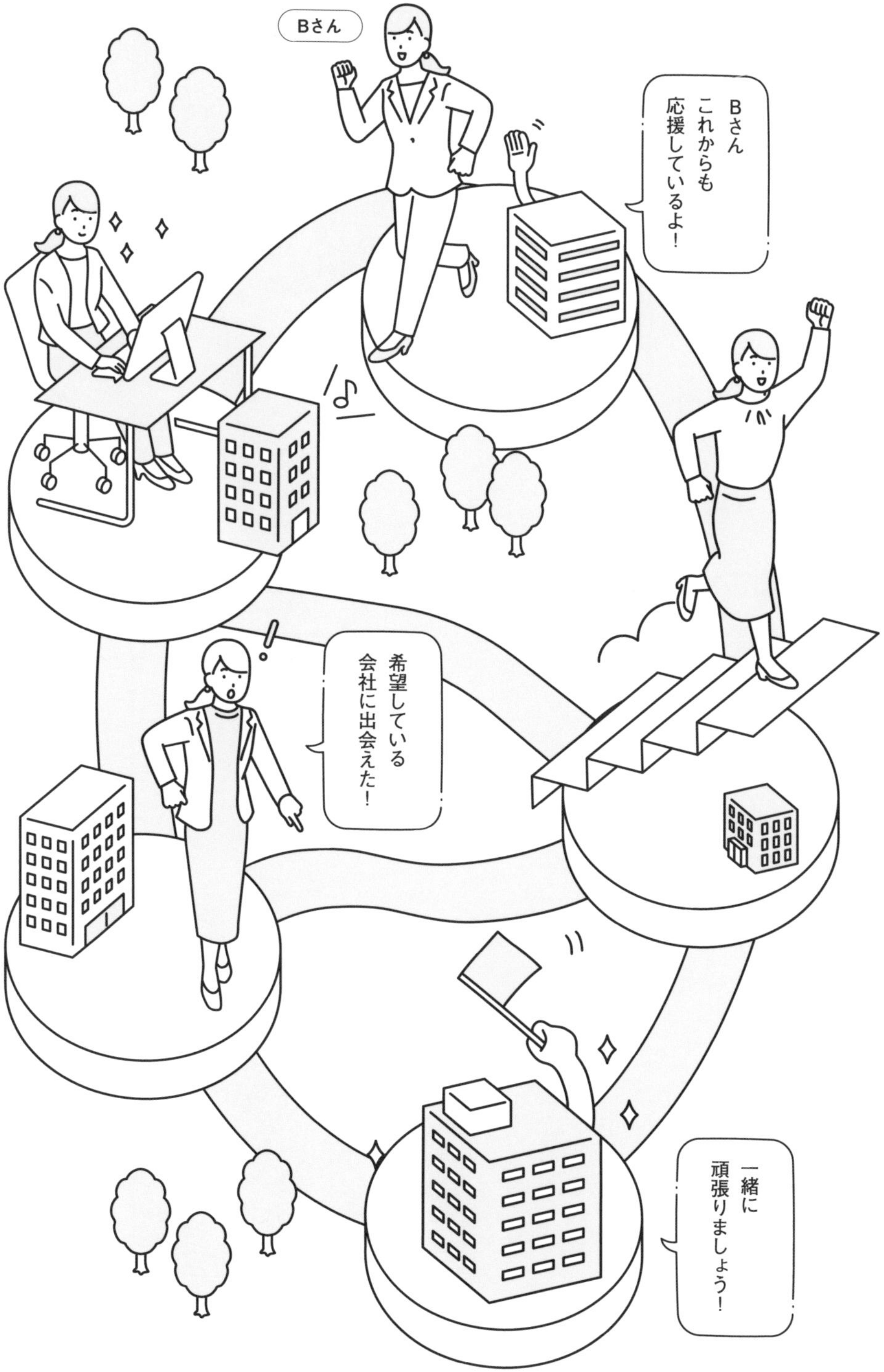
Bさん
Bさん
これからも
応援しているよ！
希望している
会社に出会えた！
一緒に
頑張りましょう！

押さえておきたい心構え

転職・退職に必要な見通し

転職・退職の
見通しを立てるために
必要なことが
いろいろあるんだ！

転職市場の動向

転職をする人がどれぐらいいて、企業の採用活動はどの程度活発なのかを把握する。採用に対して人材が不足している「売り手市場」は転職者に有利。

P50参照

キャリアプラン

将来に向けた具体的な計画や見通し。将来あるべき姿やなりたい姿、人生において何を大切にしたいか、理想の働き方を明確にし、それを叶えるための計画を立てる。

P36参照

目的

現在の企業を退職し、転職するのは大きな決断。転職活動においてはなぜそうするかの目的を明確にし、ぶれないようにするのが大切。

外せない条件

働き方、業務内容、社風、給与、福利厚生など、働く上で自分にとって欠かせない条件を決めておくと、転職後のミスマッチを防止できる。

P26、76参照

生活費など

就職先が見つかるまでの生活費確保は必須。ある程度貯金しておくほか、失業手当が受けられるかもチェックを。企業によっては退職金が支給される場合も。

⇨ P178、188参照

どこで探す？

できるだけ広くリサーチして、転職先企業の情報を得るのがおすすめ。転職情報誌（webサイト）のほか、転職エージェント、SNSなどさまざまな情報源がある。

⇨ P94参照

タイミング

一般的に、1～3月、8～10月はキャリア採用の求人が増える。転職者にとっては豊富な求人の中から希望に合ったものを選べるメリットがある。反面、競争率もアップ。

⇨ P88参照

人間関係

人と人のつながりは転職した後も続くもの。特に今は、リファレンスチェックを採用時に考慮することも増えている。辞めるときも良好な関係を保って。

⇨ P154参照

本書で
ポイントを押さえ、
よりよい
キャリア形成をしよう。

準備しよう

人生を設計してみよう

将来なりたい姿を明確にし、その実現のための
具体的な行動を書き出してみよう！

[ ]	[ ]	[ ]
[ ]	[将来なりたい姿]	[ ]
[ ]	[ ]	[ ]

STEP1

将来なりたい姿を考える

人生において最も実現したい“なりたい姿”を中央のマスに書き出します。

(例) 起業している、家庭と仕事をどちらも充実させる、社会に影響を与える人になるなど

STEP2

実現するための要素を考える

STEP1で考えた“なりたい姿”を実現するために必要な要素を８つ周囲のマスに書き出します。

(例) 人間関係、スキル、メンタル、人間性、お金など

将来なりたい姿とそのために必要な要素を書き出したら、
この８つの要素を達成するために
必要なアクションをそれぞれ８つずつ書き出せば
さらに詳細な人生設計ができるよ。

これからのあなたのキャリアにおいて、
起こり得るライフイベントや目標を年齢別に書き出してみましょう。

(例) 25歳	後輩のメンターとなる

準備しよう

自分の強みを見つける

自分について思いつくところを書き出してみよう。
企業が求めているものと合っているのか、
何が不足しているのかを確認できるよ。

【人柄】

例 社交的、穏やか、我慢強いなど

【スキル・資格】

例 英会話、TOEIC700点、簿記など

【 得意分野 】

(例) 文章を書く、初対面の人と話す、未経験にチャレンジするなど

【 苦手分野 】

(例) 大勢の前で話す、整理整頓、論理的に話すことなど

最新！転職事情

人材の流動性を背景に、企業も個人のキャリア自律を支援

働き方やスキルは多様化している

リモートワーク（地方勤務）や在宅勤務、リカレント（学び直し）など、働き方や求められるスキルは多様化している。

企業にとって人材は「投資」して育てる対象へ

今、グローバル化による企業間競争の激化、革新技術によるビジネス環境の変化を背景に、「人材開発」が国や社会、企業にとっても大きな関心事となっています。**人的資本への投資が結果的に企業価値を高める**という考え方です。これに伴い、雇用のあり方も年功序列・終身雇用から、より流動的な形へと変化しています。

働き手も企業と対等の立場として、自分のキャリアのために企業を選ぶことが重要です。

大企業などを中心に、キャリア自律を支援している企業も増えています。また、キャリアコンサルタントなど、外部の専門家の力を借りてみるのも有効な手段です。

Chapter

1

「キャリア形成」を知る

キャリアとは一人ひとりにとっての働き方を含む「人生」。
キャリアオーナーシップをもって、納得できるキャリアを
歩むための具体的な方法について解説します。

01

キャリアを定義する①

キャリアは誰にでもあるもの

自分なりのゴールを目指し振り返ったものがキャリア

　あなたは「キャリア」という言葉をどのようにとらえているでしょうか。「出世すること」「経験を積んで仕事で成功すること」の意味で考えている人もいるかもしれません。しかし、キャリアとは、もっと広い意味があり、その人**一人ひとりにとっての働き方も含む人生**なのです。

　キャリアの語源は「馬車道」や「轍」などを意味するラテン語です。まっすぐ敷かれた所をただ進んでいくわけでもなければ、上を目指していくだけでもない。**自分でゴールを設定し、さまざまな方法でゴールを目指す。それを結果として振り返ったもの**が「キャリア」です。

語源から意味をとらえ直す

語源から「キャリア」の意味を見てみると、キャリアが現在やこれからだけのものでなく、一生にかかわるものであるという長い時間軸でとらえることができるでしょう。

ラテン語　**carraria**

➡ 道（馬車道）・轍などの意味

↑ 語源

英語　**career**

[kəríər]

➡ 仕事、（一生の専門的な）職業、職歴、経歴、生涯

語源からもわかるように、人の来し方、たどってきた道を表す言葉が「キャリア」と言える。

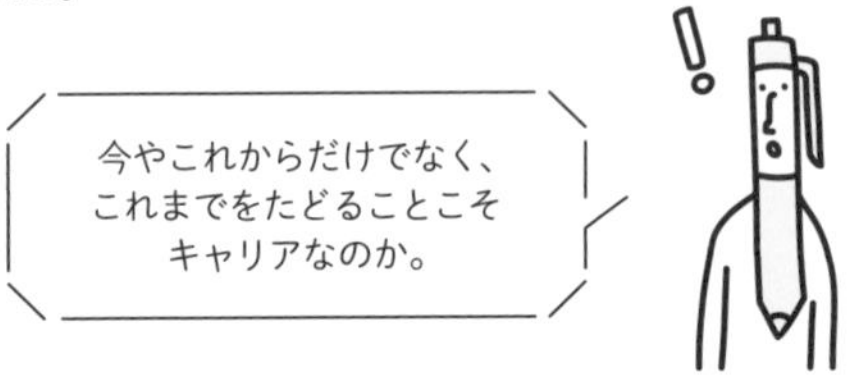
今やこれからだけでなく、
これまでをたどることこそ
キャリアなのか。

キャリアとは個人の生き方そのもの

「キャリア」は仕事に関することだけではありません。「個人の生き方（人生）そのもの」として広く考える場合には「ライフキャリア」と言います。「仕事」におけるキャリア（ワークキャリア）はライフキャリアの一部です。

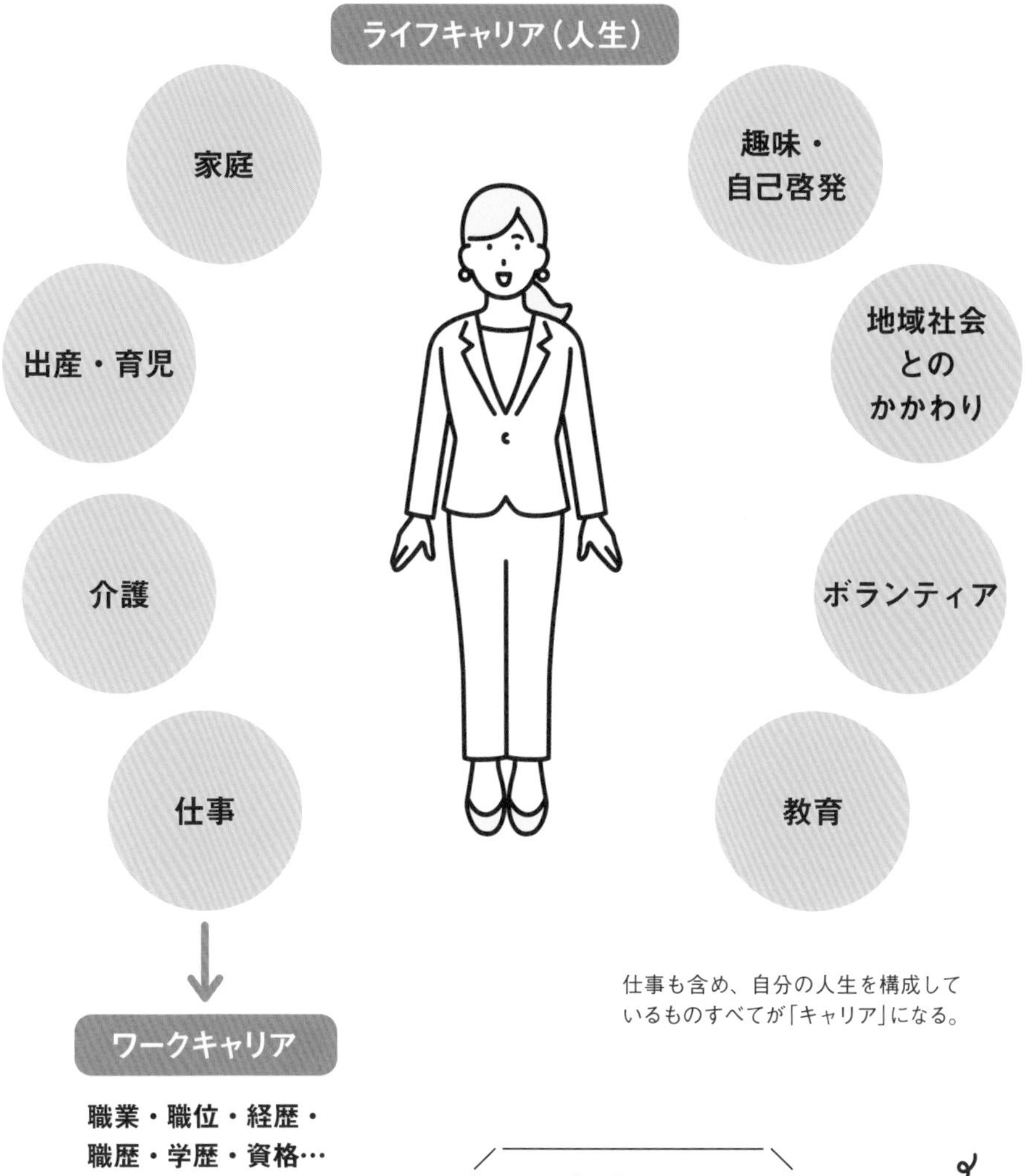

「ワークキャリア」を２つの視点で考えてみる

ワークキャリアを見ていくと「外的キャリア」と「内的キャリア」があり、その両方が重要な要素です。例えば、高い地位に就いて成功しているように見えても、その仕事にやりがいを覚えていない場合は「内的キャリア」が充実していないことになります。

ワークキャリア

外的キャリア

職業、職種、地位、
年収、資格、経験年数など

客観的に把握できる経歴。履歴書や職務経歴書に書かれるようなもの（現実社会で認知されるもの）

内的キャリア

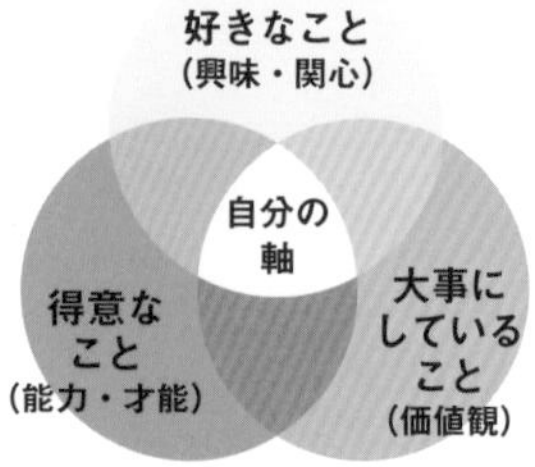

具体例

- ～に携わりたい
- ～な能力を生かしたい（伸ばしたい）
- ○○だけはゆずれない
- ～に興味がある
- ～はやりがいがある

仕事に関する動機づけや意味づけ、働くことや生きることに関する個人の主観的な評価や価値観（自分の内側にあるもの）

いずれにしても
自分の納得感を得ながら決めていく

↓

キャリアオーナーシップ

➡ P26参照

納得していない
キャリアを築くと
どうなってしまうんだろう。

知っておきたいキャリアにまつわる用語

「キャリア」がつく用語の多くは仕事＝ワークキャリアに関するものです。しかし、広い意味でキャリアを考えると仕事は多くの部分を占めますが、一部に過ぎません。仕事も含めて自分のキャリアをどうしていきたいのかを広い視点で考えていくことが大切です。

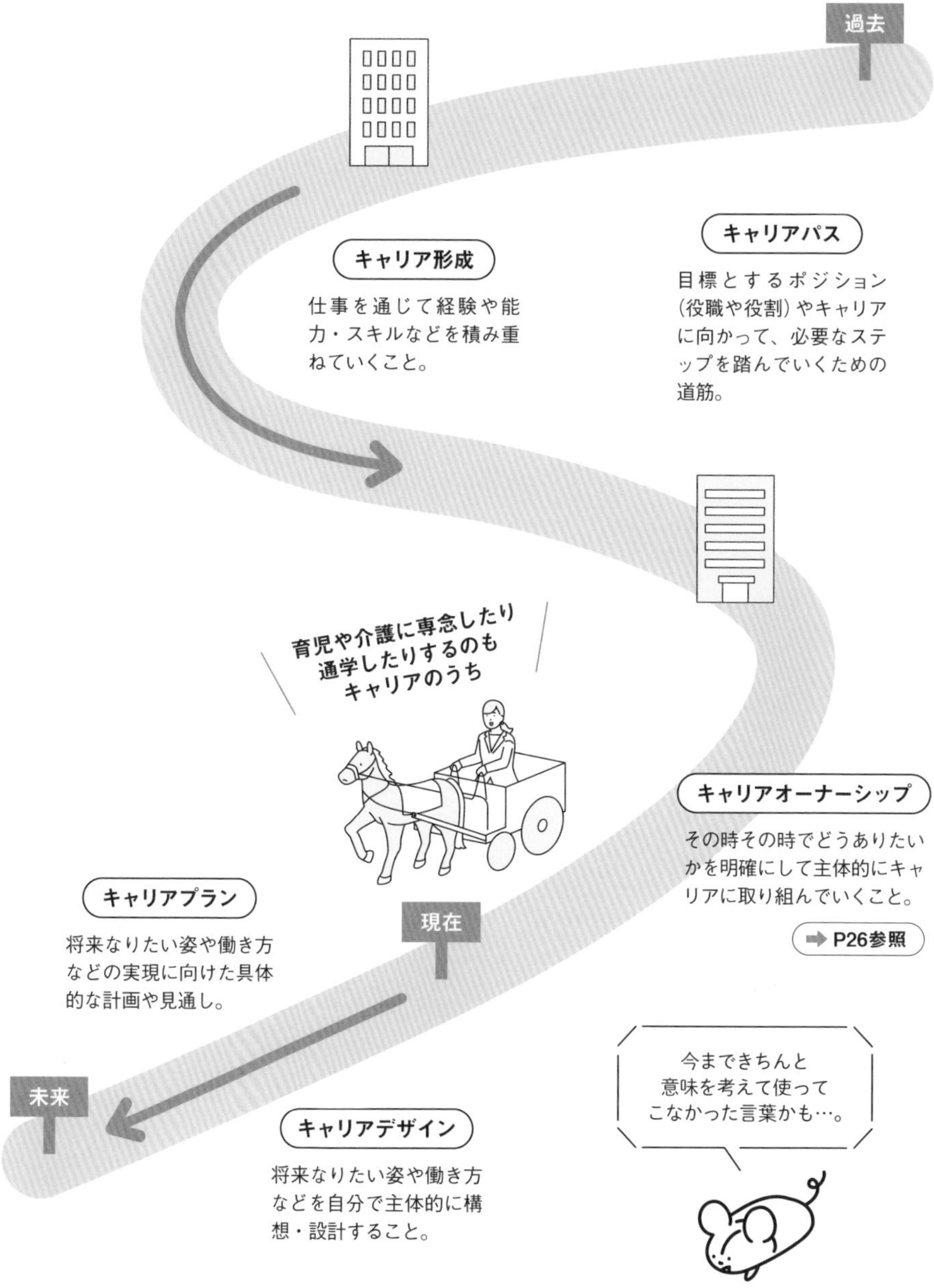
過去
現在
未来
育児や介護に専念したり
通学したりするのも
キャリアのうち
今まできちんと
意味を考えて使って
こなかった言葉かも…。

キャリア形成

仕事を通じて経験や能力・スキルなどを積み重ねていくこと。

キャリアパス

目標とするポジション(役職や役割)やキャリアに向かって、必要なステップを踏んでいくための道筋。

キャリアオーナーシップ

その時その時でどうありたいかを明確にして主体的にキャリアに取り組んでいくこと。

➡ P26参照

キャリアプラン

将来なりたい姿や働き方などの実現に向けた具体的な計画や見通し。

キャリアデザイン

将来なりたい姿や働き方などを自分で主体的に構想・設計すること。

02

キャリアを定義する②
キャリアオーナーシップ

主体的にキャリアに取り組み納得感を得ることが重要

「キャリア」は個人の生き方そのものので、自分が納得して作り上げていくことが望ましいです。これまでは、入社後の異動・昇進など、「キャリアは会社から与えられるもの」と考える人が多くいました。しかし、**変数が多く、人生100年時代と言われるようになった現在では、「キャリアオーナーシップ」という考え方が重要**になっています。

キャリアは必ずしも「アップ」するだけが正解ではありません。大切にしたい軸をもちながら、外的変化に合わせて「自分も変化させること」に主体的に取り組むことこそが、納得感のあるキャリアを形成していけるかどうかを決定づけます。

キャリアオーナーシップとは

例えば経済産業省の報告書では、「個人一人ひとりが『自らのキャリアはどうありたいか、いかに自己実現したいか』を意識し、納得のいくキャリアを築くための行動をとっていくこと」と説明しています。キャリアオーナーシップは「意識」と「行動」の両方を伴うものなのです。

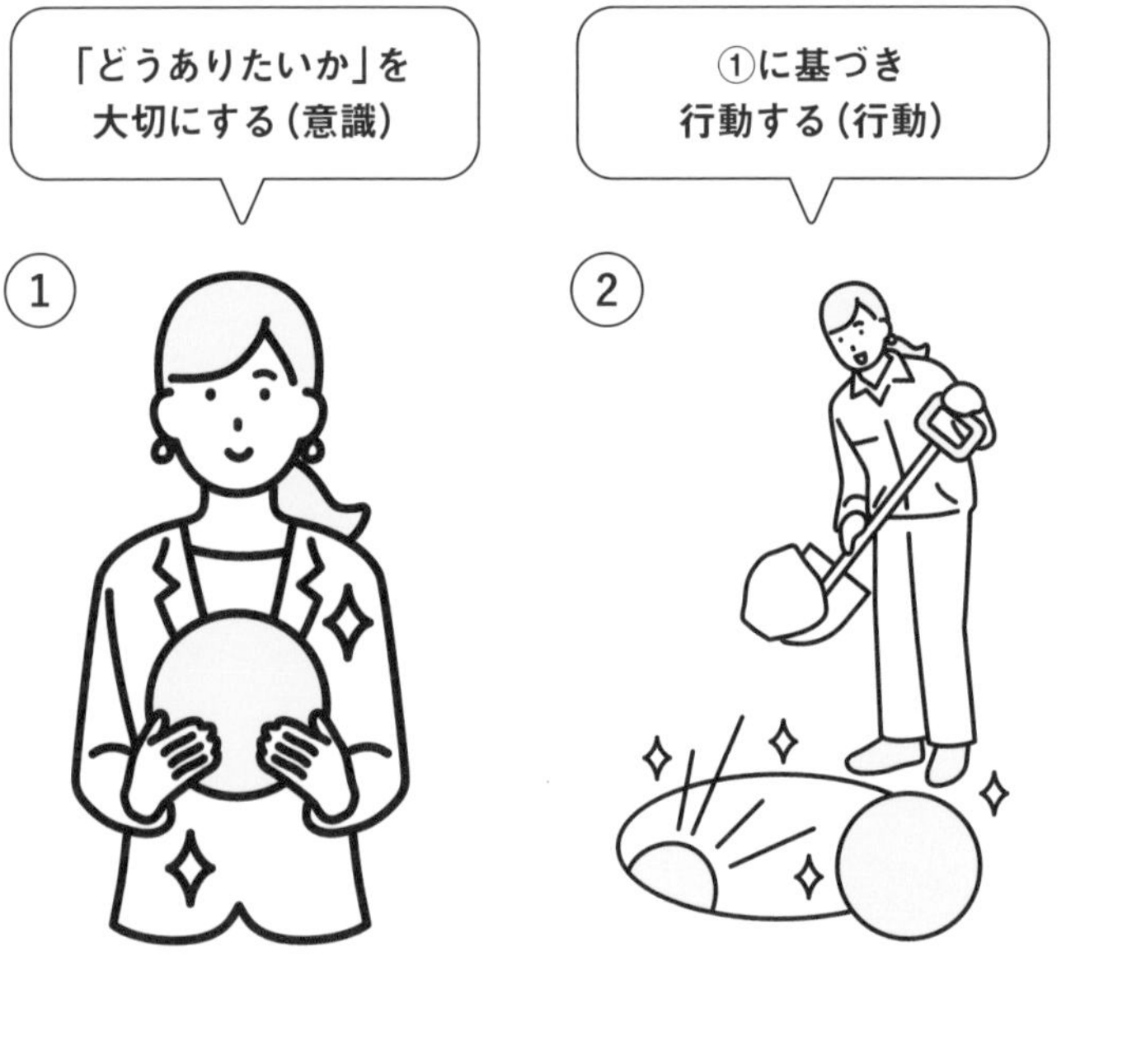
「どうありたいか」を大切にする（意識）
①に基づき行動する（行動）
①
②

「意識」したことを「行動」に移すことが重要。「どうありたいか」（設定したゴール）を実現するための方法を考えて行動する。

キャリアオーナーシップをひもとく

「キャリアオーナーシップをもつ」とは具体的にはどのようなことなのか考えてみましょう。キャリアオーナーシップは一過性のものではなくずっともち続けていくものですが、その時々で重視していきたいことやゴール設定も変わっていきます。

● それぞれのキャリアオーナーシップの例

商社で営業
（24歳・勤続２年）

大企業に入ったから
もう安心!!
定年までのキャリアも
ばっちり見えている。

企業によっては出世ルートなどが決まっているが、その波に乗るだけではキャリアオーナーシップをもっているとは言えない。

⬇

キャリアオーナーシップが
やや不足

転職１回の
エンジニア
（33歳・勤続３年）

なんとなく収入が
上がりそうだから
転職しました！

自分のキャリアについてどうありたいかという意識が薄く、転職理由も曖昧なのでキャリアオーナーシップをもっているとは言えない。

⬇

キャリアオーナーシップが
やや不足

メーカーで商品開発
（42歳・勤続20年）

担当する仕事には
責任をもって取り組むが、
プライベートも充実させたい。
育休を２回、計２年とった。

自分の大切にしたいことをきちんと把握しており、それを実現するために権利として決められている制度を活用している。

⬇

キャリアオーナーシップを
きちんともっている

地方公務員
（52歳・勤続30年）

町の企業を
もっと応援したい！
転職してフリーの中小
企業診断士として働きたい。

現在は地域社会のために働く仕事、転職後も地域社会とのかかわりを大切にしていく点で現在と将来のつながりもある。

⬇

キャリアオーナーシップを
きちんともっている

03

キャリアを定義する③

キャリアオーナーシップを育むには

外的変化をとらえて意思決定を行っていく

例えば生成ＡＩが1年足らずで急速に広がったように、今までなかった概念やそれに関するビジネス環境の変革は、次々と起きています。個人としては育児や介護などによる生活の変化もあります。そのような**外的要因による変化は自分ではコントロールできないものです**。外的変化に伴い、自分の考えが変わっていく部分もあるでしょう。

設定したゴールに向かっているか、定期的にゴール自体も調整しながら意思決定を積み重ねていくことが大切です。その時々に自分がどうありたいか、どうあるべきかをしっかりと考えていきましょう。

定期的に見直してよい

外的変化によって、当初「こうありたい」と考えていたことが変わっていく場合があります。むしろ、外的変化に気づかない、気づいても変わらないほうが問題です。変化をとらえ自分のあるべき姿を見直していくことがキャリアオーナーシップを育む上で大切です。

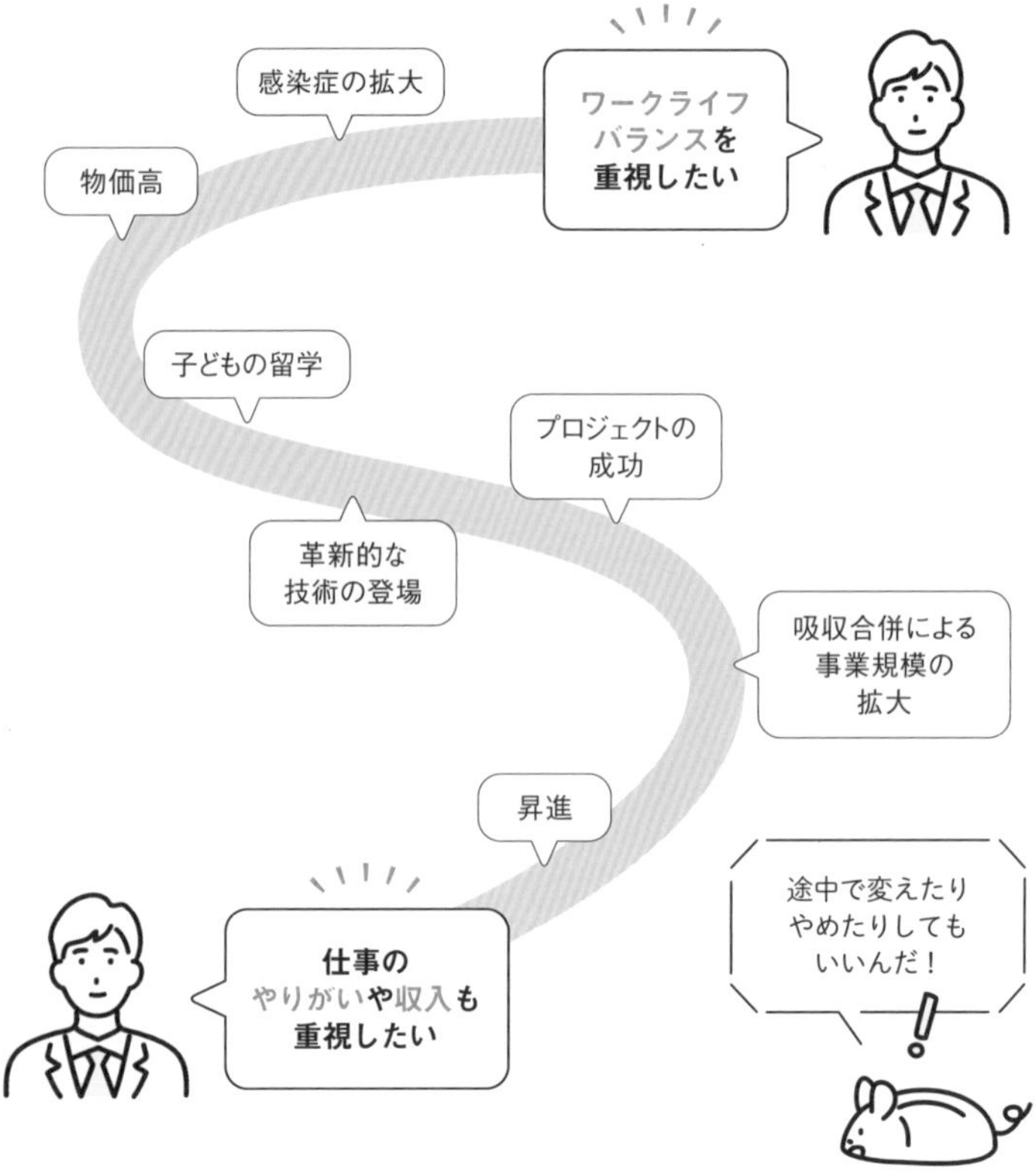

キャリアオーナーシップを推進するための企業の取り組み

キャリアオーナーシップを意識している人材を増やすことは企業にとっても重要な課題になっています。それを推進する取り組みが企業内でもさまざまな形で行われるようになってきています。

キャリア研修

自分のキャリアについて考え、キャリア設計を行っていくための研修。研修内容は年代や立場に応じて変わってくる。

社内公募制度

異動先を会社が決めるのではなく、人材を求めている部署に対して社員が自発的に応募し、その中から選抜する制度。

社内インターンシップ制度

他部署の業務を体験できる制度。業務への理解が深まりキャリア形成に役立てられるほか、その後の部署間の連携効果なども期待できる。

ジョブ型雇用の導入

職務に適したスキルや経験、資格がある人を必要に応じて採用する雇用方法。社外からの採用以外に、社内公募で採用されることも。

副業の解禁

本業以外の仕事で収入を得ること。副業によってスキルの向上や新たなスキルの獲得、人脈や事業の拡大なども期待されている。

日本と海外で感じたキャリア観の違い（監修社代表 鈴木仁志の視点）

日本と欧米などを比べてみると、一般的にはキャリア形成が会社主導なのか個人主導なのか、というのが大きな違いだったのではないかと思います。日本では大学などでの専門性にかかわらず、「総合職採用」などで入社する本人が職種すらわからないままキャリアの第一歩を決める「就社」が一般的でした。結果として、異動や転勤を含めて個人主導で能動的にキャリア形成をするのではなく、会社主導のキャリア形成に従う傾向が根付いていきました。私がシンガポールで仕事をしていたときに話した人の中で、欧米系企業で働く人には「このような経済成長を遂げているシンガポールで仕事をしたいと考え、自分から手を挙げてきた」というタイプが多かったのに対して、日系企業で働く人には「海外に行く気はなかったので会社から辞令が出て驚いたが、会社の方針なのでここにいる」というほうが多かったのが印象的でした。一方で、日本でも「メンバーシップ型」から「ジョブ型」へのシフトなどが加速していて、個人主導で主体的にキャリアを考えている人が増えてきています。

04

キャリアを考える①

自分のキャリアについて考えてみよう

主体的なキャリア形成が個人、企業ともに重要に

キャリアオーナーシップをもち、**主体的にキャリア形成に取り組むことが個人にとっても企業にとっても重要な時代**となってきました。

グローバル化による企業間競争の激化、革新的技術による急速なビジネス環境の変化などで、組織を柔軟で効率的にマネジメントする必要性が背景にあります。従来の一括採用・年功序列型から、職種別・通年採用や成果主義型の人材マネジメントに主眼が置かれるようになってきました。そうした状況下において、個人にとって**主体的にキャリアを考えていくことは、変化に対応するための「生きていく底力」を備えること**ととらえることができるでしょう。

主体的なキャリア形成が重要になってきた背景

経済・社会・環境が大きく変化し、将来の予測がつかない不透明な時代では、これまでのように自分のワークキャリアを会社任せにしていては安心できません。未来の自分のワークキャリアや現在起きている変化にどう対応すべきかを主体的に考えていく必要があります。

1 企業間競争の激化

経済のグローバル化・商品サイクルの短縮化で企業間競争が激化。

➡ 大企業でも倒産リスクの可能性から、突然、職を失うリスクの増加。

2 技術革新の急速な進展

AIなどIT技術の急速な発展によるビジネス環境の変化。

➡ 新たなスキルを必要とされると同時に蓄積してきたスキルが無になるリスクの増加。

3 現役世代の長期化

人生100年時代で現役期間の長期化と労働移動の活発化。

➡ ワークキャリアにおいて大きな変化に見舞われる可能性の増加。

4 産業構造の高度化

顧客ニーズ・商品ニーズの高度化や高付加価値化、経済のサービス化。

➡ 専門性や問題発見・解決能力、キャリアの個別化、多様化が必要に。

5 学卒無業者、若年離職者、フリーターなどの増加

職業意識の希薄化、スキルを蓄積する機会の欠如。

➡ 将来の経済社会の担い手の喪失の危機。

主体的にキャリア形成に取り組むとは？

キャリア形成においては与えられたものを漫然と受け入れるだけでなく、自ら意思決定の積み重ねを行っていくことが大切です。受け入れること自体は悪いことではありませんが、自分にとってどんな意味があるかということを踏まえて意思決定していくことが必要です。

主体的にキャリア形成に取り組むと…

- **自分の目指すべき方向性や目標が明確化する。**
- **自分の強みが確認でき、効果的に能力を発揮する方法が考えられる。（スキル向上のための具体的な行動につながる）**
- **仕事に対する意識が向上し、働くことへの意欲がわく。**
- **変化を見据えて行動することができる。**

↓

「生きていく底力」が備わる

自分ではコントロールできないビジネス上やライフイベントなどの外的変化が突発的に起きても、その変化に対応する力を備えることができる。

↓

「底力」で考える将来の延長線上に、
転職・退職・休職など、
さまざまな選択肢が出てくる

押さえておきたい

キャリアを考えないというのもひとつの選択肢

一般的には、想定していたキャリアが外的要因などでその通りにはならない場合のほうがむしろ多いでしょう。しかし、そこで焦ったり想定していた通りに進まないことを失敗と思ったりする必要はありません。例えば、あえてキャリアを考えない期間を作るという選択肢もあるのです。起こったことに対してその時々で今はこうすべきだと自分の意思で決めていく。それも主体的にキャリアに取り組むひとつの形なのです。

05 キャリアを考える②
ライフイベントとキャリア

ライフイベントでの変化に対応してキャリアを築く

　ライフイベントとは、個人の人生に起こるさまざまな出来事です。多くの人の人生では仕事（ワークキャリア）が占める割合が大きくなりますが、前述の通りキャリア（ライフキャリア）全体から見るとそれはごく一部にすぎないのです。**ライフイベントがワークキャリアに影響しないという人はいません。**ライフイベントに応じて、ワークキャリアの築き方は柔軟に変化するべきでしょう。

　一貫して仕事を続けていくだけでなく、自分の考えや外的要因で一度仕事から離れるというキャリアパターンもあります。大切なのは、**どんな変化にも対応してキャリアを主体的に築いていくこと**です。

ライフイベントによる環境の変化

年代によってさまざまなライフイベントが起こります。自分の考えで選択するものもあれば、予想していなかったり突発的に起こったりする場合もあります。ライフイベントには多くの出費もつきものだということも踏まえた上で、どう環境が変わるのかを考えてみましょう。

就職

平日は仕事がほとんどの時間を占めるようになる。その中での時間の使い方や、生活費や将来への備え、自己研鑽に使う費用など、収入と支出をどうしていくかを考える。

結婚

仕事への取り組み方や時間の使い方、家事の役割分担、将来を含めた収支を配偶者とともに考えることになる。配偶者の転勤や異動が自分の仕事に影響する場合も。

出産・育児

女性の場合は出産で一時休職も。育児休業を配偶者とともに考えることになる。子どもの急病や行事の対応なども必要になり、仕事や働き方を変えざるを得ない場合がある。

入院

入院期間（短期・長期）によって影響はさまざま。配偶者や子ども、親族が入院する場合もある。退院後も通院したり体調が変化したりすることで以前と同じように働けない場合も。

介護

自分の親族なのか配偶者の親族なのか、介護対象との距離、公的サービスを含めどの程度協力が得られるのかなどにより、仕事や働き方の見直しが必要な場合がある。

キャリアパターンはさまざま

ずっと仕事を続ける場合もあれば、ライフイベントなどに伴って仕事を辞めたり休んだりする期間を経て、再度仕事に就く場合もあります。その時点で自分のキャリアの中心を何にするかで、そのパターンはさまざまです。

● キャリアパターンの例

一貫就労型

新卒で入社した会社に定年まで勤め続ける場合だけでなく、転職する場合、起業する場合、家業を継ぐ場合などさまざまあるが、ずっと何らかの形で仕事を続けるパターン。

学習のために離職、再就職の場合

入社後、何年かで退職し、再度学生などとして学び直し（リカレント）をしてから、その経験に基づき再就職するパターン。離職前についていた職業とはまったく違う職業につく場合もある。

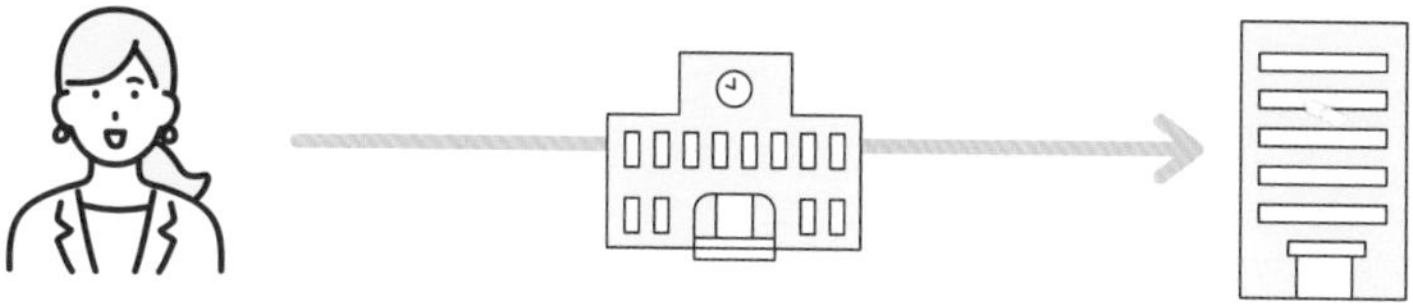

出産・育児による休職、復職の場合

出産により休職し、育児に専念する期間を経た上でその職場に復帰するパターン。

一度退職して仕事から離れ、一定の期間を経てから同じ会社もしくは違う会社に就職するパターンもある。

介護による休職・離職、復職の場合

介護により休職し、介護に専念する期間を経た上でその職場に復帰するパターン。

一度退職して仕事から離れ、一定の期間を経てから同じ会社もしくは違う会社に就職するパターンもある。

06

キャリアを考える③

企業から見た個人のキャリア

人的資本経営に取り組む企業が増加

人を「資本」としてとらえる「人的資本経営」に取り組む企業が増加しています。企業がキャリアオーナーシップを推進する取り組みもその一つで、**企業価値を高めるために人（社員）に投資する**動きが特に大企業を中心に広がっています。

その背景には企業間競争の激化や急速な技術革新に対応できる人材が今まで以上に必要になっていること、人生100年時代における人材や価値観の多様化への対応などがあります。それは雇用関係にも変化をもたらしており、個人それぞれも企業を選び、**企業が行う人材への投資を自分のキャリア形成に生かしていく**ことが重要になっています。

企業にとって「人」は大切な「資本」

人を大切な「資本」ととらえ、その価値を高めていくことが求められるようになってきており、経営戦略と人材戦略を連動して進める企業が増えています。

人的資本経営とは

人材を「資本」としてとらえ、投資の対象としてその価値を最大限に引き出すことで、中長期的な企業価値向上につなげる経営のあり方。

人は「資源」		人は「資本」
人的資源経営	→	人的資本経営
限りある資源（リソース）。投入した量に応じて価値が生み出される。人の「量」の確保とその「管理」。		価値を創造する資本。投資することで価値を増大させられる可能性がある。人の「質」の向上とその「活用」。

［ 人的資本経営での具体的な取り組み ］

- 人材ポートフォリオの最適化（必要な人材の採用・育成・能力開発）
- 多様性を生かす制度の導入（ダイバーシティ＆インクルージョン）
- リスキル・リカレント
- 社員のエンゲージメントの向上
- 時間・場所にとらわれない働き方

「資源」は利用することができる物資など、「資本」は価値を生み出すものという意味だよ。

人的資本経営が注目される理由

人的資本経営に取り組む企業が増えている背景には、次のような視点があります。また、2023年3月期決算からは上場企業などに人的資本に関する情報開示も義務づけられています。

社会的視点

持続可能な社会づくりや積極的なESG（環境・社会・企業統治）への取り組みなどの世界的な流れから、社員に関する指標を重視する経営に。

経済的視点

財務諸表には記載されない非財務資本（見えない価値）の重要性の高まり。非財務資本の評価が投資判断や株価に大きく影響するように。

戦略的視点

産業構造の転換により、イノベーションの創出が不可欠な時代に。それを担う人材が創造的に働ける組織づくり・環境整備が重要に。

世代価値観の視点

Z世代など若い世代では、企業に社会貢献を求める傾向がある。そうした世代の人材確保や、価値観を企業経営に織り込むことが重要に。

雇用の関係性の変化

新卒時一括のメンバーシップ型採用・終身雇用による囲い込み型の時代は終わり、職務内容を明確にした採用・ジョブ型雇用、組織の枠だけにとらわれないキャリア形成ができる企業と個人が選び選ばれる雇用関係が求められるようになっています。

従来の日本型コミュニティ

メンバーが変わらない
クローズドなコミュニティ

- 事業環境の予見性が高く、安定性が重要
- 新卒一括採用が基軸。内部公平性重視
- 企業主導のキャリア形成

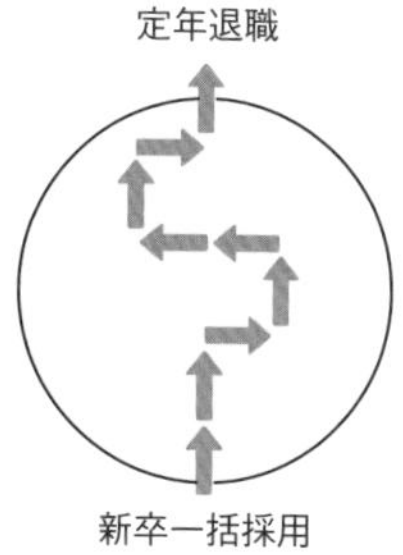

同質性／モノカルチャー
囲い込み型

➡

これから求められる雇用コミュニティ

メンバーの出入りがある
オープンなコミュニティ

- 変革の時代、変化への対応、イノベーションが重要
- 新卒、中途／再入社、リスキル・再配置、外部競争力重視
- 個人の自律的なキャリア形成

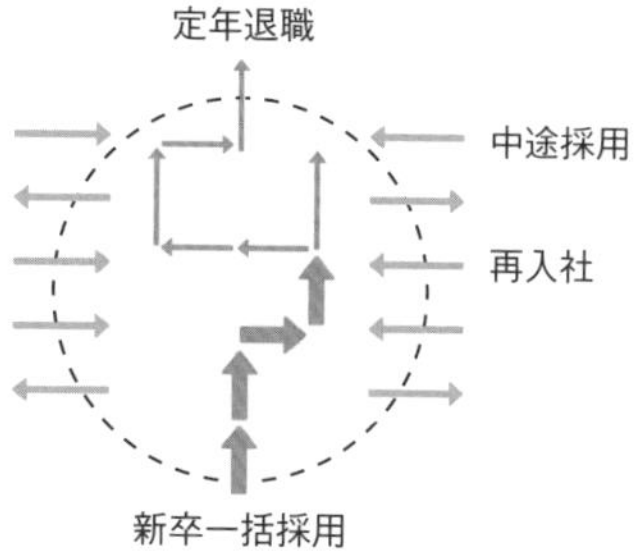

多様性／「知・経験」のダイバーシティ
選び、選ばれる関係

出典：経済産業省「持続的な企業価値の向上と人的資本に関する研究会報告書（令和2年7月）」を一部改変

07

キャリアプランを考える①

「キャリアプラン」を作ってみよう

将来の姿や今すべきことを明確化するキャリアプラン

将来に向けた具体的な計画や見通しとなるキャリアプランの作成は、**将来のあるべき姿やなりたい姿、今何をするべきかを明確にしていくために役立ちます**。

キャリア形成のタイプはさまざまですが、代表的なものに「山登り型」と「川下り型」があります。流れに身を任せる「川下り型」のように明確な将来の目標はない場合でも、自分がどうありたいか、大切にしたいことや理想の姿は明確にしておいたほうがよいでしょう。**ライフイベントを含む外的要因に伴いキャリア形成をどうしていくかの意思決定をしなければならない際にも役立つ**でしょう。

キャリアプランの作り方

キャリアプランとは、将来なりたい姿や働き方などの実現に向けた具体的な計画や見通しです。自分の大切にしたいことや現状、将来なりたい姿を、現在までの振り返りも行いながら作成します。

目的	将来なりたい姿を書き出すことで、そこから逆算して現状と何をすべきかを把握し、実現のためにすべきことを明確にするため。
メリット	目的意識をもつことで、モチベーションのアップにもつながる。
内容	“これまで”と“これから”を時系列にして、下記のようなことをまとめてみましょう。

① 大切にしたい価値観や興味・関心

仕事とプライベートの関係なども含めて書き出す。→これがownership（オーナーシップ）になる

② 自分の強み

自分の強みについて書き出す。強みを伸ばすためや、弱みを克服するために努力していることなどを書き出す。

③ 将来なりたい（理想の）姿

どのように働いていきたいかや、取り組みたい仕事、達成したいことなどを書き出す。

④ 次のキャリアに向けて取り組むこと

今後のプランを実現するためにはどうすればよいのか、実現に必要な行動を書き出す。

厚生労働省の「キャリア形成・学び直し支援センター」のジョブ・カード（p.43参照）にあるキャリアプランシートなどを利用するといいよ。

参考にしたいキャリア形成の２つのタイプ

キャリア形成では「山登り型」と「川下り型」という2つのタイプがよく挙げられますが、これはどちらが優れているというものではありません。多くの人が「時には山登り」「時には川下り」のように、その時々で選択してキャリアを形成しています。

目標から逆算して計画的に進む

山登り型

特徴

あらかじめ決めた具体的な目標に向かって、効率的にキャリアを形成していく。

メリット

目標に向かって効率よく進め、目標に向けたモチベーションを保つことができる。

デメリット

目標にこだわりすぎて視野が狭まったり、効率的に進む中で別のチャンスを見逃したりする場合もある。

状況に身を任せて一歩ずつ進む

川下り型

特徴

明確な目標は定めずに、目の前のことに取り組んでキャリアを形成していく。

メリット

予期せぬチャンスやキャリアに出会うこともあり、自分の可能性や仕事の幅を広げることができる。

デメリット

遠回りに感じる中で、仕事が惰性になったりモチベーションが保てなかったりする場合もある。

どちらであれ、その時その時自分が
どちらのタイプで意思決定しているかを
認識することが大切。

キャリア例 1

転職で給料アップを目指したい

✧ ownership ✧

自分の仕事がどんな形でも認められたい

1社目

年収480万円

新卒で中小機械メーカー（300人）に入社

- 担当エリアの既存顧客対応と新規顧客開拓を行う
- 営業成績で５年連続トップ
- 既存顧客へ３年連続で前年比５～10%売り上げ拡大
- 社内表彰の社長賞を３回受賞

NOW

2社目（34歳～）

年収650万円

勢いのあるスタートアップの製造業に
営業マネージャーとして転職

- 新規顧客の開拓、関連大手企業との協業・連携などに取り組む

今後のプラン

3社目（40歳予定）

年収900万円

大企業の営業職にリファラル採用（p.67参照）で転職

実現のために取り組むこと

- ビジネス拡大での実績作り
- リファラル採用につながる人脈の形成
- マネジメントスキルの向上と組織運営の知識・理解を深める

自分の強み

- 論理的な考えや意見が出せる→明確な営業戦略の立案
- 客観的に状況判断ができる→顧客目線の行動
- 収集した情報に基づいて先見的に物事を見ることができる→潜在的な価値の発掘

\ comment /

仕事選びにおいて給与はとても重要な要素です。ただし、キャリアの意思決定において過度に給与に縛られ過ぎてしまうと、やりがいや働き方などのほかの要素を満たせなくなってしまうこともあります。特に新しい業界に転職するときなどは「給与が上がらない＝認められていない」ではないということも覚えておきたいですね。

キャリア例 2

育休をとりつつ、同じ会社で長く働きたい

ownership

子どもと過ごす時間を大切にしたい

入社

新卒で食品系メーカーに入社

- 営業部で量販店に商品提案を行う（1～3年目）
- 食品事業部のマーケティング部門に異動、
  販売促進企画を担当（3～5年目）

育休（28歳～）

第1子出産のために育児休業取得

- 保育園の関係で1年半休職
- 子どものアレルギーに関する知識を深めるために勉強
- アレルギー対応食アドバイザーの資格を取得

復職（30歳～）

時短勤務で元の部署に復帰

- 1年後、会社の制度の計画勤務とリモートワークを活用して通常勤務に戻る
- マーケティング部門内で商品のプロモーション担当に配属変更、自社商品を使った子ども向けレシピのプロモーションなどを企画

NOW

育休2回目

第2子出産のために育児休業取得

- 復職後は第2子が2歳になるまでは時短で、第2子が小学校に入学するまでは可能な限りリモートワークを活用したい
- 育休中に子どもの食育に関する知識を深めたい

自分の強み

○ コツコツと仕事に取り組むことができる
○ 知識を深めたいことに取り組む努力ができる→子どもの食を仕事に結びつけられる

comment

子育てという予定調和が通用しない状況下でもライフキャリアを起点に学びを続け、結果としてビジネスでの成果に結びつけることができたのは、自身が大切にしたいことにしっかりアンテナを張っていたからこそでしょう。今後もご自身の興味関心を軸にその時々の状況に応じた柔軟な働き方で両立を楽しんでいけるといいですね。

キャリア例 3

エンジニアのスペシャリストとして技術を極めていきたい

— ✧ ownership ✧ —

好奇心をもって新しいことに挑戦し続けたい

1社目

新卒で中堅システム会社に入社

- クライアント先に常駐して各種案件にかかわりながら経験を積む
  案件によって半年から４年程度の期間で、５つの現場を経験
- 入社５年目でサーバー構築の１機能のシステムのサブリーダーを、７年目でリーダーを任される
- 業務に関係すること以外にも興味のあるプログラミング言語を独学で習得、趣味として簡単なスマホアプリの作成などを行う

↓

NOW

2社目（30歳～）

最新技術に触れながらスキルを伸ばしていきたくweb系会社に転職

- 自社webのサーバーサイドエンジニアとして、言語知識やデータベース関連知識を極めていく
- AI人材の需要拡大から興味をもち、AIエンジニアのキャリアパスを調べ始める

↓

今後のプラン

3社目（35歳予定）

プロンプトエンジニアとして転職
一定の経験を積んだ後、独立も視野にいれている

実現のために取り組むこと

- プロンプトエンジニアリングに必要なスキル・知識を学ぶための学習
- 言語処理力・英語力を高めていく
- AI関連資格の取得

自分の強み

○ 知識や技術を貪欲に取り入れることができる
○ 課題を解決するために、分析して新しい方法を取り入れることができる

＼ comment ／

AIなどの技術が日進月歩で進化する今の時代においては、一度描いたキャリアプランが数年の間に時代遅れになってしまうこともあります。山登り型で明確なキャリアプランやゴールをもっている方でも、時には新しいムーブメントに乗ってみるような川下り型のスタンスも取り入れてみるとよいでしょう。

キャリア例 4

起業して社会に変化を生み出したい

✧ ownership ✧

事業を作り伸ばせる人間になりたい

1社目

新卒で外資系コンサルティングファームに入社

- 将来的に起業したいという想いをもって、若手のころから厳しく成果を要求され、成長できる環境を求めて就職
- 人事コンサルタントとして、大手企業の人事変革を支援
- 当時最短でコンサルタントに昇格

起業（25歳）

独立しHR Techプロダクトを立ち上げ

- 1社目時代に得た問題意識や経験を基に、知り合いのエンジニアと2人でHR Techのプロダクトを立ち上げ
- 見込み顧客への営業活動を実施するも、構想していたプロダクトの売り上げが立たず挫折

NOW

2社目（26歳〜）

HRスタートアップに入社

- 独立時代に出会った、当時社員3名のHRスタートアップに入社
- 未経験であるセールス&マーケティングのプレイヤーとして成果を出し、会社の売り上げは10倍以上に成長。29歳で執行役員 事業責任者に就任
- 再び起業に挑戦したいという想いは横に置き、今責任をもっている事業を伸ばすことに全力を注いでいる

自分の強み

- ○ 想いをもってやると決めたことに対してハードワークができる
- ○ 論理的な考えや意見を出せる→人をワクワクさせるリーダーシップは身につけるべく修行中

\ comment /

昔と比べると起業のハードルが下がり、起業する人が増えてきています。その一方で創業から3年以内に約半数の会社が廃業するとも言われています。一度起業というチャレンジを選んだとしても、起業した目的を実現できる環境がほかにあるのであれば、起業という手段にとらわれずに会社員に戻ることもよい決断です。柔軟な選択をすることでキャリアの可能性を広げることができます。

08

キャリアプランを考える②
キャリア迷子になったら

まずは自分のキャリアの現在地を確認する

自分のこの先のキャリアをどうしていけばよいのか、どうしたいのかわからない「キャリア迷子」になってしまうこともあるかもしれません。**キャリア迷子を解決するための方法は一人ひとりで違います**。目の前の仕事に取り組むことで糸口がつかめる場合もあれば、周りに相談することでヒントが得られる場合もあるかもしれません。国のサービスを利用したり、専門家に相談したりする方法もあります。

迷子になったときは、自分にとって何が大切かわからないままゴールを設定してしまうのではなく、自分の現在地がどこなのかを確認するところから始めてみましょう。

キャリア迷子になったときの対処方法

一人でキャリアについて考えてみる、それでも解決ができないと思ったら誰かに相談してみるなど、対処方法はさまざま考えられます。適切な相談相手が見つからない場合は、国のキャリア支援サービスなどを利用するという手段もあります。

1 他人に相談する

友人・知人などに現在の自分の状況を相談してみたり、その人のキャリア観を聞いてみたりする。他人と自分のキャリア観を照らし合わせることで、考えが整理できたり思わぬヒントが得られたりすることも。ただし、あくまでも人の考えなので流されないことが大切。

2 専門(国)のサービスを利用する

厚生労働省の「キャリア形成・学び直し支援センター」では、ジョブ・カードを活用してキャリアの振り返りや働き方、必要な能力開発を考える支援を行っている。

3 専門家に相談する

キャリアコンサルタントをはじめとする専門家は個人のスキルや知識・特性に合わせてキャリアのアドバイスや指導・支援をしてくれる。国のサービスを利用したり個人で探したりできるほか、転職エージェントなどに登録すると担当者としてついてもらえる。

4 何もしない

キャリアについて意識しながらも、とりあえず現在の目の前の仕事に打ち込んでみるという方法。がむしゃらに打ち込むことで、今の仕事に対する意識が整理できたり、自分の今後が見えてきたりする。この考えている時間こそが重要だったと後々わかる場合も多い。

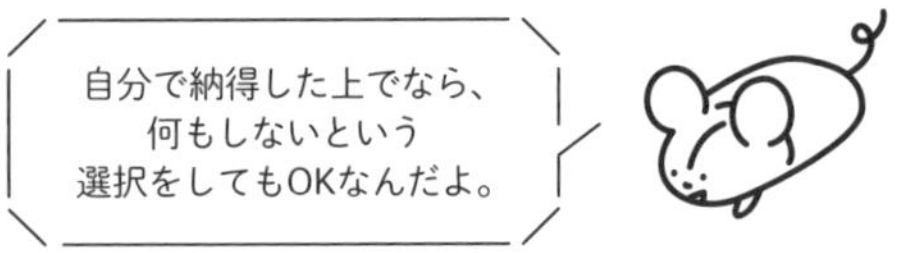
自分で納得した上でなら、
何もしないという
選択をしてもOKなんだよ。

国のサービスを利用する

厚生労働省の委託事業として行われている「キャリア形成・学び直し支援センター」では、ジョブ・カードを活用してキャリア形成支援や学び直し支援を無料で行っています。

● キャリア形成・学び直し支援センター

https://carigaku.mhlw.go.jp

支援内容　キャリアコンサルティングを無料で受けるサービスの場合

申し込み

スマートフォンまたはＰＣ版のサイトにアクセスし、「キャリアコンサルティングに申し込む」を選び、対面またはオンラインでの希望を選んだ後に、「申込みフォーム」に入力。その後、面談日時を調整する。

↓

ジョブ・カードの作成

（事前準備として）ジョブ・カードを作成する。サイト上からフォーマットをダウンロードして作成。または、アカウントを登録して作成したマイページ上でマイ・ジョブカードを作成する。

※ジョブ・カード…キャリア・プランシート（目標とする職業や働き方、習得すべき能力）、職務経歴シート（職務内容、職務の中で学んだこと、得られた知識・技能など）、職業能力証明シート（免許・資格の名称、教育訓練機関名や教育内容など）の3種類のシート。

↓

キャリアコンサルティングを受ける

キャリアコンサルタントと面談（約60分）。相談は無料で受けられる。

専門家に相談する

キャリア相談に関する専門家には、主に次のような立場の人がいます。

キャリアコンサルタント

職業選択や能力開発の相談・助言を行う専門家。国家資格の「キャリアコンサルタント試験」の合格者。

※個人で依頼する場合は原則として有料。

キャリアカウンセラー

キャリアの課題を抱える人に対してカウンセリングを行い、適性や望ましい職業を見つけていく役割の人。多くが民間の認定資格を保持。企業内にいることもある。

※個人で依頼する場合は原則として有料。

キャリアアドバイザー

転職希望者に対して転職成功までのサポート業務を行う役割の人。転職エージェントなどで、求人情報の提供や職務経歴書の書き方の指導などを行うことが多い。

※転職エージェントなどでついてもらった場合には無料。

押さえておきたい

キャリアコンサルタントとのマッチングを支援する検索システム

国のキャリアコンサルタント名簿に登録しているキャリアコンサルタントと、キャリアコンサルタントを探したい人のマッチングを支援する検索システムが「キャリコンサーチ」です。居住地や得意分野などから検索でき、サイトから依頼もできます。個人で専門家を探す場合に使えるサイトです。

https://careerconsultant.mhlw.go.jp/search/Matching/CareerSearchPage

企業の成長に不可欠な人材への投資に取り組む

人事領域で改革をリード

AKKODiSコンサルティング株式会社
奥田幸江さん（取締役 兼 人財企画本部長）

外資系コンサルティングファームでの人事部へのキャリアチェンジ後、さまざまなグローバルカンパニーの人事領域で改革プロジェクトをリードして成長に貢献してきた。直近ではスウェーデンの医療機器メーカーでの人事総務本部長を経て、2023年９月より現職。

経営と人事が連動する人的資本経営

――貴社の企業理念と通じる「人的資本経営」について教えてください。

当社では「人財の創造と輩出を通じて、人と社会の幸せと可能性の最大化を追求する」という企業理念を掲げています。また、人材の躍動化で社会を変革していくことをうたっています。その中で経営戦略と連動して人事戦略も変わっていきました。

人的資本経営は当社が提供するビジネスや提供先のお客様、そして社会をよりよくするところにつながります。人事が主導するだけでもなく経営戦略が走るだけでもない、両方を連動して行うことが人的資本経営の肝であると個人的には考えます。

――貴社が「人的資本経営」に取り組む意義について教えてください。

当社のビジネスを動かすのは「人」です。経営理念や事業戦略があったとしても、そのビジョンへの社員の共感レベルが低いとパフォーマンスが落ちたり提供するサービスが下がったりしてしまいます。現在の当社の収益の柱はエンジニアを派遣することなので、人材を育成して技術レベルが上がればお客様からいただける対価が上がり、評価制度において社員本人にも還元されます。まさにビジネスに直結する部分であり、ビジネス上の戦略としても人材への投資が企業の成長に不可欠となっています。また、社員本人の市場価値を高めていくことにもつながります。

ビジョンマッチングと研修でキャリアビジョン形成を支援

――人的資本に関連して具体的にはどのように取り組まれていますか？

当社にはエンジニア向けの育成プログラムがあります。業界最大級の専門設備を保有し、多くの専門性の高い講師を抱えています。エンジニアを自社で研修・育成してお客様に派遣するのがまず特徴的な部分です。

また、当社ではお客様の案件とエンジニア本人のビジョンをキャリアプランナーがマッチングして、極力ビジョンの合う案件に派遣を行っています。最近、このビジョンマッチングに関する社内調査を実施したところ、ビジョンに共感している層のほうが、明らかに全項目でエンゲージメント（会社への愛着）が高くなっていました。興味や関心、なりたい姿、チャレンジといった内面的な動機にマッチした案件にアサインすると、その人の能力や仕事へのやりがいが高まり、会社にとってよい効果を生み出すという、有意義で嬉しい結果が出ています。今後、キャリアプランナーのヒアリング能力向上とともに、将来的にはマッチングの機能の一部にＡＩなども利用し、ビジョンマッチングの精度をより上げることを目指しています。

――人事制度でも改革を行われているとのことですが……。

管理・営業部門では、２０２３年にジョブ型制度を採り入れ、業務についての詳しい職務内容を全社員に公開しました。どのポジションのどの人がどんな仕事をしているのかがわかり、キャリアパスとしても自分が興味のある仕事や昇格するために必要な要件を公開していますので、上司と話しながら人材育成計画にも落とし込めるようになっています。

また、お客様企業のもとで就業するエンジニアにおいては、評価制度、報酬制度を公開するとともに、大幅な昇給を実施しました。お客様に付加価値の高い技術を提供する対価を社員に還元する意味からです。

――社員のキャリアビジョン形成をどのように支援されていますか？

キャリアビジョンは最初から明確な人ばかりではありません。当社ではまず自分の中から出てくるＷｉｌｌやＷａｎｔを発見することからスタートし、研修を経てビジョンを明確にしていく取り組みに力を入れています。スキルの向上や新しいスキルの習得、専門的な業務に関連する情報提供も研修や社内勉強会などを通して行っています。研修は自分に合ったものを選ぶことができ、手を挙げればいつでも自分で学習機会が得られる環境を整えています。

さらに出産や育児など、ライフイベントにおいて時々でキャリアの優先度が変わってくる場合に、キャリアプランナーや上司と１ｏｎ１でアップデートをかけて棚卸しするサポートも行っています。「まずはやってみよう」と背中を押すチャレンジ精神の企業文化も十分にあり、キャリア形成にあたっても同様に取り組んでいます。

AKKODiSコンサルティング株式会社の研修風景

「AKKODiS Academy」の研修の様子。エンジニア向けの育成プログラム。

キャリアチェンジでエンジニアから障がい者雇用の環境整備に取り組む

エンジニアから障がい者雇用担当への転換

AKKODiSコンサルティング株式会社
三瓶百合子さん（障がい者採用推進グループ マネージャー）

新卒入社後、エンジニアとして育休期間をはさみながら数々の案件で活躍してきた。2023年1月より現職。仕事と現場を熟知してきた自らのエンジニア経験も生かし、障がいのあるエンジニアの就業機会の創出、働きやすい環境整備により人材を躍動化していくことに注力している。

家庭とのバランスを大切にし新たな分野に取り組む

――現在のお仕事とそこに至るまでのキャリアを教えてください。

障がい者雇用分野で、障がいのある方たちが働く環境の整備、働きやすいポジションの創出、社内の理解向上の３つに取り組んでいます。

もともとエンジニアとして、現場で案件にかかわってきましたが、入社３年目に育児休業を取得。復帰後は時短勤務で働き、２０１８年に２回目の育休を取得しました。復帰後は在宅勤務を活用しながら、フルタイムで働くようになりました。その後、２０２３年１月に障がい者雇用部門の刷新で新設された部署への配属を打診されました。まったく違う領域でしたがキャリア支援や環境作りを行うことに興味をひかれ、キャリアチェンジを決めました。

――仕事を行う上で大切にされていることは何ですか？

一つは仕事と家庭のバランスを大切にすることです。残業は必要に応じて行いますが、子どもとの時間を犠牲にしないように、休日に仕事を持ち込まないようにしています。子どもを理由に仕事をおろそかにはできませんので、平日はしっかりやるべきことをこなして休日をとる、というメリハリを大切にしています。

もう一つ、仕事を進める上で、周りをうまく巻き込むことを大切にしています。現在の障がい者雇用の仕事では、採用後にどう仕事してもらうか、どうサポートしていけばよいかという部分が最も重要になります。それは会社のほとんどの機能を活用しないとうまく回らない場合もあります。周りと連携し、役職に関係なくアプローチして解決を図っていくこともたびたびあります。

会社のサポート体制も活用し新たなキャリアを築く

――ライフステージの変化でキャリア観に変化はありましたか？

入社当初は、昇進・昇格していき

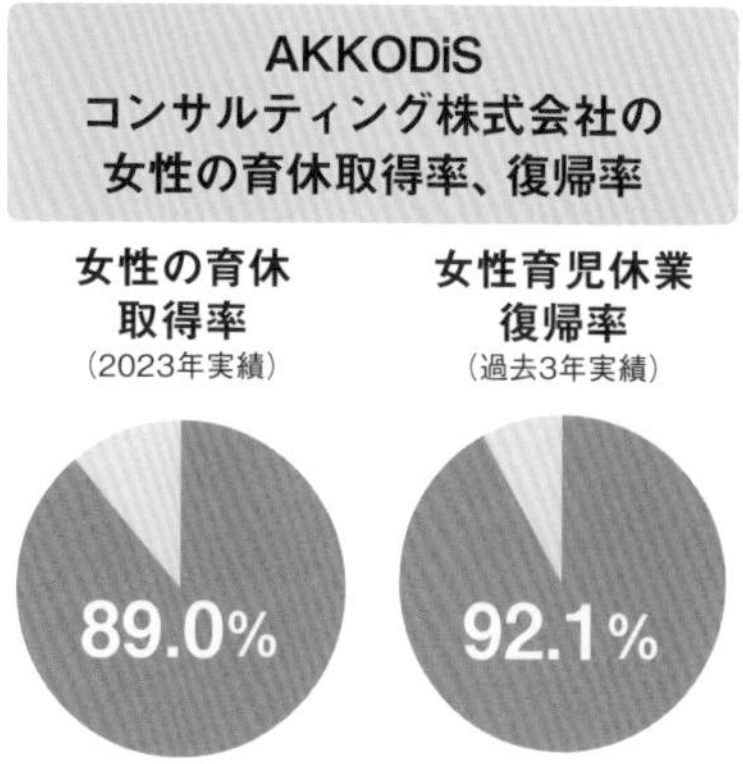

たいという気持ちが強かったのですが、出産・育児で時短勤務を選択し、その気持ちは薄れていきました。子どもを育てる責任と仕事の両立で、思い描いていたキャリアとはまったく違うものになりました。時短勤務だとどうしても難しい案件に挑戦していくことも限られていきます。

しかし、仕事をずっと続けたいという気持ちは強くあり、最初に目指したところから目の前の仕事に一生懸命に取り組むことに気持ちを切り替えていきました。そうした姿勢が見ている方には伝わり、現在のポジションの打診につながったのかもしれません。

――そうした中で会社のサポートはどのようにありましたか？

当社はエンジニアファーストで、エンジニアがどのように仕事をしていきたいかをキャリアプランナーなどに相談できる体制が整っています。私は、働き方に制限があってもできることをやっていきたいというビジョンを伝えました。時短勤務という条件はありましたが、さまざまな案件がある中で、営業とも連携してお客様と時間調整を図るなどして環境を整えてもらえたりしたことが本当にありがたかったです。

キャリアへの悩みはありながらも、会社の制度や支えがあったからこそやってこられました。私以外でも出産後に現場リーダーを務めている女性もおり、自分に合った働き方ができる会社だと実感しています。

――そのほかの会社の制度でキャリアデザインに役立ったものはありますか？

現在のポジションに就く前に、女性社員を対象としたリーダーシップ強化研修に参加しました。昨今は社会全体でダイバーシティの推進が図られていますが、女性は、ジェンダーを理由に社会的立ち位置が難しいと感じたり、昇進を打診されても臆する傾向にあったりするというデータがあります。そうしたことをまずは知った上で、リーダーシップをどう発揮していくかというプロセスを学ぶプログラムでした。研修では立ち振る舞いが学べたことに加え、会社が女性の活躍を推進しており、その機会やチャンスがあると実感できたこと、すでに役職に就いている方たちとも話ができたことで、仲間がいるという安心感を覚えました。

モチベーションも高まりました。障がい者雇用における会社のミッションを着実に遂行することとそのノウハウを活用して新たなサービス展開につなげていくことなどに挑戦したい気持ちと今後のキャリアを考えることにもつながりました。

経験者に聞く！

転職のお悩みQ&A

Q 家族に転職を反対されています。どうしたらよい？

新卒から働いている今の会社に不満はありませんが、自分のアイデアを形にできる環境で、より裁量権のある仕事に挑戦したいと思い、ベンチャー企業への転職活動を開始しました。先日、事業の成長が見込める企業から内定をいただいたのですが、妻が「今の環境を捨てるのはもったいない」と反対しています。どうしたらよいでしょうか？

（36歳・男性・会社員）

A まずは、ご家族が何に対して不安を感じているのか耳を傾けましょう。収入面、事業内容・将来性、キャリアプラン、生活環境、職場環境など、具体的な不安要素を把握し、解決策を提示することが重要です。その際に、自分の意見を一方的に伝えるのではなく、「こう考えているけどどうかな？」と相談をする姿勢が大事です。

初めての転職でベンチャー企業への挑戦は、あなたにとっても大きな決断です。壁にぶつかり、不安になることもあるでしょう。そんな時、ご家族の応援は大きな支えとなります。話し合いを通じて、不安を解消するだけではなく、応援してもらうレベルまで気持ちを高める必要があります。そのためには、「今チャレンジをしなければならない理由」と、それによって「未来がどう変わるのか」も話しましょう。そして「万が一、失敗してしまった場合にはどうするか」も話をしておきましょう。なんとなく勢いの転職ではなく、しっかり将来を考えた現実的な選択であることを時間をかけて理解してもらう努力が必要です。

ベンチャー企業を成功に導くためには社内外で多くの人のマインドを変えて、巻き込みながら事業成長につなげていきます。まずは、ご家族を納得させることがベンチャーで成功するための第一歩として臨みましょう。

（43歳・男性・ベンチャー企業管理職）

Chapter

2

転職・採用市場を知る

転職活動に取り組むに当たって、
市場の動向や企業が利用している採用チャネルについて
理解を深めましょう。

01

転職市場の動向①

今、転職する人はどれぐらいいるの?

採用活動の本格回復に伴い活発化する転職市場

近年、転職者は増加傾向にあり、２０１９年には最多の３５３万人が転職。その後、新型コロナウイルスの影響で企業の採用全体が減少していましたが、経済活動の回復による事業の拡大から、採用を見合わせていた業種でも**再び積極的な採用活動**が行われるようになってきました。

人材の獲得競争が活発になる中、働き方や待遇面でより良い条件や自分の求めている仕事内容を求めて、転職する人が増加。総務省の調査では、２０２２年には３０３万人が転職しています。**業種や職種を超えたキャリアチェンジによって異なる仕事に挑戦する人の割合も増加**しています。

転職者数は増加傾向

年間300万人以上が転職。新型コロナウイルスの影響などで一時減少した転職者数は再び上昇傾向にあります。特に女性のほうが男性よりも転職者数が多くなっています。

［転職者数の推移］

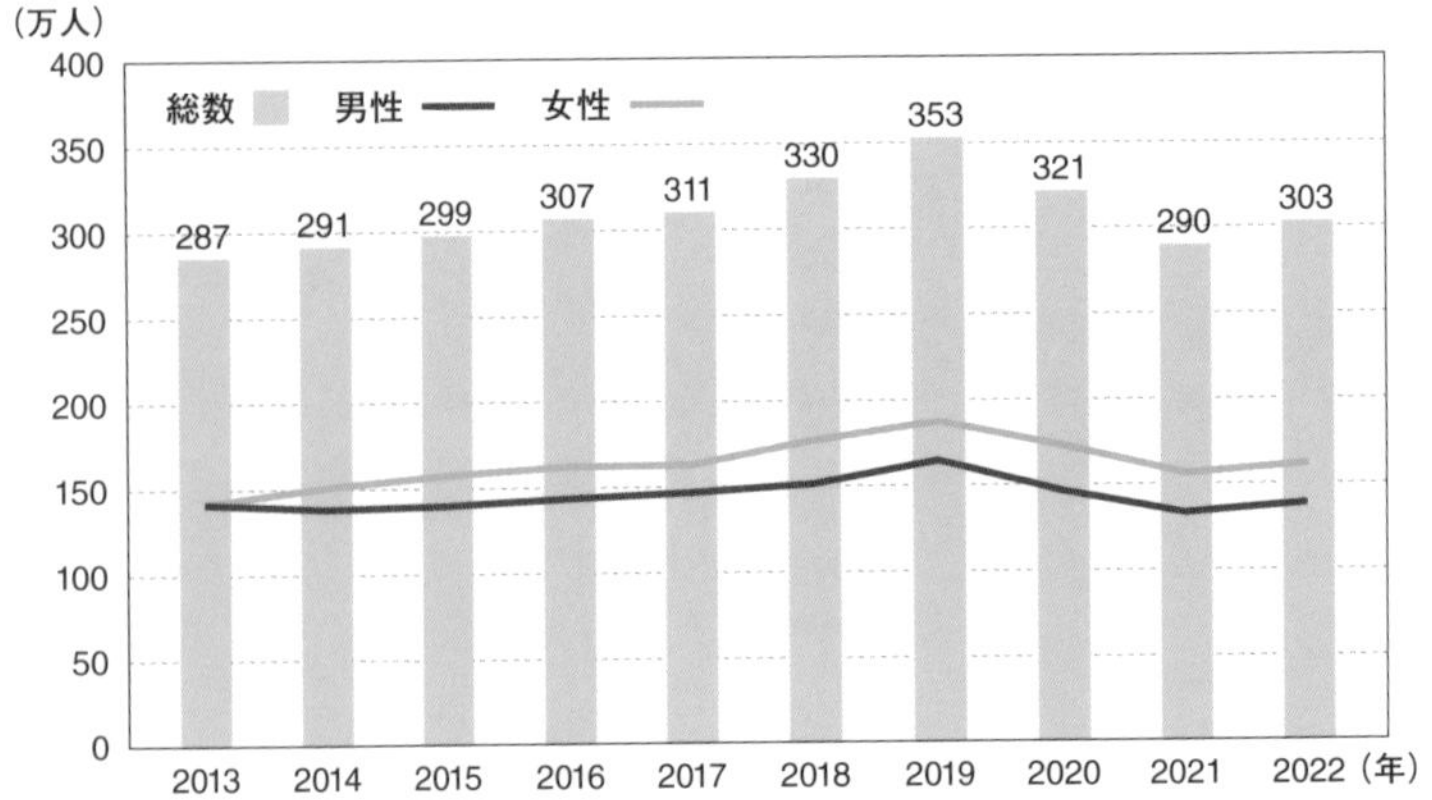

出典：総務省「労働力調査2022年平均結果」

押さえておきたい

転職希望者数と転職者数の違い

総務省の「労働力調査」によると2022年の転職希望者数は、転職者数（実際に転職をした人）の3倍以上の968万人に上っています。この調査での転職希望者数とは、「現在の仕事を辞めてほかの仕事に変わりたい」「現在の仕事のほかに別の仕事もしたい」と希望の程度は異なるものの転職の意向のある人です。このような潜在的な転職希望者も増加しており、特に男性は2022年には前年と比較して45万人以上増加しています。

近年は転職者に有利な「売り手市場」

近年、人材不足と事業の拡大から、企業の求人数が転職活動を行っている転職希望者数を上回る「売り手市場」になっています。2023年9月の転職求人倍率は2.39倍となっており、企業の転職者に対する積極的な採用は続くと見られています。

［転職求人倍率、求人数、転職希望者数の推移（全国）］

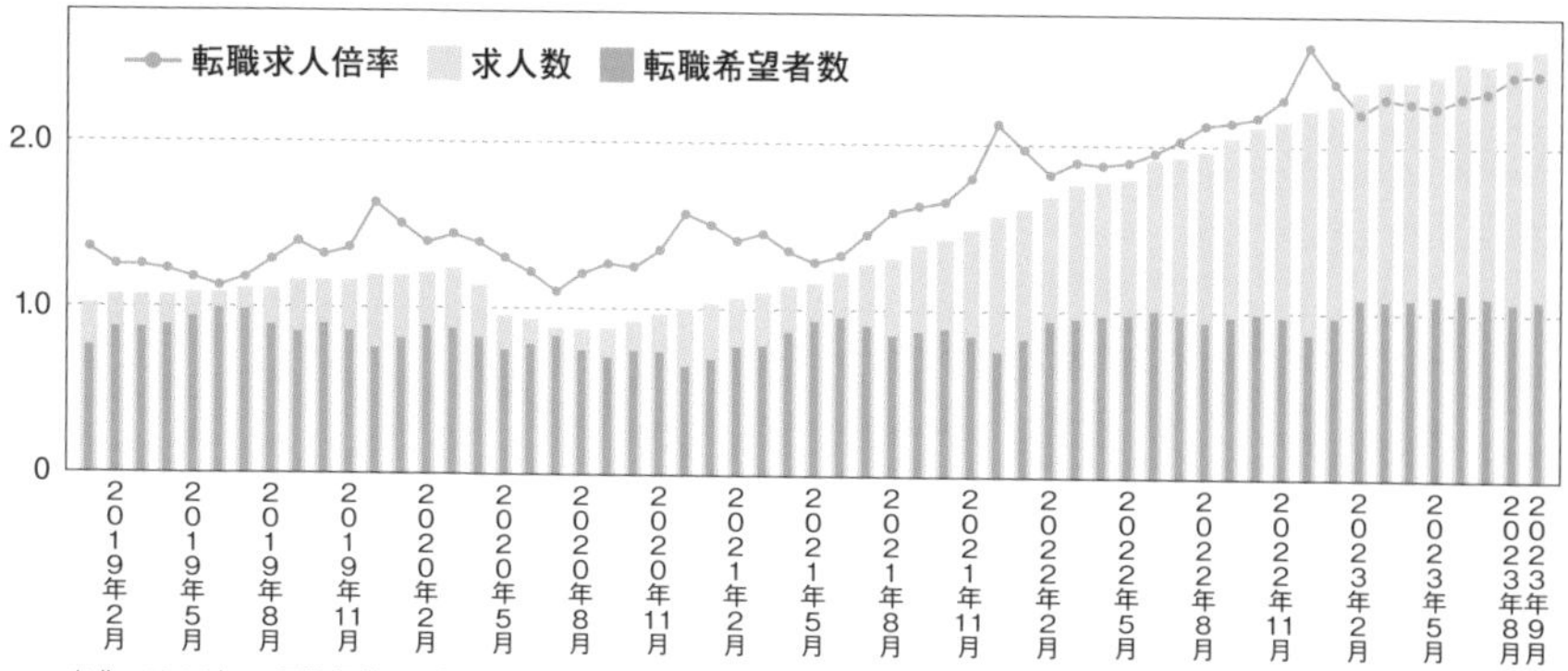

出典：2023年10月発行「doda転職求人倍率レポート」

転職求人倍率とは

転職エージェント（人材紹介会社）に登録している転職希望者1人に対して何件の求人数があったかで出される数値。1人に対して2件の求人があれば2倍になる。

より良い条件を求めての転職が最多

総務省の労働力調査によると、転職理由として「よりよい条件の仕事を探すため」が最も多くなっています。

［前職の離職理由］

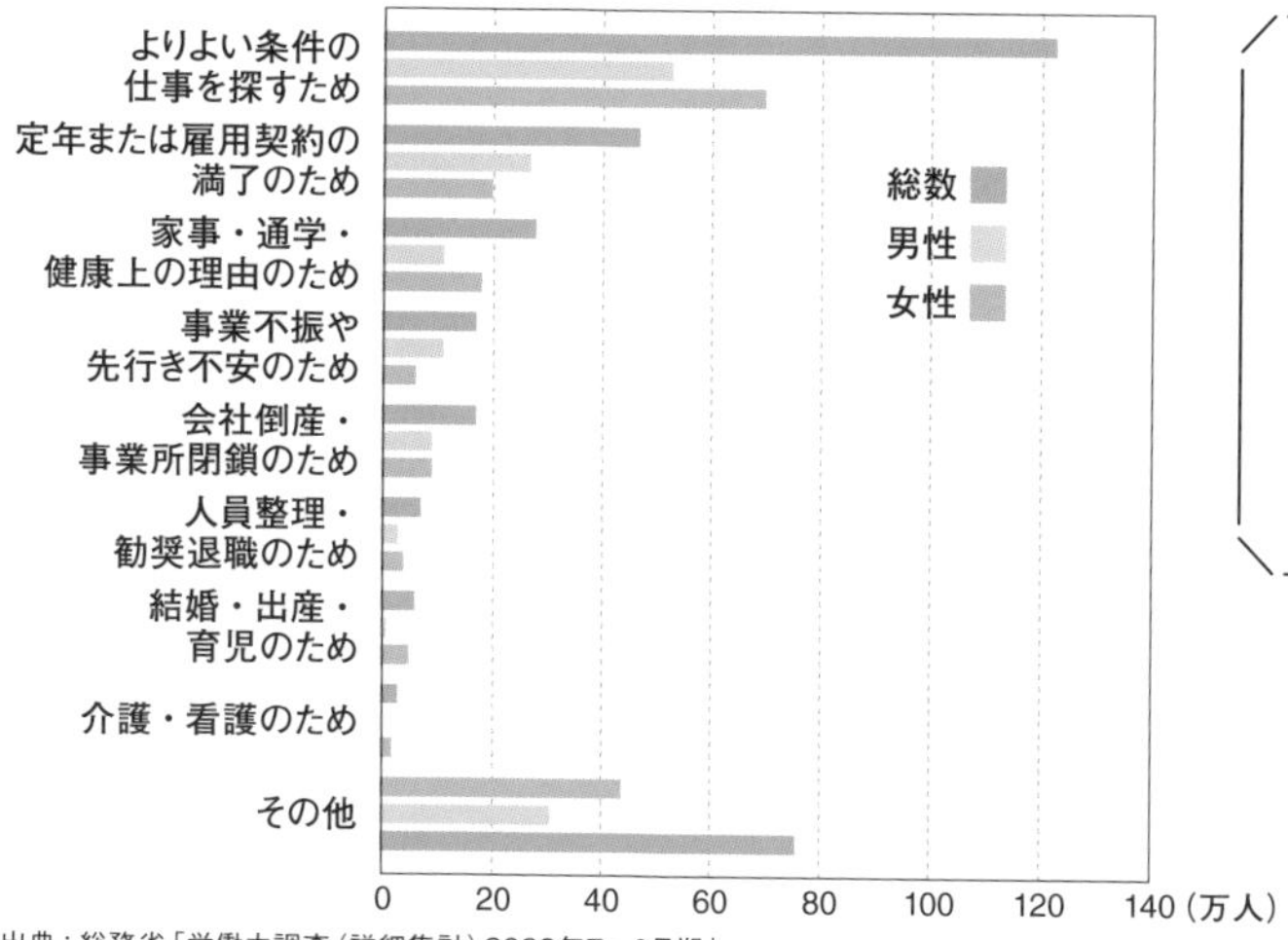

出典：総務省「労働力調査（詳細集計）2023年7～9月期」

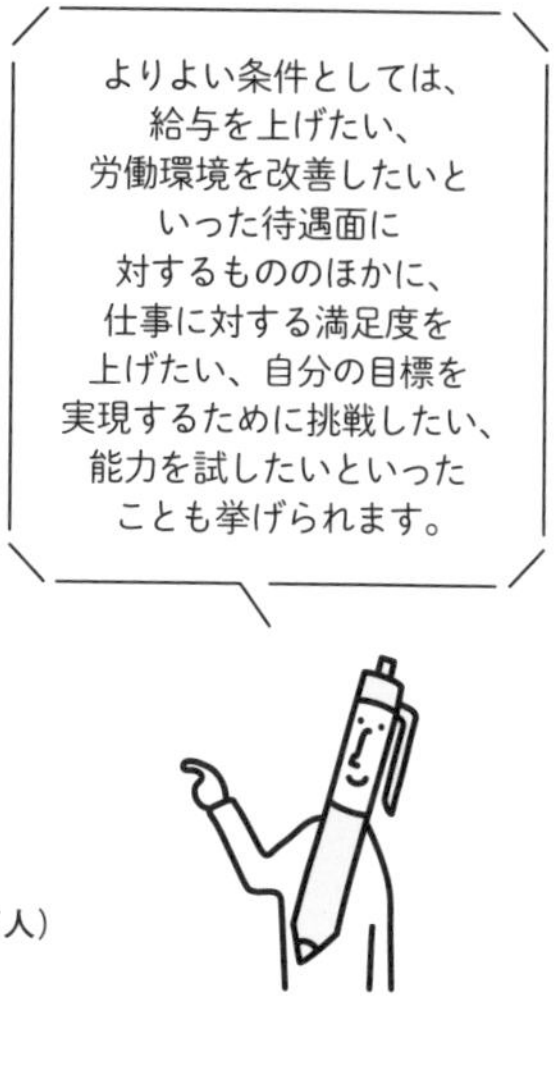

02

転職市場の動向②
年代・業界によって転職状況は異なる？

技術や専門に特化した職種の求人数が増加している

転職市場は全般的に活発化していますが、中でも**ＩＴ・通信業界やコンサルティングなどの技術や、専門に特化した業種や職種**、働き方改革の適応を見越した建設・不動産などの求人が特に増加しています。

世代としては、25歳から34歳までが最も多くなっています。人手不足が深刻化してくる中、企業が将来を担う人材を求めて若手を積極的に採用しようとする傾向があります。一方で、経営のグローバル化や事業領域の拡大、ＤＸ（デジタルトランスフォーメーション）の推進などから、**技術力や知見があり即戦力となる経験者を求めて、ミドル層の獲得**に積極的な企業も増えています。

20代～30代の転職率が高く、ミドル層も上昇傾向

若い世代ほど転職者の割合が高くなっており、年代別の転職者比率で見ると15歳から24歳が最も比率が高くなっています。ただし、近年35歳から54歳のミドル層の比率も上昇傾向が続いており、転職者層の世代が広がっています。

[年代別の転職者比率]

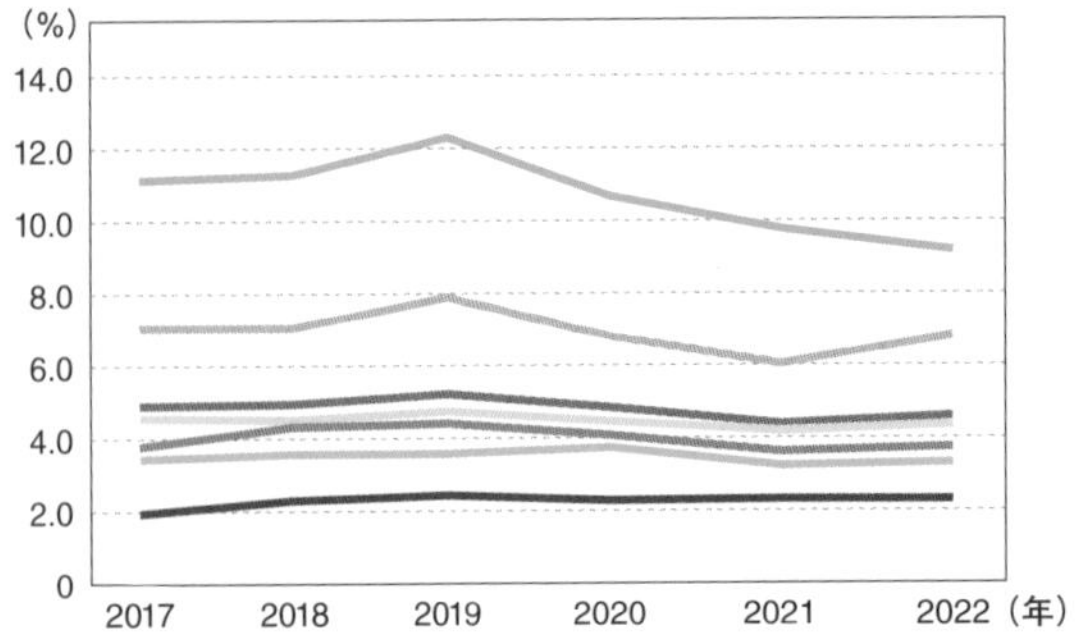

[年代別の転職者数]

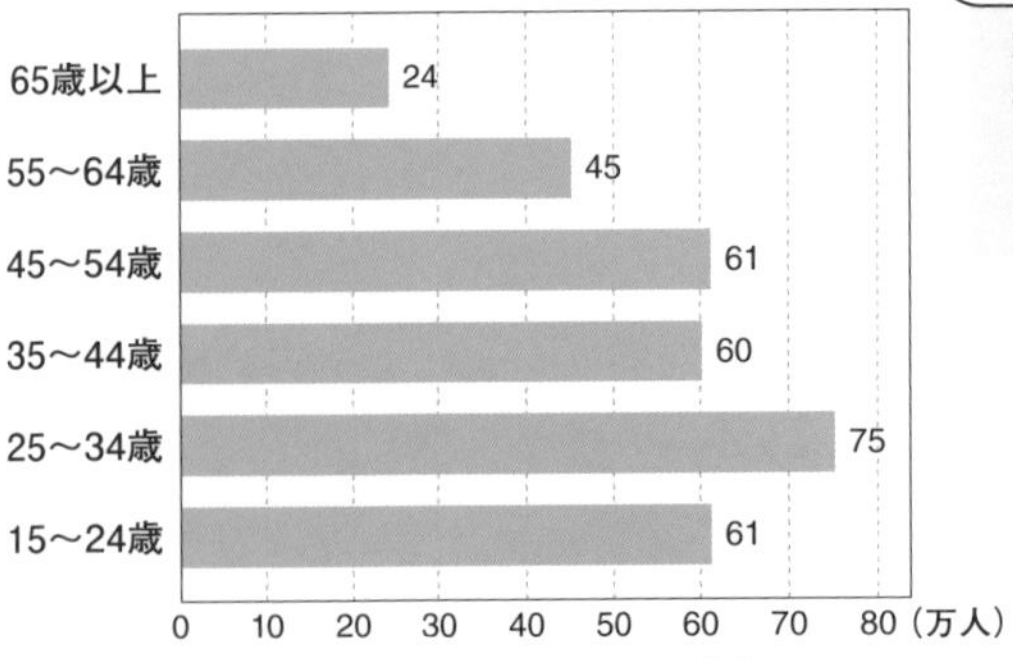

出典：総務省「労働力調査（詳細集計）2023年7～9月期」

転職者比率とは

就業者に占める転職者の割合。比率が高いほど、その世代の転職者が多いことを示している。

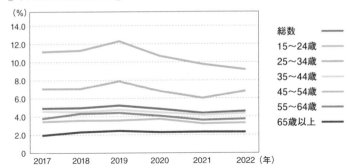

ほとんどの業界で求人数は高い

転職希望者に対しての求人数を示す求人倍率は、ほとんどの業界で高くなっています。職種別ではIT・通信のエンジニア、コンサルティング・金融や建設・不動産などの専門職の求人倍率が高く、必要な人材を確保するために柔軟な働き方や多様な採用手法の導入を進める企業も増えています。

業種	2023年7月		2023年8月		2023年9月	
	求人倍率	前年同月差	求人倍率	前年同月差	求人倍率	前年同月差
全体	2.29	0.31	2.38	0.29	2.39	0.28
IT・通信	6.47	0.89	6.61	0.68	6.71	0.74
メディア	3.4	-0.71	3.65	-0.63	3.74	-0.64
金融	2.04	0.62	2.18	0.64	2.13	0.54
メディカル	1.16	-0.06	1.22	-0.09	1.2	-0.12
メーカー	2.65	0.37	2.77	0.37	2.8	0.35
商社	1.47	0.24	1.55	0.26	1.57	0.25
小売・流通	0.5	0.11	0.54	0.12	0.54	0.11
レジャー・外食	0.71	0.24	0.75	0.24	0.74	0.24
エネルギー	2.11	0.76	2.18	0.69	2.31	0.86
建設・不動産	4.4	1.11	4.52	1.07	4.61	1.14
コンサルティング	6.55	1.08	6.27	0.48	5.81	-0.3
人材サービス	6.63	0.41	6.76	0.11	7.03	0.14
その他	0.29	0.02	0.31	0.02	0.3	0.01

出典：2023年10月発行「doda転職求人倍率レポート」

採用を控えている業種でも
コロナ禍からの回復で、
採用が上向いていくとの
予測もあるんだ。

03

働き方の種類と特徴①
副業やフリーランスは増えているの？

働き方の多様化、柔軟化
副業を認める企業も増加

働き方改革の観点から２０１８年に厚生労働省が「副業・兼業の促進に関するガイドライン」を公表。モデル就業規則から副業禁止規則も削除されたことで、副業・兼業を認める企業が増えてきました。特にコロナ禍以降、**フリーランスなど通常の雇用以外の形で働く人が急増**。総務省の「就業構造基本調査」によると、副業がある人は２０２２年には５年前より60万人増の約３０５万人に上っています。

副業を行う主な目的は収入を増やすことですが、**本業以外でのスキル習得を図ったり、人脈や実績を作って本業に役立てたりするため**に行う人もいます。

副業をしている人は増加している

実際に副業を行っている人に加え、現在の仕事を続けながらほかの仕事もしたいと思っている人も5年で90万人以上増えており、副業に対する意識は変化しています。

［副業者数の推移］

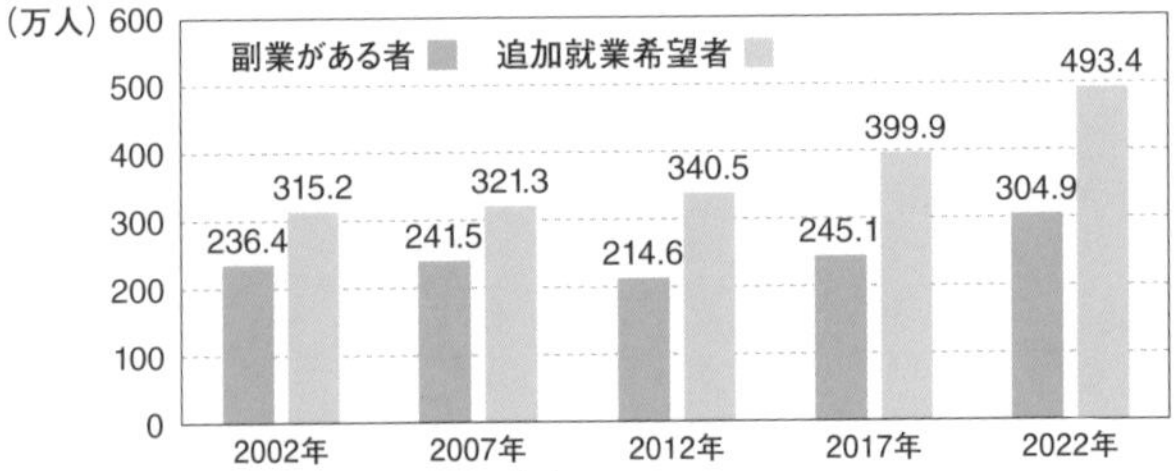

出典：総務省「令和4年就業構造基本調査」

［年代別の副業者の割合（2022年）］

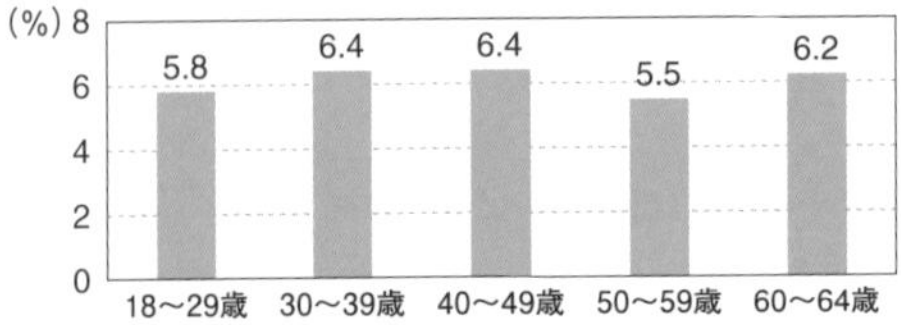

出典：労働政策研究・研修機構「副業者の就労に関する調査」

［副業をする理由（上位5つ・2022年）］

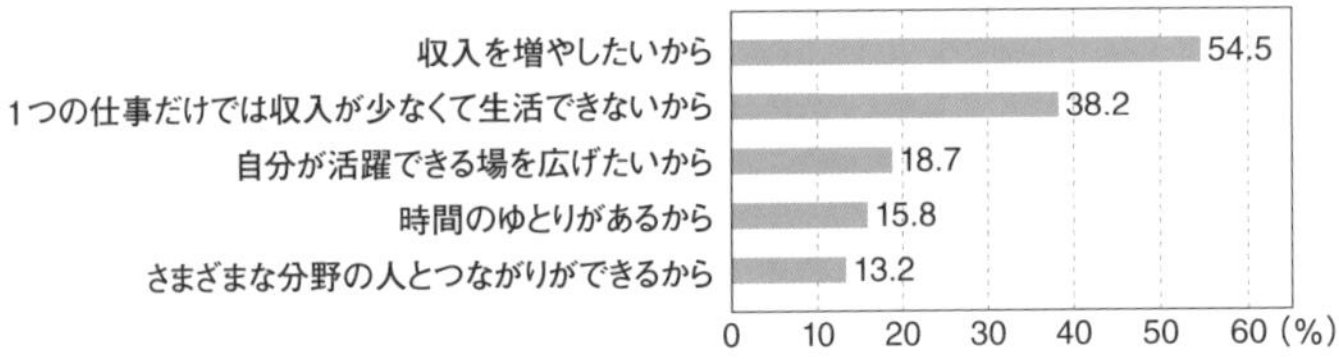

出典：労働政策研究・研修機構「副業者の就労に関する調査」

フリーランスの人口は1000万人超とも

フリーランスの実際の数は調査結果によって異なり、副業・兼業を含むと1000万人を超えるとも言われますが、その数は年々増えてきているとされています。総務省の「令和4年就業構造基本調査」では、本業がフリーランスの人は209万人、副業としてのフリーランスを含めると257.4万人となっています。

● フリーランスの定義

通常、本業として、基本的に特定の企業や団体などに所属しないで仕事を請け負う働き方の人を指す。厚生労働省ではガイドラインで「実店舗がなく、雇人もいない自営業主や一人社長であって、自身の経験や知識、スキルを活用して収入を得る者」と定義している。

［フリーランスと取引先の関係］

	主な取引先が事業主	主な取引先が消費者
業務・作業の依頼（委託）を受けて仕事を行う人	43.2% [例：デザイナー、システムエンジニア、webライター]	13.7% [例：個人と契約する家庭教師、家事代行]
上記以外の人	12.2% [例：カメラマン、ジャーナリスト]	30.8% [例：e-コマース、ハンドメイド作家]

［フリーランスの年齢構成（2020年）］

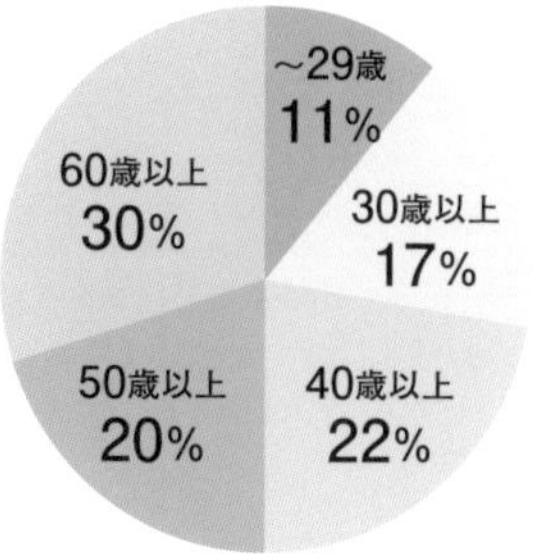

出典：内閣府「フリーランス実態調査結果（令和2年5月）」

● フリーランスのメリット・デメリット

メリット

- 時間や場所、人間関係などに縛られることが少ない。
- 自分の裁量で業務の幅を広げたり、優先順位を決めたりできる。
- 仕事の評判次第で、収入を増やすことができる。

デメリット

- 収入や立場が安定せず、将来的な保障がない。
- すべて自分で管理したり判断したりしなければならない。
- 会社員に比べて社会的な信用を得にくい場合がある。

押さえておきたい

企業で活用の進むフリーランス

近年、新規事業や業務の効率化、DX化など専門的業務に外部のフリーランスのプロフェッショナル人材を活用するケースが増えています。特に慢性的に人手不足が続く中小企業でその傾向が強くなっています。人材活用の観点からフリーランスの重要度が増し働き方の多様化が進む中で、フリーランスが受けた業務に安定的に取り組むことができる環境を整備する目的で、2023年4月には「特定受託事業者に係る取引の適正化等に関する法律」（フリーランス新法）が成立しています。

自分に合った働き方を見つける

現在の状況、将来の希望、仕事の位置づけを明確にする

　自分に合った働き方を考える際は、まずさまざまな働き方の種類とその特徴を理解した上で、**仕事の位置づけを明確にする**ことが大切です。働き方は多様化しており、働く時間や場所も変化しています。自分の理想とする暮らしをイメージし、それを現在の状況と照らし合わせてみます。理想の暮らしに足りているもの、不足しているものがわかれば、どういった立場で何を重視して働きたいのかが見えてきます。それが将来ありたい姿とつながるかも考えてみましょう。

　自分にとっての仕事の位置づけを考えると、自分に合った働き方が見えてくるのではないでしょうか。

さまざまな働き方の種類

就業者は雇用者と自営業者に分かれます。雇用者は、正規と非正規、役員に分類されます。自営業者は、雇人がいる場合といない場合があり、一人で事業を行っているフリーランスは後者に該当します。

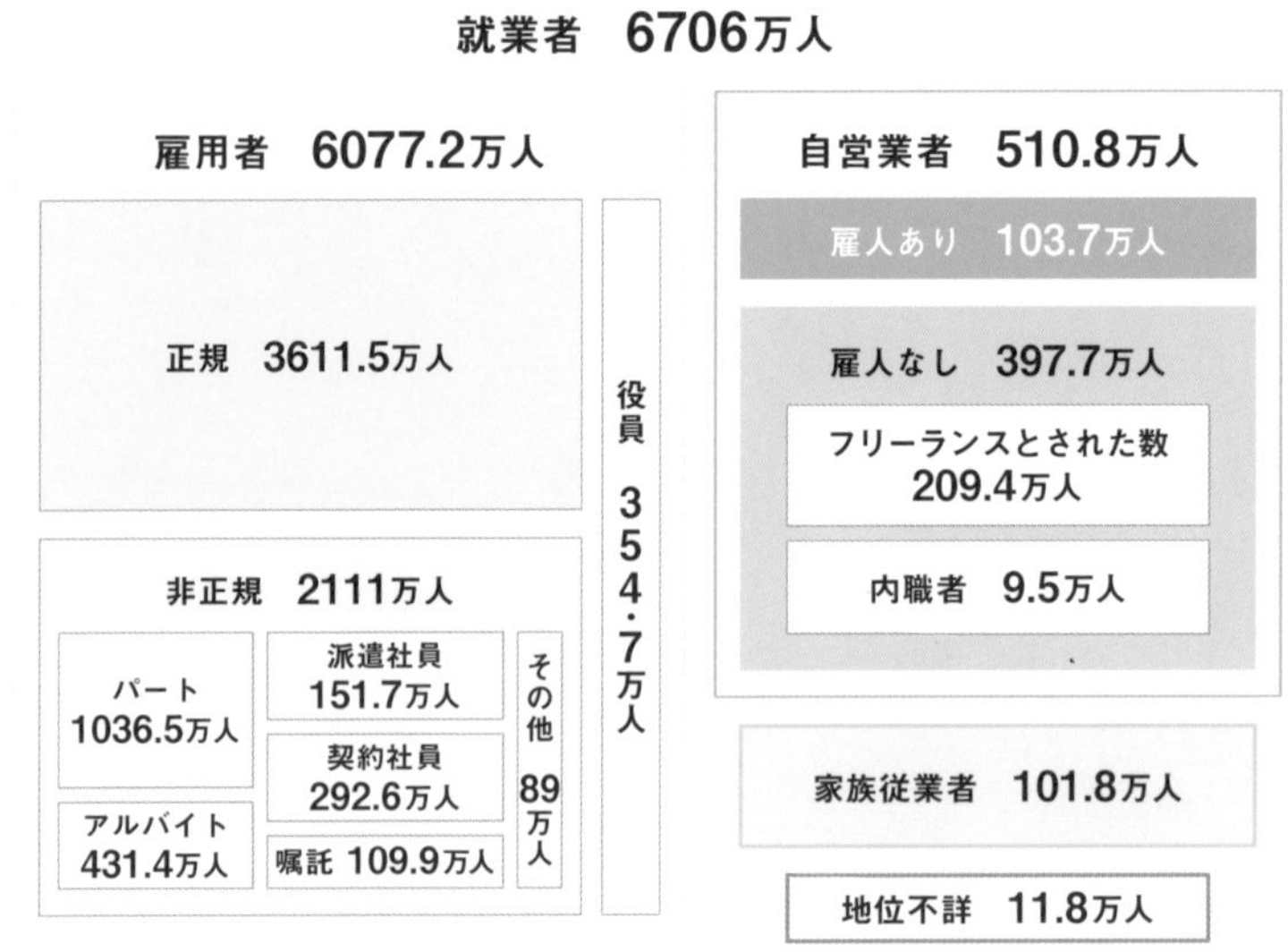

出典：総務省「令和4年就業構造基本調査」

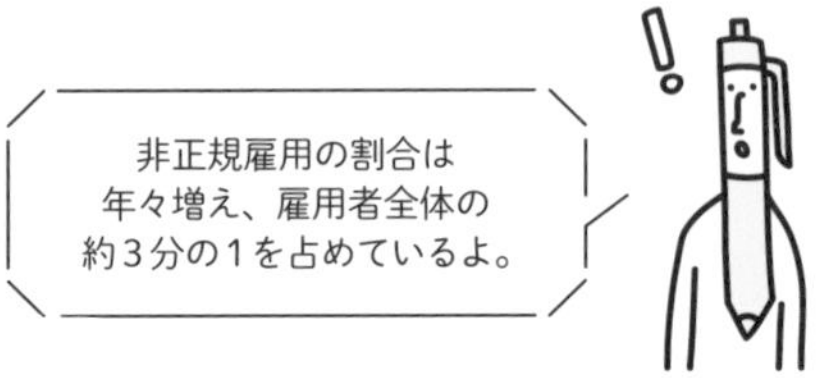

働き方ごとの特徴

正社員（正規社員・職員）、契約社員、派遣社員など、働き方はさまざまです。また、それぞれで任される仕事の内容、働く時間の長さや働き方の自由度なども異なってきます。

正社員

企業に正規で雇用された立場での働き方。雇用期間は定められていない。通常はフルタイムで勤務する。

契約社員

契約期間が定められた形で企業に直接雇用された立場での働き方。勤務時間や勤務日数は正社員と同じであるケースが多い。

派遣社員

派遣会社に登録し、条件に応じて企業（職場）に派遣される働き方。企業との契約や給与の支払い、福利厚生などは派遣会社が行う。

自営業・フリーランス

企業などに所属せずに自分で事業を経営する働き方。雇う人がいない場合も多く、フリーランスも自営業者に含まれる。

パート・アルバイト

フルタイムと比較して短時間での働き方。日数や時間を調整して働けるが、通常、契約期間を定めないで雇用契約が結ばれる。

押さえておきたい

雇用主は企業だけではない

国や県、市町村などの職員である公務員は、営利を目的とする企業とは異なり、国民や地域住民のために働くことが目的となります。また非営利団体職員も社会的課題の解決などを目的に働くため、社会全体のために働きたいという人が向いています。雇用形態は正規・契約などさまざまです。

場所や時間にとらわれない働き方も

近年、勤務形態が広がりを見せています。出社するのではなく在宅で働いたり、9時から17時までなど決まった時間ではなく自分で始業・就業時間を決めたりなど、働き方はさまざまです。

リモートワーク（在宅勤務）

リモートワークは会社に出勤せず（ネットワーク環境を使用して）別の場所で働く方法。別の場所が自宅の場合が在宅勤務。

リモートワーク（地方勤務）

会社への通勤圏内ではない場所（地方）に移住・在住するなどしてリモートワークで働く方法。

フレックスタイム

core time
flexible time

一定期間の総勤務時間を満たし、コアタイム（就業必須の時間）に出勤していれば、始業・終業時間を自分で決められる働き方。

時差出勤

1日の総勤務時間は変えずに始業・終業時間を変更する方法。会社がいくつかのパターンを設けて社員が選ぶことが多い。

短時間勤務（時短）

1日の勤務時間を、決められている時間より短縮した働き方。子育てや介護を理由とする短時間勤務は事業主に義務づけられている。

勤務時間や勤務地などを
限定した「限定正社員」の
制度を取り入れている
企業もあるんだ。

多様化する働き方 リモートワークの導入も影響

副業をもつ正社員、組織に属さないフリーランス、近年、働き方は多様化しています。また、ライフスタイルの多様化により、社員の個々の事情に応じて、リモートワークや時短勤務など多様な働き方を選択できるような制度作りに企業が取り組むようになってきました。

新型コロナウイルスの蔓延により感染防止の観点から**リモートワークを導入する企業が一挙に増えた**ことも働き方に大きな影響を与えました。リモートワークの導入が進んだことで、住居を会社から離れた場所に移す人、子育てや介護をしながら仕事を続ける人も増えました。その後、コロナ禍も収束し、出社に戻したりリモートワークのハイブリッドなども増える傾向にあります。また、リモートワークの可否を転職先選びの基準のひとつに挙げる人も増えています。

リモートワークを導入する企業は50%を超えている

2020年以降、導入率が急激に増加しています。業種別では2022年時点で情報通信業では97.6%となっていますが、一番導入が低い運輸業・郵便業では33%となっており、リモートワークが導入しにくい業種や職種もあります。

［リモートワーク導入率の推移］

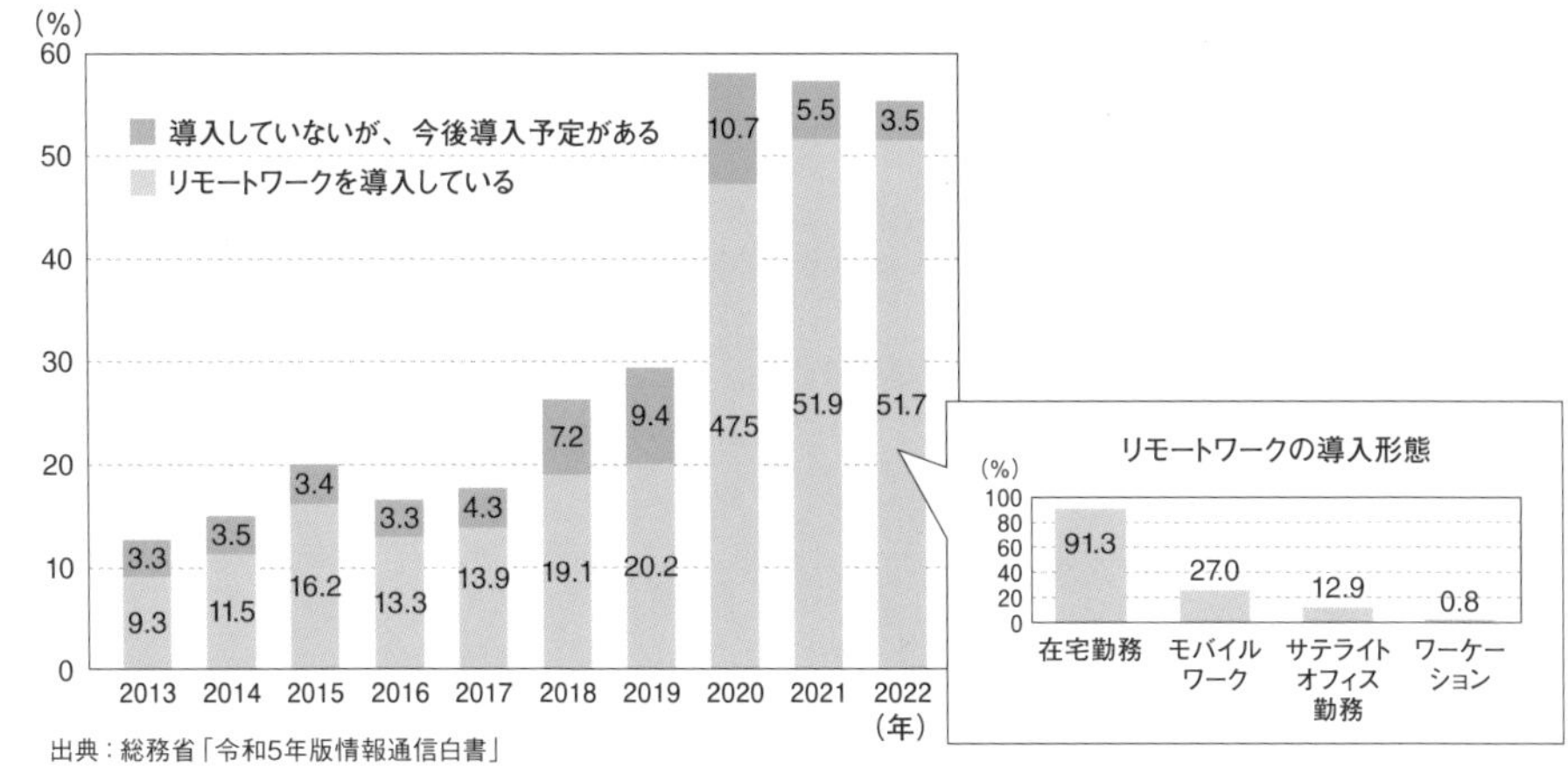

出典：総務省「令和5年版情報通信白書」

モバイルワーク：営業活動などでの外出時に、カフェや移動中に業務を行うこと。
サテライトオフィス：企業の本社とは異なる場所に設置されたオフィス。
ワーケーション：リモートワークなどを活用して職場や自宅とは異なる場所で仕事をしながら自分の時間も過ごすこと。

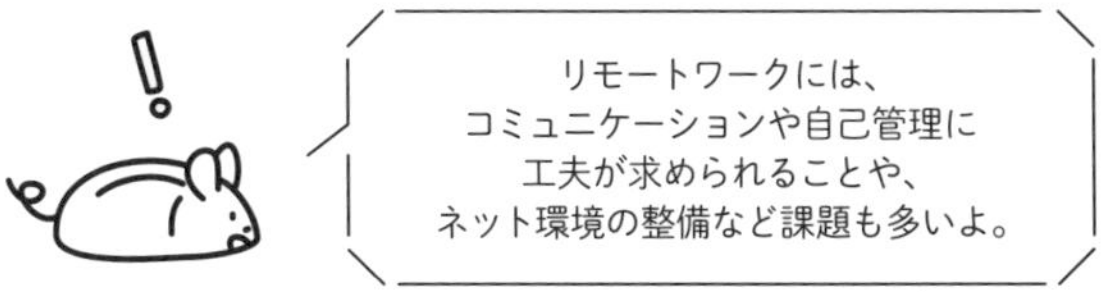

05

転職先を選ぶ条件

転職後、収入はどう変わる？

収入アップを条件とするかは人それぞれ

転職によって収入アップを図ることは、転職条件のひとつとなるでしょう。また、**転職先で現在の生活水準を維持できる収入が得られるか**どうかは当然考えなければなりません。

ただし、収入がアップする場合も、その意味を考えてみる必要があります。**自分のスキルや経験が市場価値の高いもので、それを活用した転職の場合**、収入アップは成功であると言えるでしょう。一方、人手が足りないなどの理由で好条件が提示されている場合、その仕事が今までの仕事や、今後のキャリアプラン、ライフプランにつながるかも考えてみましょう。収入は条件のひとつになりますが、絶対条件ではないのです。

収入増と収入減の割合は同程度

調査によると、収入が「増えた」と答えた人が全体の約4割に上っています。逆に「減った」と答えた人も同じ割合になっており、転職することで収入増とならない場合もあります。全体では収入が10〜30%増えた人が最も多くなっています。

[転職者の収入の増減の割合（総数）]

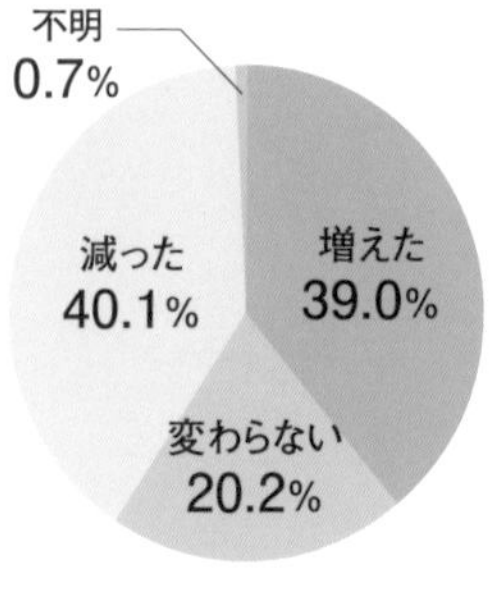

[年代別収入の増減率]

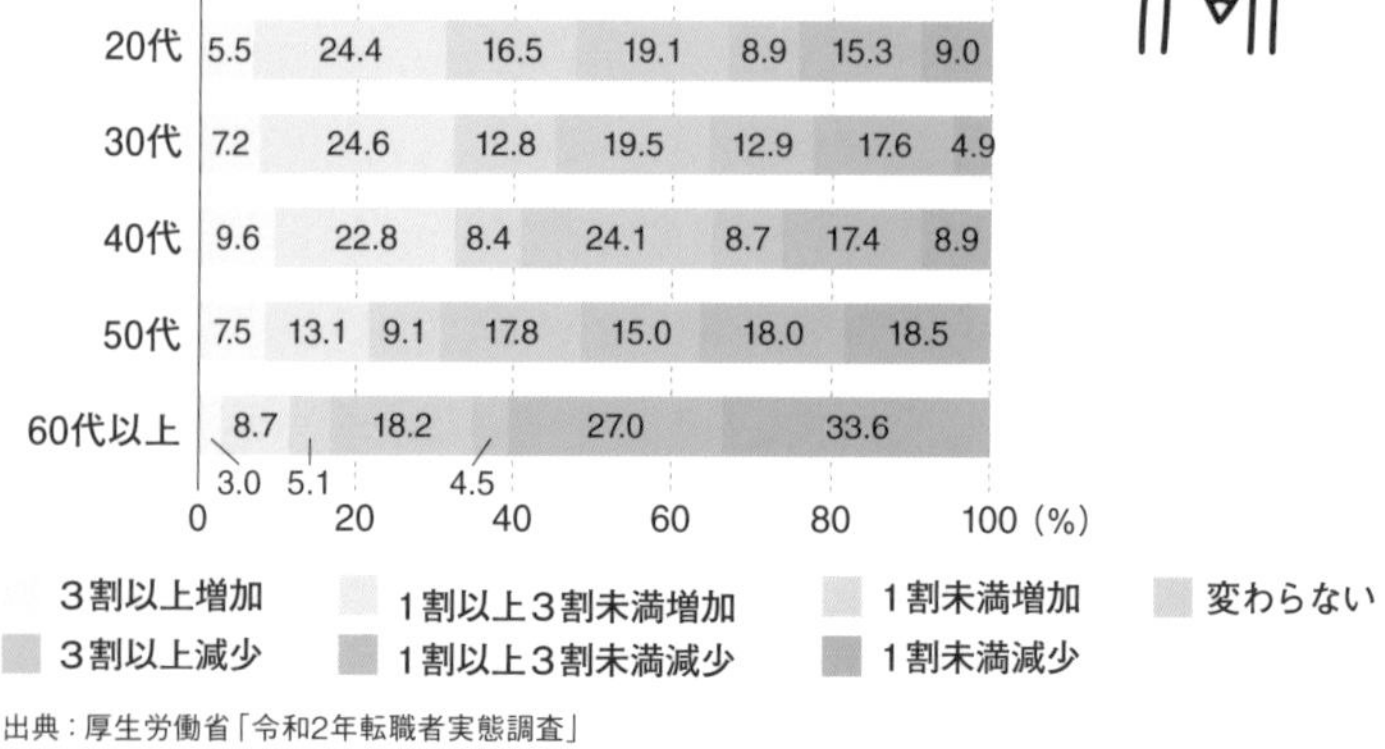

出典：厚生労働省「令和2年転職者実態調査」

転職先を選んだ理由の１位は「仕事の満足度」

転職先を選んだ理由としては、「仕事の内容・職種への満足」や「自分の技能・能力が生かせる」ことを挙げた割合が、「賃金が高い」ことを挙げた割合よりも高くなっています。

［転職先を選んだ理由（複数回答、上位を抜粋）］

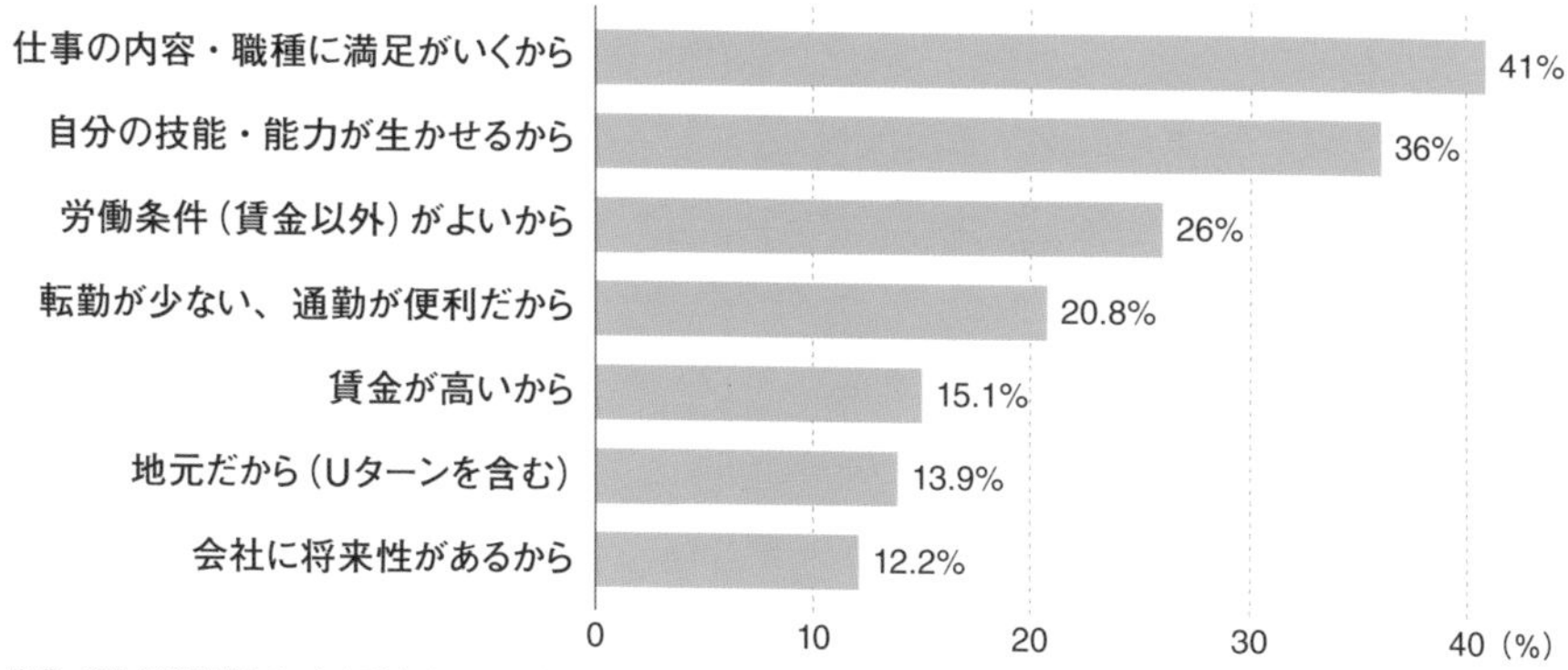

出典：厚生労働省「令和2年転職者実態調査」

転職先での満足度はおおむね高くなっている

転職者の転職先での満足度の調査では、満足している割合が全項目で不満を上回っており、仕事の内容・職種に対する満足度が最も高くなっています。何による満足度を自分は重視していくか考えてみましょう。

［転職先での満足度］

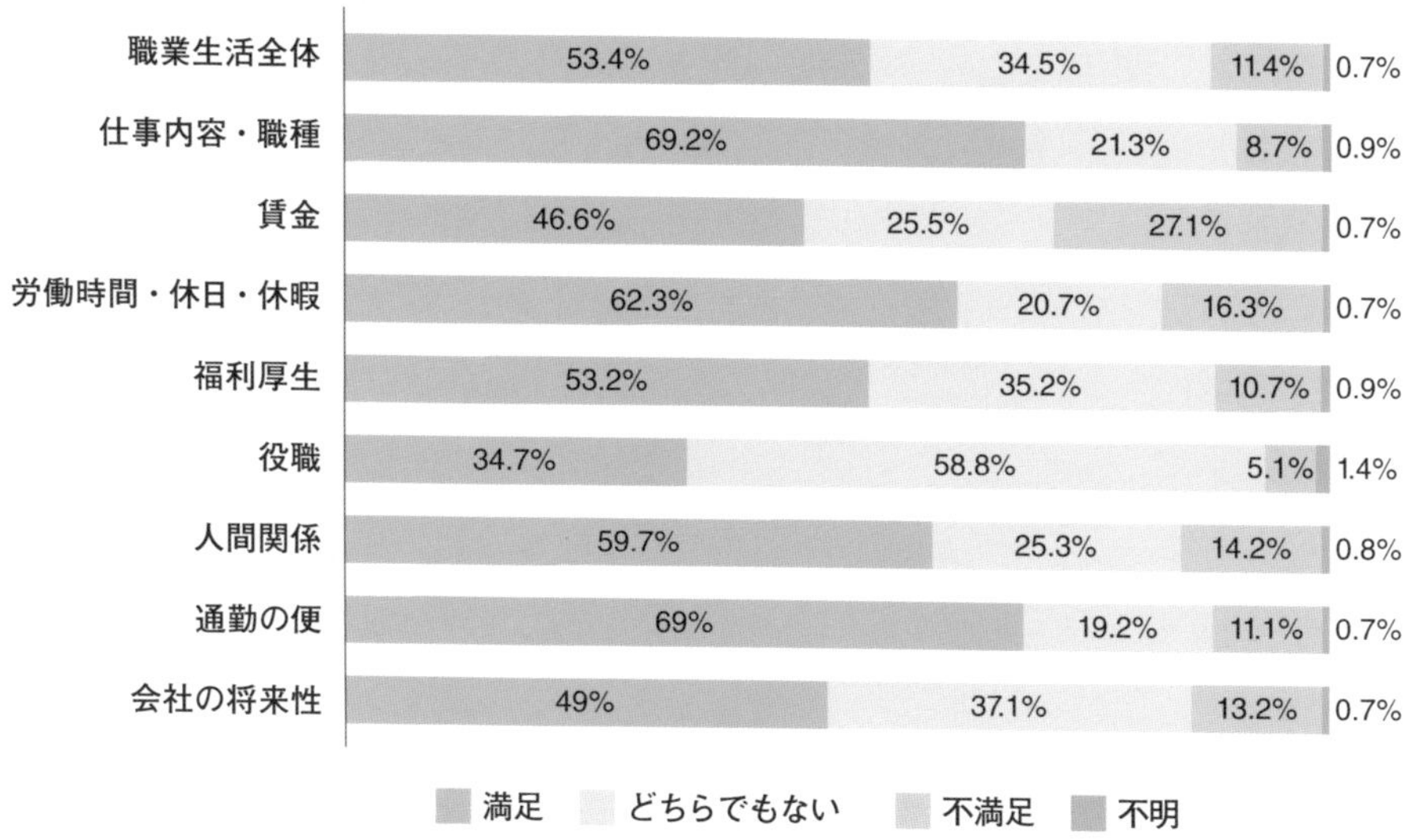

出典：厚生労働省「令和2年転職者実態調査」

06

主な採用方法

採用方法も多様化している

新たな採用方法を導入する企業が増加

近年、働き方と同様に採用方法も多様化し、さまざまな転職ツールがインターネット上に登場しています。従来の求人サイトや転職エージェント（人材紹介会社）に加え、職種や転職者の属性で細分化されているサイトが増加。**SNSなどを使用した採用活動（ソーシャルリクルーティング）**も行われています。

また、**人材に直接アプローチしていくダイレクトリクルーティングが活発化**しています。そうした中で自社とマッチング度が高く即戦力になる人材を採用するために、**紹介によるリファラル採用や、一度退職した人を再雇用するアルムナイ採用を導入**する企業が増えています。

採用方法ごとの特徴を押さえる

採用方法ごとにさまざまな特徴があります。転職希望者はどれも基本的に無料で利用できますが、採用側はコスト面や集めたい人数、募集したい人材などによって方法を使い分けています。

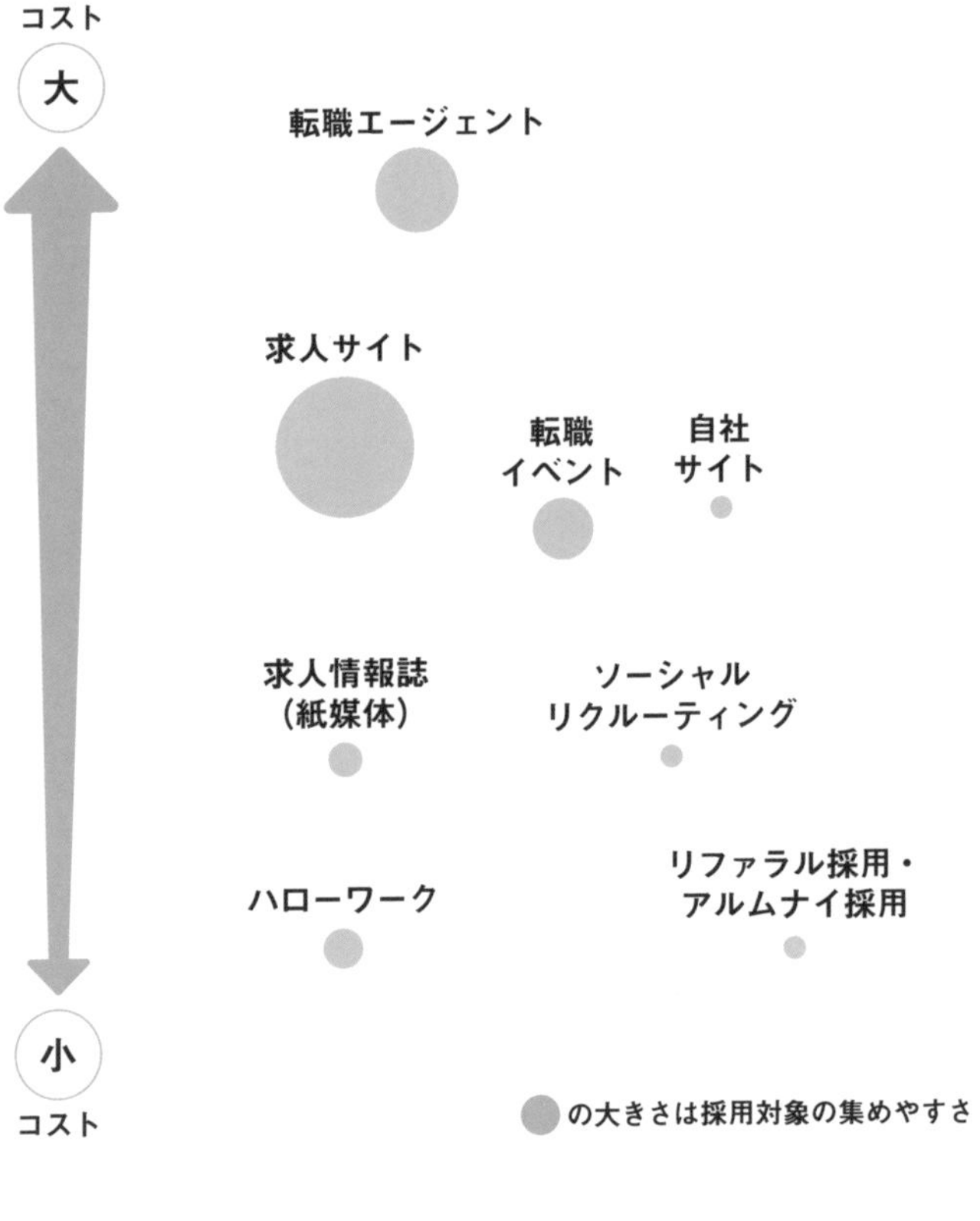

多くの企業をまとめて検索・比較できる求人サイト

求人サイトは、求人募集でよく使われる方法です。転職希望者は職種、仕事内容、応募資格、給与、勤務地や働き方のテーマなど、条件や目的を絞って探していくことができます。さまざまな業界・仕事を探せるので、自分のキャリアをどう生かせるのかを確認したいときのヒントにもなるでしょう。

求人サイトとは

求人情報を専門に扱うwebサイトに企業が求人広告を掲載し、それを見た人が応募する仕組み。総合的なものから年代や職種、ハイクラスなどに特化した求人サイトも増えている。特に職種別サイトでは担当者に相談できる人材紹介的なサービスも行っていることが多い。

企業側のコスト：サイトによって、また検索条件や掲載期間などでも異なる

募集人数：多人数（採用目標とする人数）を集めやすい

採用までにかかる時間：比較的短い（一定の期間で採用まで結びつく）

企業が活用する背景：全国的に幅広く募集できるので、一定期間に多くの人材を集めたい場合

● 代表的な求人サイト

総合的なサイト		・doda ・エン転職 ・リクナビNEXT ・マイナビ転職 ・type（タイプ） ・イーキャリア
年代に特化したサイト	20代	・Re就活 ・U29JOB（ユニークジョブ）
	30代～	・FROM40 ・ミドルの転職（エン・ジャパン）
ハイクラス		・ビズリーチ ・dodaX ・AMBI
職場に特化したサイト	IT・エンジニア	・IT転職ナビ ・hello world-ハローワールド ・マイナビ転職エンジニア求人サーチ ・Green
	医師	・m3キャリアエージェント ・医師転職ドットコム ・ドクタービジョン ・民間医局 ・マイナビDOCTOR ・e-doctor
	医療・介護・保育	・ジョブメドレー
	看護師	・レバウェル看護 ・ナース人材バンク ・看護プロ ・看護roo!転職 ・マイナビ看護師 ・看護師ワーカー
	保育士	・ほいく畑 ・レバウェル保育士 ・保育士人材バンク ・保育士ワーカー
	介護士	・カイゴジョブ ・レバウェル介護 ・かいご畑 ・マイナビ介護職

企業のニーズとマッチングしやすい「転職エージェント」

人材紹介会社とも言い、転職希望者に担当者（コンサルタント・アドバイザー）がついて、本人のスキルや経験を踏まえて適切な求人を紹介してくれたり、面接対策などさまざまなアドバイスをしてくれたりします。本人にマッチした企業が紹介されるので、企業のニーズとのミスマッチを防ぎやすいのも特徴です。

転職エージェントとは

企業は転職エージェントに求人を依頼し、転職エージェントは自社サイトに登録している転職希望者の中で条件に近い人を紹介する仕組み。企業と転職希望者をつなぐ役割を果たしており、企業とのやりとりは転職エージェントが行う。

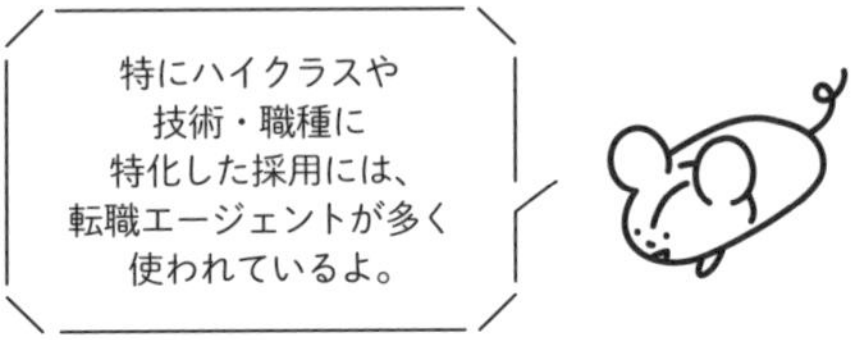

企業側のコスト：高い（掲載は無料の場合もあるが、採用成功時に通常、想定年収の３～４割程度紹介の手数料を支払う）

募集人数：大量採用には向いていない

採用までにかかる時間：比較的短い

企業が活用する背景：質の高い人材採用、非公開で採用を行いたい場合

● 転職エージェントと求人サイトの違い

転職エージェント

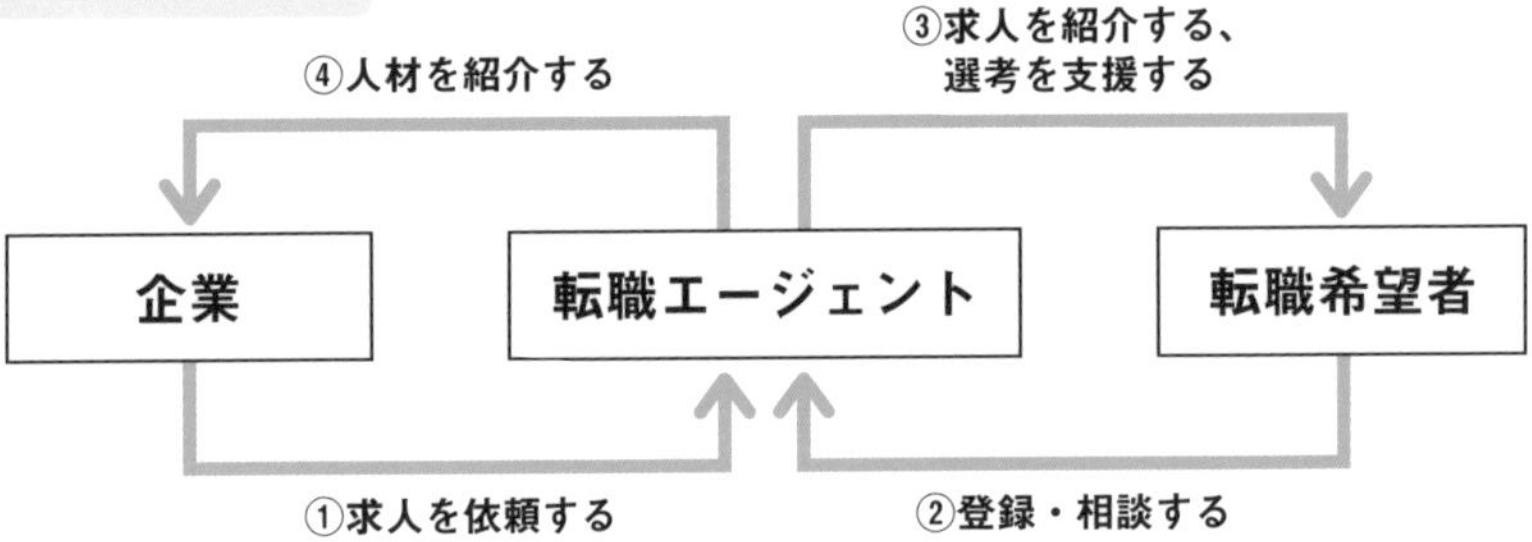

求人サイト

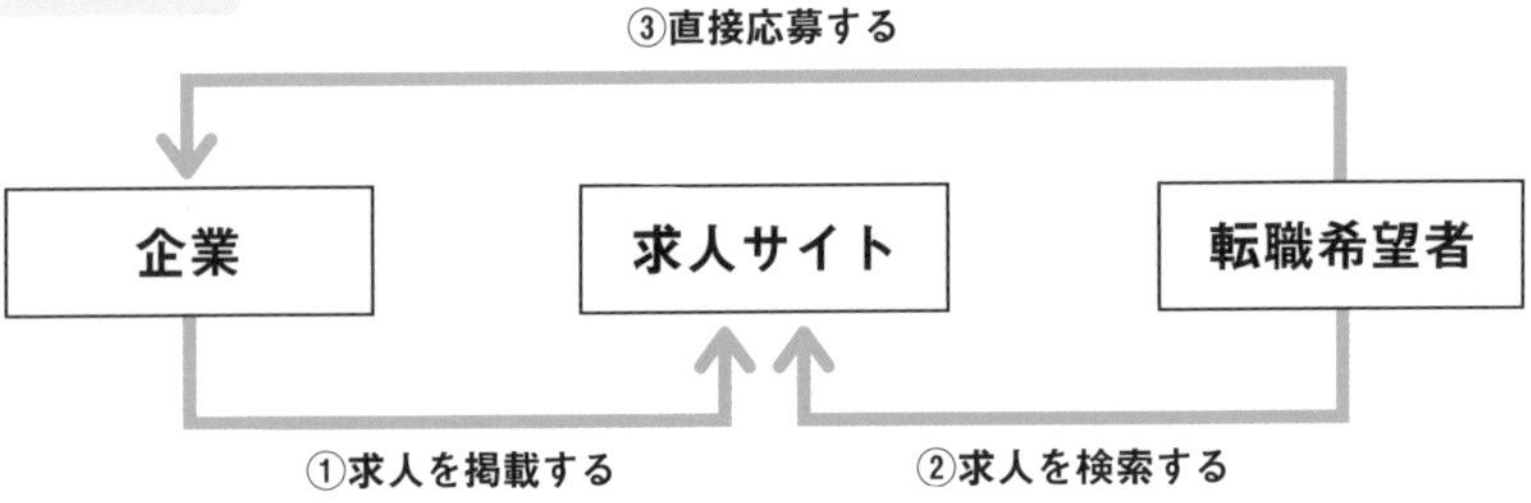

条件を絞って働ける「人材派遣」

自分のスキルやライフスタイル、キャリアプランに合わせてさまざまな企業で働く方法です。派遣期間の間だけ派遣会社に雇用される登録型派遣のほか、一定の派遣期間後、その企業の正社員や契約社員に切り替わる紹介予定派遣や、派遣会社に常時雇用される常用型派遣があります。

人材派遣とは

企業は人材派遣会社と派遣契約を結び、人材派遣会社は登録（雇用契約）しているスタッフを企業に派遣する仕組み。スタッフは派遣先企業の指示で働くが、雇用主は企業ではなく人材派遣会社で、給与の支払いや雇用保険などは人材派遣会社が行う。

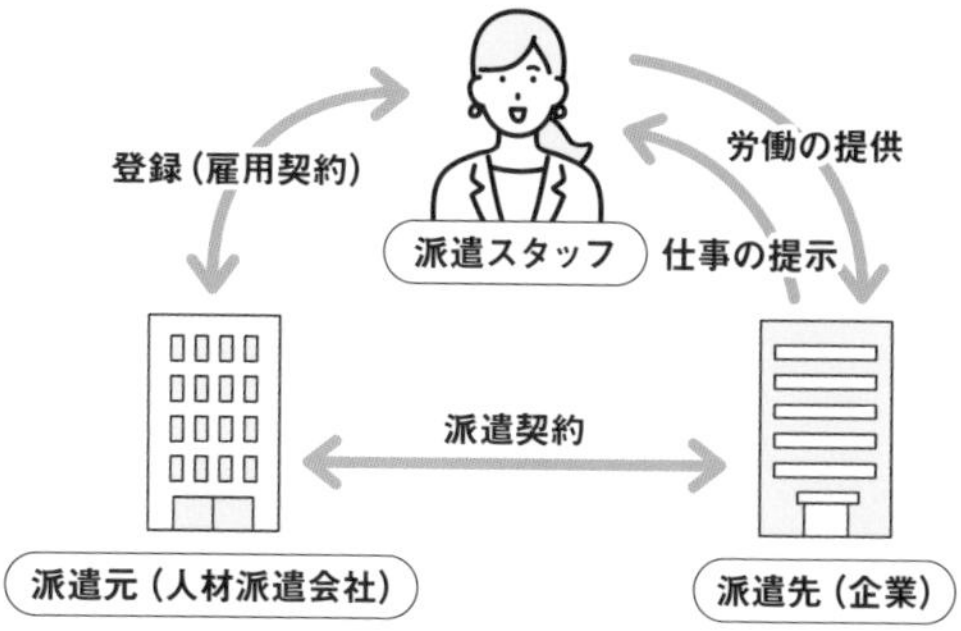

企業側のコスト：高い（採用コストはかからないが、派遣会社に払う費用は時給換算すると高い）

募集人数：1人からでも人数が多くても集められる

採用までにかかる時間：短い

企業が活用する背景：一時的に人員が必要だったり即戦力が必要だったりする場合

求職者支援も受けられる「ハローワーク」

国が運営するハローワークには、企業が無料で求人情報を出すことができ、ハローワークを経由した採用で助成金が受けられる場合もあります。離職して雇用保険を受給できない求職者などには無料の職業訓練や就職サポート、給付金が受けられる求職者支援制度も設けられています。

ハローワークとは

正式には「公共職業安定所」と言い、国が運営する企業と求職者をつなぐ機関。企業はハローワークに求人情報を出し、ハローワークから求職者の紹介を受けたり、ハローワークに登録した求職者が直接企業に応募（オンライン自主応募）したりする仕組みになっている。

企業側のコスト：無料

募集人数：応募が少ない場合は人数が集められない

採用までにかかる時間：適切な人材が見つからない場合は長くなる

企業が活用する背景：採用コストをかけたくない場合

企業の特徴がわかりやすい「自社サイト」

自社サイトの採用ページは、その企業の特徴をつかむのに最も適しているツールです。企業情報や仕事の内容、社員紹介などから、求めている人物像や働き方などをイメージしていけるでしょう。また、近年はSNSを使って情報を発信するソーシャルリクルーティングも多くなっています。

自社サイトとは

企業が自社サイト内や別途作成している採用に関するページ。通常、新卒採用、キャリア採用などごとに、そのサイトから応募できるようになっている。求人サイトにリンクが貼られている場合もある。

企業側のコスト：無料〜（デザインや情報にこだわったサイトを作成すると高くなる場合もある）

募集人数：サイトを見てもらえないと人数が集められない

採用までにかかる時間：サイトを見てもらえないと時間がかかる

企業が活用する背景：採用コストを低く抑えたり、多くの情報を伝えたかったりする場合
（ほかの求人サイトなどと併用するケースも多い）

ソーシャルリクルーティングとは

企業がSNSを活用して採用活動を行う方法。採用のためのアカウントを設けて企業情報を発信したり、ユーザー（転職希望者）と直接やり取りすることで採用につなげていく。

企業側のコスト：無料〜（広告やDMなどのオプションは有料）

募集人数：大量採用には向いていない（アカウントに集まる人数でも左右される）

採用までにかかる時間：短期間では採用結果に結びつきにくい

企業が活用する背景：コストを抑え、自社にマッチする人材を中長期的に探したい場合

● ソーシャルリクルーティングでよく使われるSNS

LinkedIn	ビジネス特化型ＳＮＳ。原則として実名でビジネスプロフィールなどを登録（P.102参照）。
Facebook	仕事や友人関係の面識があるつながり。30〜40代の利用者が多い。
Instagram	写真・動画共有を主体としたSNS。＃（ハッシュタグ）での検索が容易。
X（旧Twitter）	140字以内での投稿。情報の拡散性が高い。20代の利用者が特に多い。
Wantedly	自社の魅力を気軽に発信するSNS。ダイレクトスカウトにも使われる（P.102参照）。

「つながり」を活用した採用方法

自社に適切な人材を採用する観点から、近年、「つながり」を活用した採用が増えています。その代表が「リファラル採用」と「アルムナイ採用」です。

リファラル採用とは

社員から友人・知人や仕事関係者の紹介・推薦を受けて採用する方法。能力や人物が信頼できて自社が求める人材を採用できる可能性が高く、入社後の離職率が低くなることも期待できる。候補者の適性やスキルなどを見極めた上で採用する点が縁故採用とは異なる。

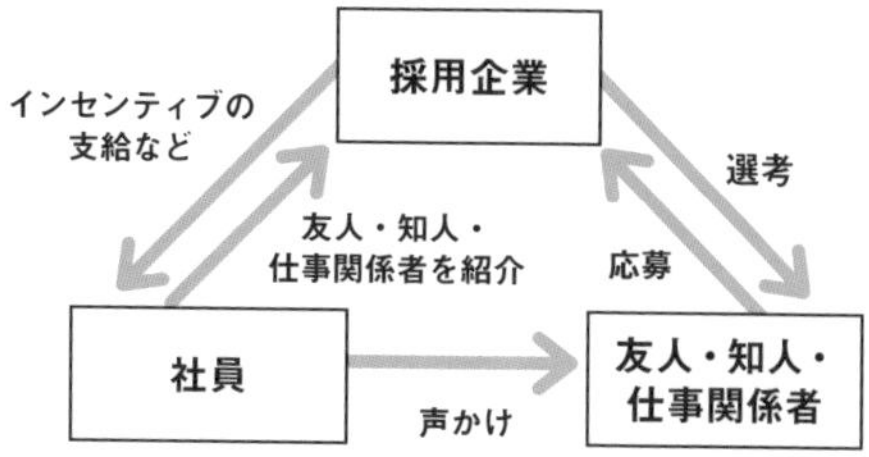

企業側のコスト：無料（紹介した社員に対するインセンティブの支給などを会社として整えることが必要になる）

募集人数：少人数の採用に向いている

採用までにかかる時間：見合う人材や紹介する社員がいない場合は長くかかる

企業が活用する背景：採用コストは低く抑えたいが、質の高い人材を採用したい場合

アルムナイ採用とは

一度退職した社員を再び採用する方法。カムバック採用などともいう。自社での勤務経験があることから企業文化や事業・業務内容を把握しており、他社で新たなスキルや経験を積んでいることで即戦力として期待できる。

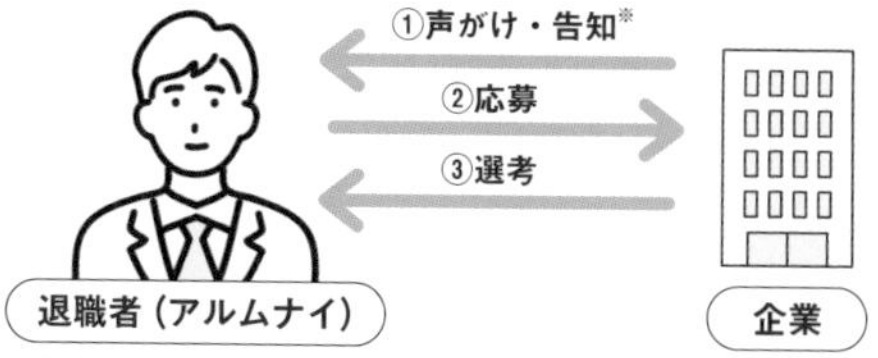

※企業からの声がけや告知なしで、退職者（アルムナイ）から応募が来るケースもある。

企業側のコスト：無料（つながりを保つネットワークや受け入れ態勢を会社として整えることが必要になる）

募集人数：少人数の採用に向いている

採用までにかかる時間：中長期的なつながりが採用に結びつくため時間がかかることもある

企業が活用する背景：お互いによく知る貴重な即戦力人材を採用したい場合

押さえておきたい

企業の積極的な採用方法「ダイレクトリクルーティング」

求人サイトや転職エージェントなどを通さずに、企業が転職希望者に直接アプローチして採用する方法です。人材データベースなどに登録された転職希望者にアプローチするほか、ソーシャルリクルーティングやリファラル採用、アルムナイ採用などもダイレクトリクルーティングになります。働き手の不足や事業の広がりなどから人材の獲得競争が激化する中、企業が待ちの姿勢ではなく積極的に動くことで、優秀な人材を確保しようとする動きが近年活発になっています。

07

転職活動に臨む際に知っておきたい

企業が中途採用者に求めること

中途採用ではスキル、経験、適応性が重視される

厚生労働省の「転職者実態調査」によると、企業の中途採用者の採用理由は、「離職者の補充」のほか、**「経験を生かし即戦力になる」「専門知識・能力がある」**が上位を占めています。また、**「職場への適応力がある」**ことも一定の理由として挙げられています。つまり、**「スキル」「経験」「適応性」が重視**されています。

中途（キャリア）採用では即戦力となる人材が求められるため、「スキル」や「経験」が募集職種に適合しているかが重要な指標となります。また、中途採用しても早期に退職してしまったということを防ぐために自社との適応性は重要で、人柄面も見定められていきます。

企業が最も求めるのはコミュニケーション能力

企業が求める人材像では、即戦力として業務に従事できる能力に加え、意欲的な姿勢やコミュニケーション能力の高さ、人柄が重視されています。

[企業が求める人材像（中途採用）]

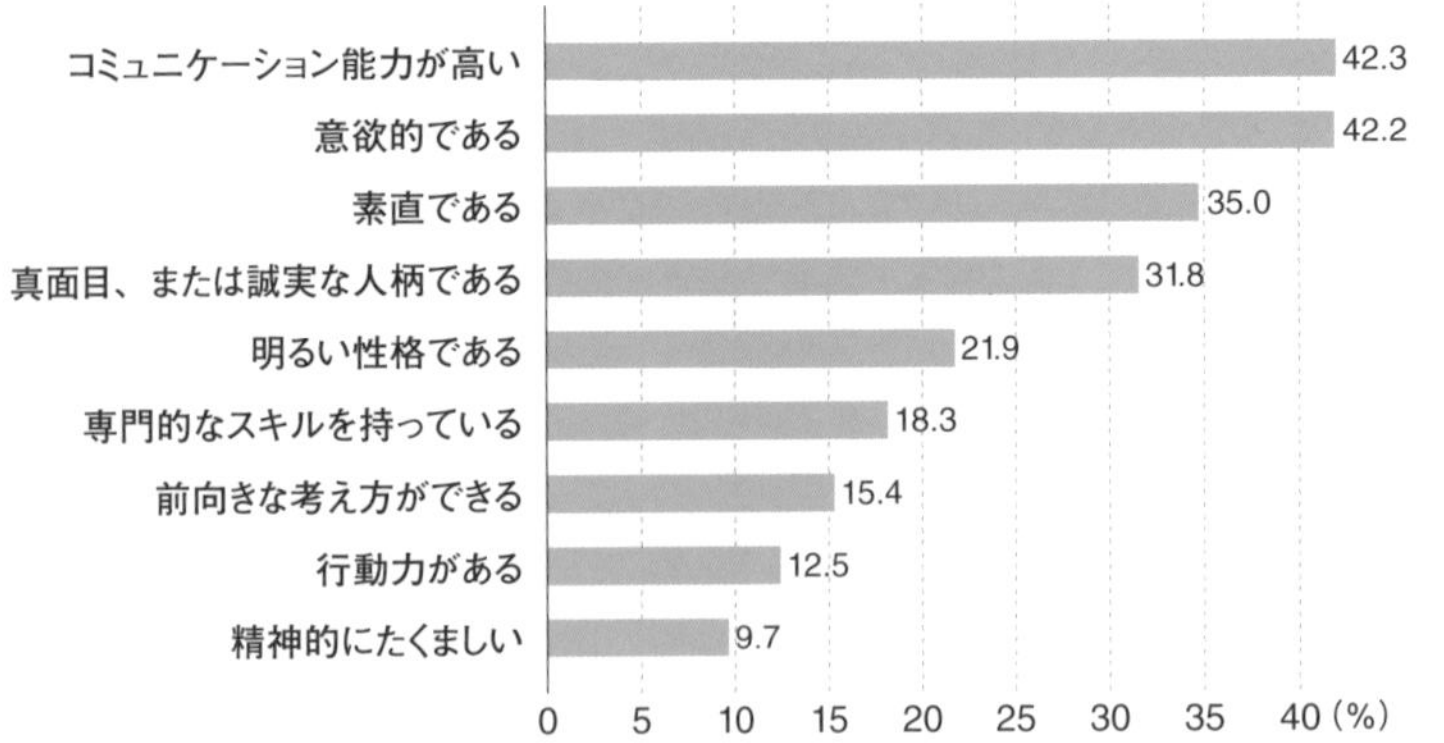

出典：帝国データバンク「企業が求める人材像アンケート」

押さえておきたい

採用対象や年代による違いがある

採用対象が違えば、採用基準も変わってきます。役員や幹部候補など経営にかかわる人材の採用では「実績」が基準になります。一方で20代の中途採用者に求めることとしては、「社会人経験は求めたいが、業界・職種の経験は問わない」と回答した企業が半分以上を占めるという調査結果（「学情」調査）もあり、本人のポテンシャルが重視される場合も多いです。

ともに働きたいと思える中途採用者とは

多くの面接担当者が「自社でともに働いてほしい」と判断する際に重要であると考えているのが、次の3つのポイントです。企業の求める人物像で上位に挙がっているのも、これらに含まれるものです。

Point1

主体性がある

自分で物事を判断・決定し、それを実行していく力。物事をプラスにとらえ、問題を発見して解決していく思考力（考える力）や新しいものを創造する力、人を統率していったり相手に働きかけてまわりを巻き込んでいったりする力も必要とされる。

Point2

論理性がある

物事を論理的に考えて、正確に自分の意見を伝えたり相手の伝えたいことを把握したりする力。コミュニケーション能力として重要な会話力でもある。複雑な問題や論点についても、人と対話や議論ができる力が求められている。

Point3

協調性がある

コミュニケーション能力の一部にもなるが、その会社の一員として周囲と協力しながら仕事に取り組む姿勢。仕事に前向きに熱意をもって取り組むためには、その仕事が「好き」であるかどうかということも重要になってくる。

押さえておきたい

面接での「人物」判断が採用の決め手となることも多い

人事担当者によると、「書類選考の段階では採用したいと思っていたが採用を見送った」、逆に「書類を見た時点ではスキルや経験が不足していると感じたが採用した」ということはよくあると言います。そこで決め手となっているのは面接での会話です。書類に書かれた実績に至るまでの取り組みを聞いたり、その話しぶりを見る中で、「その人の人柄や仕事への向き合い方が自社とフィットするかどうか」を判断しているのです。

人材ネットワークを強化して採用につなげる企業が増えている

KPMGコンサルティング株式会社
金子賢典さん（人材開発室ディレクター）

人事担当
として
長年働く

大学卒業後、大手コンサルティングファームに入社。14年にわたり各種コンサルティングを手掛けた後、人事にキャリアチェンジし、新卒採用・研修に携わる。現在は人材開発室のディレクターとして、新卒・キャリア採用の採用領域全般を統括。

応募者の増加と年齢層の拡大 多様化する転職ツール

——十数年前と現在で採用市場はどのように変化しましたか？

採用市場に出てくる人の数が増えました。数が増えたということは、退職者も増えているわけで、転職の回数自体も増えていると思います。

また、以前は転職のタイミングはある程度限定されていて入社から5年目ぐらいの転職者が一般的でした。それが現在では第二新卒マーケットも充分にあるので、見切りが早くなっている感じがします。それは良い面、悪い面の両方あると思いますが、合わないところにいる必要もないので実は合理的ではないかと。また、40代以上の転職も多くなっています。年齢層が下にも上にも広がっている感触があります。

——応募者の傾向はどのように変わりましたか？

転職に関するさまざまなツールが増えたことで、自分から積極的に動かなくても誰かがアプローチをしてくれるようになりました。現在の状況と将来こうありたいというギャップを埋めるためにこういう転職をしたいというイメージがさほどなくても、転職市場に出て来やすくなっているように感じます。

ここ数年はスカウトという採用手法も一般的になってきました。職歴などを登録しておくだけで声がかかるので、どこまで積極的に転職活動をしているかは応募者個々で大きな差があるのではないかと感じています。

——では採用で重視されることはどのようなことですか？

ほかのコンサルティングファームから転職されてくる場合は各プロジェクトでの仕事や貢献、それが当社に入ったときにどれぐらい再現性があるのかという点を重視します。

一方で、未経験者を採用する場合ですが、コンサルティング経験はなくてもビジネス経験はあるわけです。コンサルティングビジネスを新しく始めるにあたり、これまでの知識や経験をどのようにプラスに働かせることができるかを見ていきます。

「つながり」のある人材を採用する方法を強化

——近年、採用方法はどのように変化してきましたか？

ダイレクトリクルーティングを強化する動きがあります。中でも社員が候補者を紹介するリファラル採用が増えています。スカウトサイトを経由して会社自体がスカウトに動いて採用することも多くなっています。

それから再入社、アルムナイ採用の強化です。いまや退職は普通のことになりました。戦力が外に出ることはマイナスですが、社内だけでは積めない多様な経験をして違う筋肉を鍛えて戻ってくれれば、会社のパワーアップにつながるというポジティブな考え方もあります。そのため、退職者にも気兼ねなく戻ってきてほしいのです。当社では退職時に会社や部署の所属長が関係を絶やさずにいたいと伝えるとともに、会社と退職者がつながれる場所としてアルムナイのネットワークコミュニティを作っています。そこに会社の状況を定期的に社長自らがレポートしたりしています。その結果、この2年で50名を超える方が再入社しています。

——そうした採用傾向に対して情報の探し方のヒントを教えてください。

企業の口コミ評価サイトを見ればさまざまな情報が載っていますが、それは誰が書いたかわからない情報です。知らない人の情報と、知っている人からの情報では重みがまったく異なりますよね。転職においてはリアルな実態に即した情報をどれだけ取れるかが重要だと考えています。そのためには人と人とのネットワークが大切なのではないでしょうか。

ダイレクトリクルーティング、リファラル採用も人と人とのつながりによるものです。優秀な人材獲得が企業の最優先課題となっている現在、企業は人材ネットワークを強化して採用につながるコミュニティを作ろうとしています。検索で出てくる全世界に公開されているような求人情報と比べると、コミュニティ内で得られる情報はクオリティがまったく違うはずです。本音ベースのやり取りができ、リアルな情報が集まる場所に自ら入って情報を得る。どれだけ人と会社とつながれるか、それを意識できるかということが、応募者には一番求められていることだと思います。

導入が広がるリファラル採用

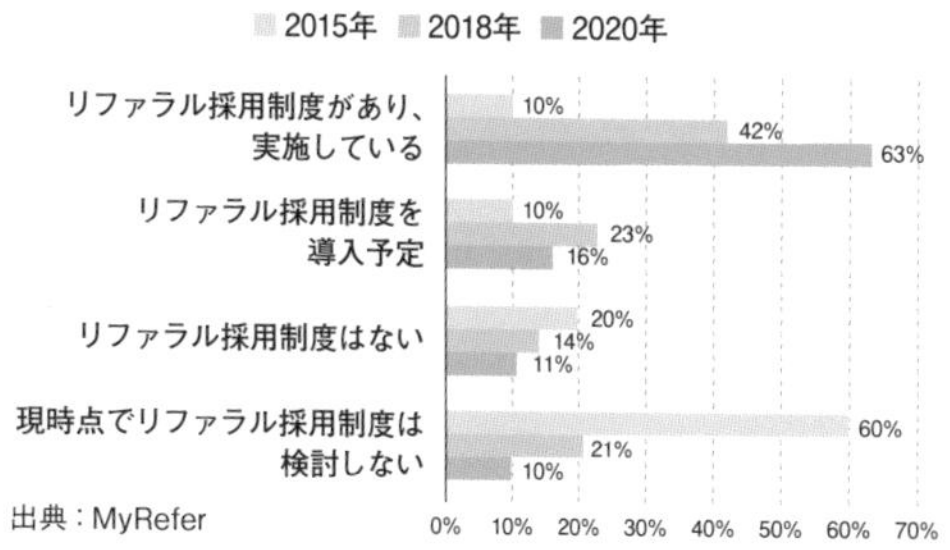

出典：MyRefer

社員に候補者を紹介してもらうリファラル採用制度を導入する企業が増加。

働きやすい環境づくりと個人の成長支援が企業の強みになる

人材開発で
会社に
貢献する

日本ビジネスシステムズ株式会社（JBS）
越智和美さん（採用・人材開発担当）

クラウドインテグレーターのJBSにて、エンジニアとして業務システムのヘルプデスク立ち上げ、要員育成などを17年担当後、人材確保と育成の重要性を痛感し自ら希望して2020年から採用部門へ異動。2023年10月からは人材開発を担当する。

人材こそが最重要リソース 志願して人事に

――これまでの経歴と現在のお仕事内容について教えてください。

２００３年にＪＢＳに入社し、エンジニアとして17年間勤務しました。主にＥＲＰソフトウェアのヘルプデスクの立ち上げや要員教育に携わってきました。その経験から、未来を担う人材の獲得こそが会社の発展に不可欠と痛感し、２０２０年に自ら希望して採用センターに異動。そこで約３年間、新卒・キャリアの採用を担当しました。各部門で求める人物像を具体化し、採用計画を立て募集の段取りを整えます。キャリア採用のルートはエージェントと社員からの紹介がほとんどです。２０２３年からは人材開発部門で社員の育成やエンゲージメント向上などに取り組んでいます。

――ＩＴ業界における最近の採用の傾向はいかがですか？

コロナ禍では、世の中全体の求職活動が鈍った時期もありましたが、エンジニアの慢性的売り手市場に変わりありません。即戦力になれるエンジニアの需要は依然として高いです。

――キャリア採用で求められる人材像はなんですか？

他業界からのキャリアチェンジや未経験者を受け入れることもありますが、エンジニアについてはリーダー的立場をお任せできる即戦力人材の需要が常に高いです。

ＩＴ業界では、次々に登場する新しい技術への対応が求められ、常に新しい情報をキャッチアップする必要があります。選考の際には、スキルアップのために取り組んできたことなどを聞いて、成長意欲やチャレンジ精神があるかを見ています。

それと同じくらいに重要なのはコミュニケーション能力。エンジニアはとかく高い技術力さえあればと思われがちですが、実際は顧客のニーズに寄り添って問題を解決する役割。顧客が何を求めているのかを的確につかみ、解決法を導き出し、わかりやすく提案し納得してもらった上で、社内外の関係者と連携してアイデアを形にしていきます。コミュニケーション能力なしには成立しません。他者の視点に立って、困りごとを解決することに喜びを感じられる人材には大いに活躍してもらいたいですね。

——多くの候補者がＪＢＳに魅力を感じる理由は何でしょうか？

働きやすい環境が整っていることが大きいと思います。フレックスタイム制度や、在宅勤務も利用できるうえ、有給休暇をストックしておけるストック休暇制度など、ワークライフバランスがとりやすい仕組みがあります。

当社の大きな特徴とも言えるのが社員食堂で、ランチだけでなく夜はレストランのようにおいしい食事やお酒が楽しめます。社員同士のコミュニケーションが活性化するだけでなく、社長や役員も利用していて、上下関係なく、社員と気軽に会話している姿をよく見かけます。顧客とのカジュアルな打ち合わせにも使えて、社内外に好評です。

コミュニケーション活性化を目的とした社員食堂

そんな自由な空気が呼び寄せるのか、キャリア採用には多様な人材からの応募があります。

アルムナイ採用は幅広い層に広がる兆し

——最近のキャリア採用に見られる変化はありますか？

ＪＢＳを一度退職した社員と会社をつなぐ「ＪＢＳアルムナイ・ネットワーク」を設立し、同時に退職者がＪＢＳに再度入社するアルムナイ採用の仕組みをスタートさせました。人を大切にするＪＢＳの社風にもマッチした取り組みです。

他社に行ってみたが思うような業務を任せてもらえなかった、他社で培ったスキルを当社で生かしたいなど応募の動機はさまざまですが、いずれにしても当社の経験がある人なので、イメージを共有しやすく、ミスマッチが生じにくいというメリットをお互いに感じています。

アルムナイ採用はこれからもキャリア採用の一角を担っていくでしょう。

——転職を考えている人にアドバイスをお願いします。

採用する側としては、候補者がどのようなビジョンを持ってキャリアを築こうとしているのか、そのために何をしてきたのかに興味があります。転職を考える際には、自分のスキルの棚卸しと、転職の軸を整理することをおすすめします。信頼できる転職エージェントに相談するのも一つの方法だと思います。

採用担当に聞く！

転職のお悩みQ&A

Q 「譲れない条件」を面接でうまく伝えるにはどうしたらよい？

転職についての記事を読むと「譲れない条件」を決めておくとよいとされています。でも、「選考の不利になってしまうのでは……」と考えてしまい、なかなか面接で口に出すことができません。どうしたらよいでしょうか？

（30歳・男性・会社員）

A 給与や働き方などの条件は「働く意欲が低いのでは」と思われそうでなかなか言い出しづらいものですが、この条件を聞いていなかったがために「こんなはずではなかった」と早期に退職してしまうことは避けたいものです。そうならないために「譲れない条件」は選考の中で企業に伝え、すり合わせを行うようにしましょう。
伝えるタイミングは、面接の最後の逆質問の場がおすすめです。あなたが求めるスキルや経験を満たしていることを理解してもらう前にいきなり条件を伝えてしまうと、「働く意欲が低いのでは」と思われてしまうリスクがあるので気をつけましょう。
また、あなたが「その会社で働きたい」という意欲を合わせて伝えることもポイントです。そうすることで、企業としても、両想いであるあなたに働いてもらうために「どうすればその条件を満たせるか」と前向きに考えることができます。このとき、希望条件の理由や譲歩できる条件もともに伝えられるとなおよいでしょう。
例えば年収の希望がある場合、「現職で昇格予定があり、それに伴い昇給予定がある。ただし、働き方は柔軟に対応が可能」など、金額を提示した根拠を説明しつつ、譲歩できる条件として企業にとってメリットのある内容を伝えましょう。双方納得した転職になるよう、相手のことを思いやりながらも希望条件は伝えます。それで選考に落ちたとしても、ミスマッチを防げたのでお互いにとってよかったと考えましょう。

（35歳・女性・採用担当）

Chapter

3

転職の基本

転職では事前の準備やスケジューリングが大切になります。
心構えから自己分析の方法、転職先の決め方、応募書類の書き方まで
具体的なコツをご紹介します。

01

転職にあたっての心構え①

キャリアオーナーシップに基づく自分の意思が大切

自分がどうありたいかを意識して臨む

転職にあたって最も大切なのは、**キャリアオーナーシップ(26ページ)に基づく自分の意思**です。自分のキャリアに主体的に向き合い、納得のいくキャリアを築くためにどうありたいかを考えた上で、何をするのかを考えることが大切です。キャリア形成において何を大切にするかは人それぞれ。大事なのは、**自分がどうありたいかを意識して転職活動に臨む**ことです。

はっきりと何をするのかがわからない場合は、キャリアを考える上で自分が大切にしている価値観や欲求を理解するための考え方を参考にしてもよいでしょう。

仕事において何を大切にするか

ある生命保険会社の調査によると、働く上で大切にしたいことで最も多いのは「収入(給料)」。次に「仕事のやりがい」「職場の人間関係」が続きました。

[働く上で大切にしたいこと]

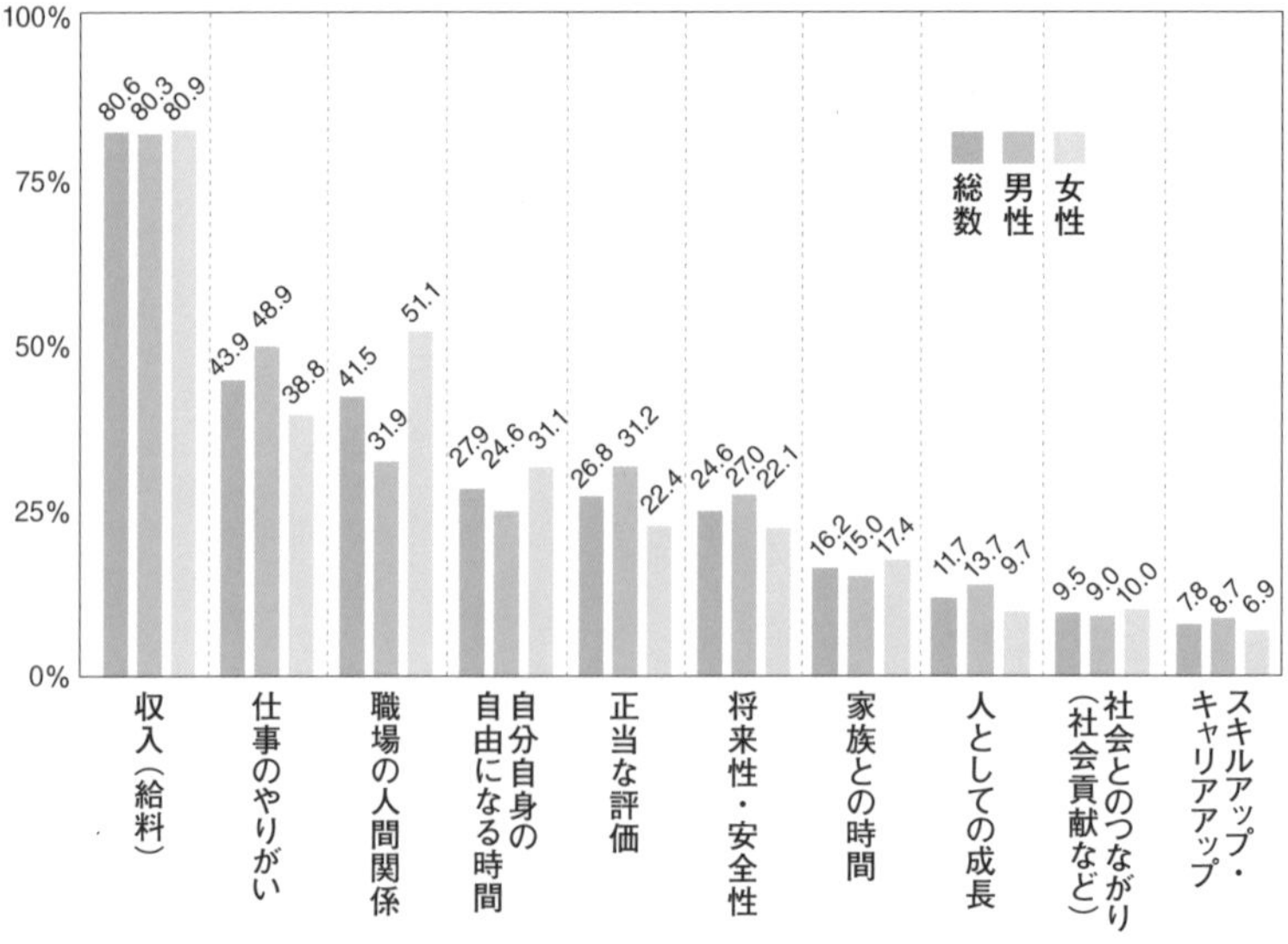

※複数回答、3項目回答必須
出典：ジブラルタ生命保険株式会社「働く男女のお財布事情とホンネに関する調査 2017」

男女別に見ると、
男性は「仕事のやりがい」、
女性は「職場の人間関係」が
2番目に多い回答なんだね。

キャリアの軸を明確にする

自分のキャリアを考える上で譲ることができない軸が明らかになると、転職活動がスムーズになります。

キャリアの軸（キャリアアンカー）とは

「どんな仕事がしたいのか（動機）」「自分は何が得意なのか（コンピタンス）」「何に価値を感じるのか（価値観）」という3つの要素が重なる部分を指す。キャリアを選択するにあたって譲れない価値観のことで主に8つのタイプがある。

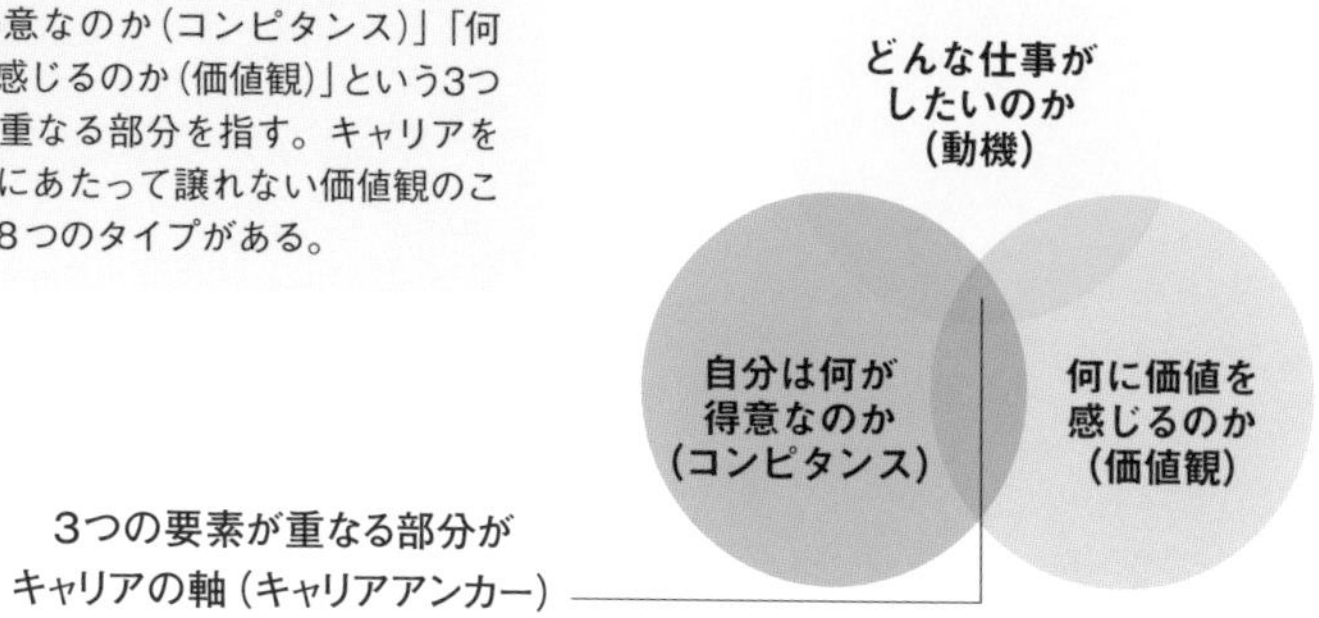

● キャリアアンカーの分類

キャリアアンカーの8分類

管理能力

1つの目標に向かって、組織をまとめていくことに価値を見出すタイプ。

例 ゼネラルマネージャー、管理職など

ワークライフバランス

プライベートとのバランスを保ちながら働くことに価値を見出すタイプ。

例 事務職、ルーティン業務など

チャレンジ

難しい課題や問題に挑戦することに価値を見出すタイプ。

例 営業職、スポーツ選手、弁護士など

専門・職能別能力

プロフェッショナルとして専門性や技術力を高めることに価値を見出すタイプ。

例 研究者、技術職、エンジニアなど

奉仕・社会貢献

仕事を通じて社会や人の役に立つことに価値を見出すタイプ。

例 医療関連職、教育関連職など

保障・安定

社会的・経済的な安定が確保できている仕事をすることに価値を見出すタイプ。

例 公務員、有資格職など

起業家的創造性

独創的な発想が生かせる仕事をすることに価値を見出すタイプ。

例 起業家、発明家、クリエーターなど

自律と独立

自分の裁量で進められる仕事をすることに価値を見出すタイプ。

例 フリーランス、芸術家、作家など

02

転職にあたっての心構え②

転職を考え始めたらまずすること

転職理由や将来のキャリアを具体的に考えてみる

転職したいと思ったら、まずは「なぜ転職をしたいのか」「どのようなキャリアを望んでいるのか」を具体的に考えてみましょう。**現状となりたい姿を客観的に把握し、課題（ギャップ）を明らかにします。**その上で課題解決のためにどのような行動をとることが必要かを書き出してみましょう。

転職の理由は、現在の仕事内容や待遇、職場の人間関係に対する不満、自身の夢の実現やプライベートの確保など、人によってさまざまです。また、転職後に後悔することがないよう、**転職によって影響を受ける事柄を洗い出して、どう変化させたいか**を考えておくとよいでしょう。

転職してどう変えたい？

転職により仕事内容はもちろん、業務時間や通勤時間、収入、家族や職場での人間関係などさまざまなことが影響を受けます。転職によってどう変えたいかを洗い出してみましょう。

仕事内容	
勤務時間	
通勤時間	
収入	
家族との関係	
職場の人間関係	
習得できるスキル	

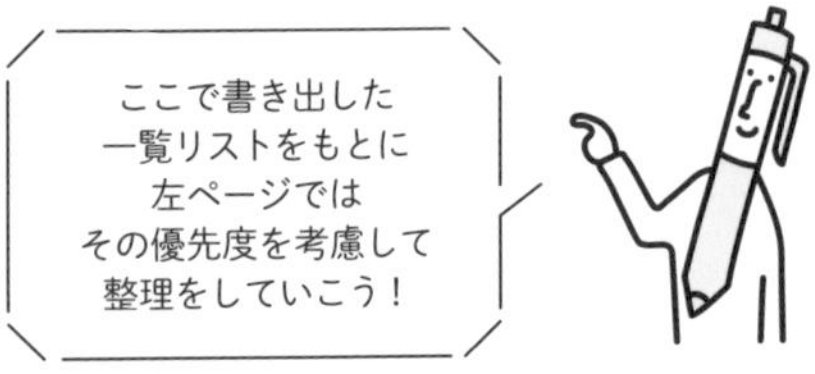
ここで書き出した
一覧リストをもとに
左ページでは
その優先度を考慮して
整理をしていこう！

なりたい姿と現状を整理して課題を明確にする

現状（As-Is）となりたい姿（To-Be）を書き出して、ギャップがあるのは何かを洗い出しましょう。

● 書き出してみよう！

現状（As-Is）	なりたい姿（To-Be）

課題（Gap）	行動（Action）

● 転職のリスクとリスクを抑えるポイント

転職のリスク

- 転職してもなりたい姿（To-Be）に近づかない場合がある
- 転職先の会社と合わない可能性がある

リスクを抑えるポイント

- 「なりたい姿」や「課題」を明確にする
- 事前に情報収集をする
  ➡ **P90参照**

03

転職にあたっての心構え③

転職先の決め方・選び方

業種・業界・職種についても考えてみる

転職を決めたものの、具体的にどの業界や企業が自分に合っているのかがわからない場合は、**業種や業界、職種で考えてみるのもひとつの方法**です。

業種とは企業が行う事業の種類で、業界はそれをさらに細かく分類したもの。一方で職種は企業内での役割、主に仕事内容を指します。転職の際には、「業種」と「職種」についても考えてみましょう。これまでとは違う業種や職種で働いてみたいと考える人は、新たなスキルを身につけたり、未経験分野で自分がどのような力を発揮できるかを**具体的に説明できるよう準備しておく**ことが必要です。

業種・業界・職種の違い

業種・業界・職種は混同されやすい言葉です。それぞれの言葉の意味を確認し、転職先選びの参考にしましょう。分類方法はさまざまです。

業種	業界	職種
企業が取り組んでいる事業の種類のこと。 例 製造業、建設業、金融業、サービス業など	業種をさらに細分化したもの。業種と同じ意味で使用されることもある。 例 自動車、製薬など	企業内の役割。一人ひとりの具体的な仕事内容を指す。 例 営業職、人事職、経理職、開発職など

例）自動車メーカーの営業職Aさんの場合

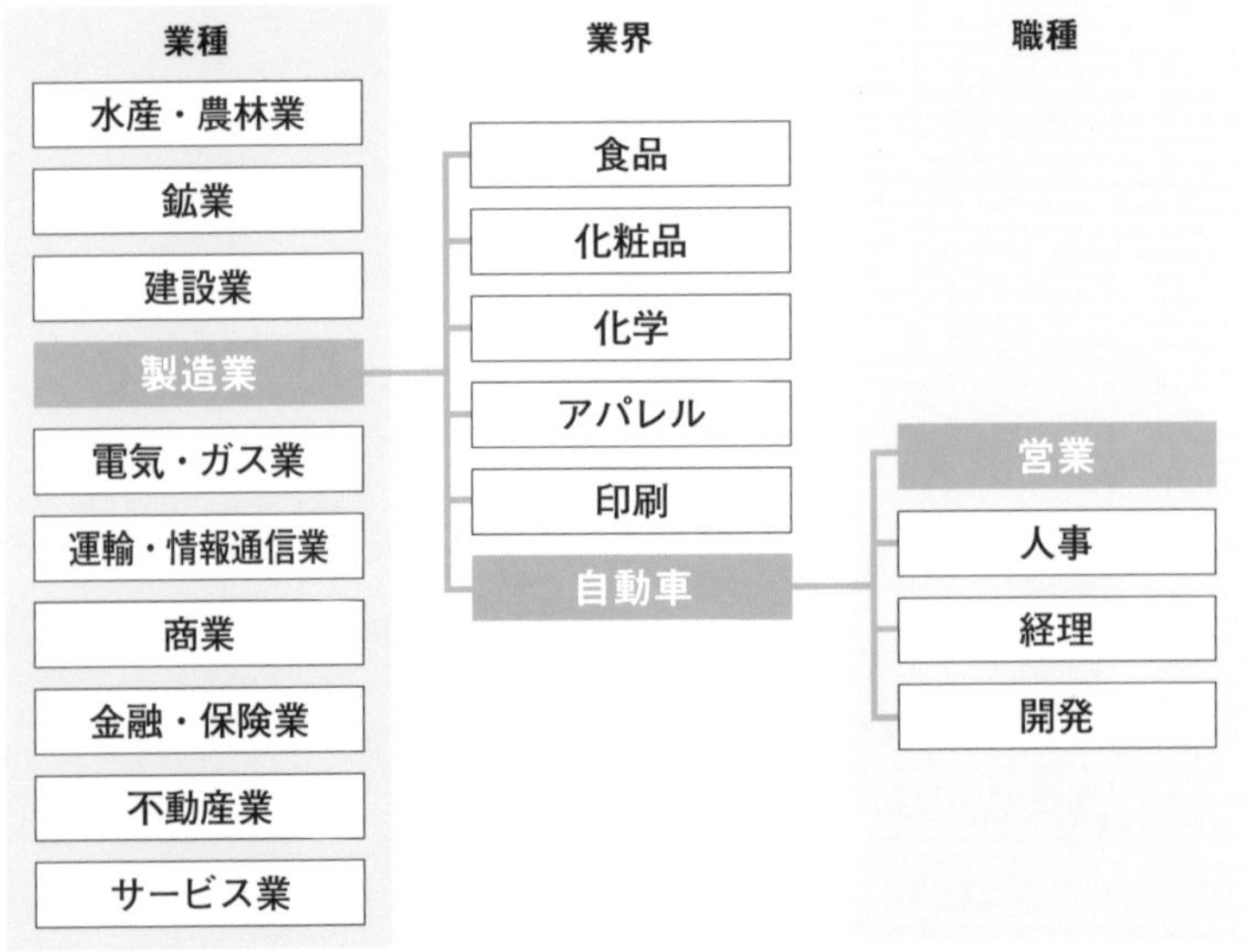

「業種」×「職種」で考える

転職の場合、これまでと同じ業種・職種で探すのか、異なる業種・職種で探すのかで志望動機や職務経歴の書き方に工夫が必要です。それぞれのポイントを見ていきましょう。

職種経験 あり

異業種・同職種

仕事内容は大枠で変わらないので、これまでの経験をある程度は生かすことができる場合が多いです。業種に対する知識を身につける必要があります。

Point

- 業種を変える理由を明確にする
- 異業種でも生かせるこれまでの経験やスキルを見つける
- 経験やスキルをどのように生かせるかを明確に伝える

同業種・同職種

これまで培った知識や経験が生かせるため、転職後のミスマッチも起きにくいと言えます。ただし、就業規則や誓約書で同業他社への転職を制限しているケースもありますので、現職での制限を慎重に確認しましょう。

Point

- 企業の求める条件を確認し、生かせる経験やスキルを強調する
- 退職理由と、その企業でなければならない理由を明確にする
- 自己分析をしっかりと行って得意なことと苦手なことを整理しておく

業種経験 なし

業種経験 あり

異業種・異職種

未経験の分野への転職なので、業種・職種に対する知識をイチから身につける必要があります。これまでの経験やそこで培った社会人としての基礎力など、「未経験でも活躍できる」という判断材料を説明できるように準備しましょう。

Point

- 業種・職種を変える理由を明確に伝えられるようにする
- 業種・職種を超えて生かせる自身の経験や強みを見つける
- 新たな分野へチャレンジしたいという意欲や熱意を伝える

同業種・異職種

これまで培った知識を生かすことができる一方で、職種を変えたい理由とその意欲をしっかり伝える必要があります。同業他社への転職でしか実現できないキャリアチェンジの必然性を、明確に説明できるように準備しましょう。

Point

- 職種を変える理由を明確にする
- 異なる職種でも生かせる自分の強みを見つける
- 業種に対する知識と意欲をアピールする

なし 職種経験

主な職種の特徴と仕事内容

職種は多岐にわたり、分類方法もさまざまです。ここでは代表的なものをいくつかご紹介します。具体的な仕事内容を知って興味が湧いたら選択肢として検討してみてもいいかもしれません。

● エンジニア系

専門的な知識と技術が求められ、資格が必要な場合も多い職業です。一定の経験や実績が必要とされる場合も多く、技術だけではなく経験やスキルも必要になります。近年、ITエンジニアを指すことが多いです。

[主な仕事内容] コンピュータシステムの企画・開発・保守・運用など

職種例

- システムエンジニア
- プログラマー
- ゲームエンジニア
- ネットワークエンジニア
- サーバーエンジニア
- データエンジニア
- システムコンサルタント
- 運用管理・保守・点検

● 営業系

自社製品・サービスの魅力をしっかりと理解した上で、顧客である企業や個人のニーズをとらえて最適な製品を提案・販売する仕事です。そのため、コミュニケーション能力やヒアリング能力、情報収集・分析力が求められます。

[主な仕事内容] 自社製品・サービスの提案・販売など

職種例

- 法人営業
- 個人営業
- テレマーケティング・テレアポインター
- ルートセールス
- インサイドセールス
- 医療営業(MR)

● 研究・開発系

新しい製品やサービスを開発するためにさまざまな研究を行う仕事です。「基礎研究」の成果をもとに製品として実用化を図る「応用研究」を行います。研究・開発には長い時間がかかることも多いため、探究心や粘り強さ、集中力などが求められます。

[主な仕事内容] 新しい製品やサービスの開発・研究など

職種例

- 基礎研究
- 応用研究
- 技術開発
- 生産・製造技術開発

クリエイティブ系

企業や個人の依頼に応じて商品や作品を制作する仕事です。他職種と連携して作業を進めることが多いため、独創的な発想力だけでなく、予算設計やスケジュール管理、進行管理などの能力が求められます。
[主な仕事内容] 書籍や雑誌・web、映像、音楽、ゲーム、ファッションなどの制作全般

職種例

- デザイナー
- 編集・制作
- 記者・ライター
- ゲームクリエイター
- 映像・音響
- カメラマン

事務・管理系

会社を運営する上で必要となる業務を担い、すべての企業に必要とされる仕事です。経理や医療事務のように特定の資格やスキルが必要になる場合もあります。デスクワークが多いため、基本的なビジネスマナーやOAスキルが求められます。
[主な仕事内容] 総務や人事、経理、財務、法務、人材教育、採用など

職種例

- 一般事務
- 営業事務
- 貿易事務・国際事務
- 医療事務
- 人事
- 総務
- 財務・経理・会計
- 法務・特許・審査

医療・福祉系

身体や精神面でサポートを必要としている人をケアする仕事です。資格や専門知識がないと対応できない専門的な仕事が多いのも特徴です。
[主な仕事内容] 病気の予防や治療、回復維持、社会生活に困難をきたしている人のサポートなど

職種例

- 医師
- 看護師
- 薬剤師
- 歯科衛生士
- 介護職
- 社会福祉士
- 臨床心理士
- 理学療法士

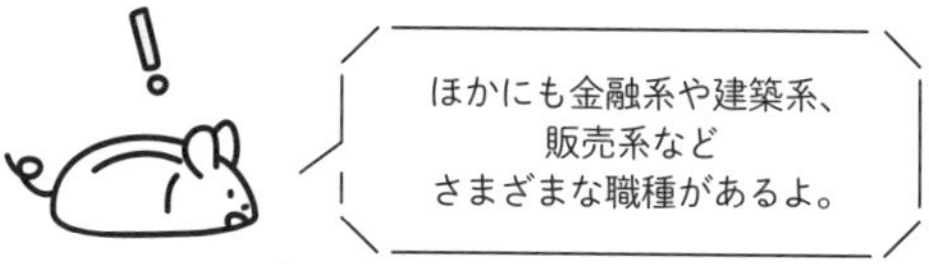
ほかにも金融系や建築系、
販売系など
さまざまな職種があるよ。

主な業界を選ぶポイント

業界ごとの特徴や傾向を知ることで、自分の経験やスキルが生かせる業界や求めるキャリア、やりがいを得られる業界を探せるようになります。志望動機を明確にするのにも役立ちます。

業界を選ぶポイント

- 市場規模が大きいまたは拡大傾向にあり、将来性がある
- 離職率が低く、働きやすい環境が整備されている
- 未経験でも転職しやすい

業界の情報を調べた上で、
自分の求めるキャリアを
実現できるかどうか
ということについて
考えることが重要だよ。

● メーカー

製品を開発・生産し、提供する業界。自動車や電気機器、食品、医薬品、衣料品、建設・住宅から鉄鋼や繊維、自動車・電子部品、半導体などの素材までさまざまな製品を扱っています。

主な企業

- トヨタ自動車
- サントリーホールディングス
- 味の素
- ソニー
- 資生堂
- 旭化成

● 商社

国内外のメーカーから仕入れた商品を輸出したり小売店などに販売するなど、買い手と売り手を仲介する業界。主にあらゆる商品・サービスを取り扱う「総合商社」と、金属や機械など特定の分野に特化した商材を取り扱う「専門商社」に分けられます。

主な企業

- 三菱商事
- 三井物産
- 丸紅
- 伊藤忠商事
- 豊田通商
- 住友商事

● 小売

メーカーや卸売業者から商品を仕入れて、一般の消費者に販売する業界。代表的なものに、百貨店、スーパーマーケット、コンビニエンスストア、家電量販店、ドラッグストアなどがあります。

主な企業

- 高島屋
- イオン
- セブン-イレブン・ジャパン
- 三越伊勢丹HD
- ニトリ
- ローソン

金融

貸付や金融商品の販売など、お金に携わる分野を担う業界。代表的なものが銀行で、ほかにも証券会社や保険会社、クレジットカード会社などがあります。

主な企業

- 三井住友銀行
- みずほ銀行
- Visa
- 野村證券
- 日本生命
- 東京海上日動

サービス

外食、旅行、ホテル、福祉など、目に見えないモノを消費者に提供する業界。ほかにも不動産や鉄道、コンサルティング、運輸、電力・ガス・エネルギーなどさまざまな分野を含みます。

主な企業

- 三井不動産
- JR東日本
- 日本郵船
- 東京ガス
- 日本マクドナルド
- JTB

IT

情報技術を活用したサービスを提供する業界。「インターネット/web」「通信」「ソフトウェア」「ハードウェア」「情報処理サービス」などがあります。

主な企業

- NTTドコモ
- ソフトバンク
- マイクロソフト
- Apple Japan
- NTT東日本
- グーグル

マスコミ

テレビやラジオ・インターネット・新聞などのさまざまなメディアを通じて多くの人に情報を伝える業界。「放送」「新聞」「広告」「出版」などに分類されます。

主な企業

- 日本テレビ
- NHK
- 朝日新聞社
- 読売新聞社
- 集英社
- 電通

官公庁・公社・団体

公共性や公益性の高い事業を展開する業界。地方公共団体や内閣、裁判所、国や自治体が運営する学校、病院などがあります。

主な企業

- 中央省庁
- 地方公共団体
- 公益社団法人
- 公益財団法人
- 独立行政法人

04

転職前の準備

転職活動の流れとスケジュールの立て方

しっかりと事前準備をして計画的に進めることが重要

転職活動に要する期間は、2～3カ月程度が一般的です。思いつきや無計画に転職活動を進めると、無駄に長い期間がかかってしまいます。スムーズに転職活動を進めるためには、**全体の流れやおおよそのスケジュールを把握しておくことが大切**です。おおよその転職時期を決めて、そこに向かって逆算してスケジュールを立てるとよいでしょう。

転職活動の流れは、「事前準備（自己分析・情報収集）」「書類作成・応募」「面接」「内定・退職・入社」の4段階に大きく分けられます。ついおろそかにしてしまいがちですが、**事前準備をきちんとしておくことが、転職を成功させるポイント**です。

転職活動期間の平均は２～３カ月

転職活動期間は人によってさまざまですが、ここでは平均的な2～3カ月と設定し、事前準備～入社までのおおよその流れを見ていきましょう。

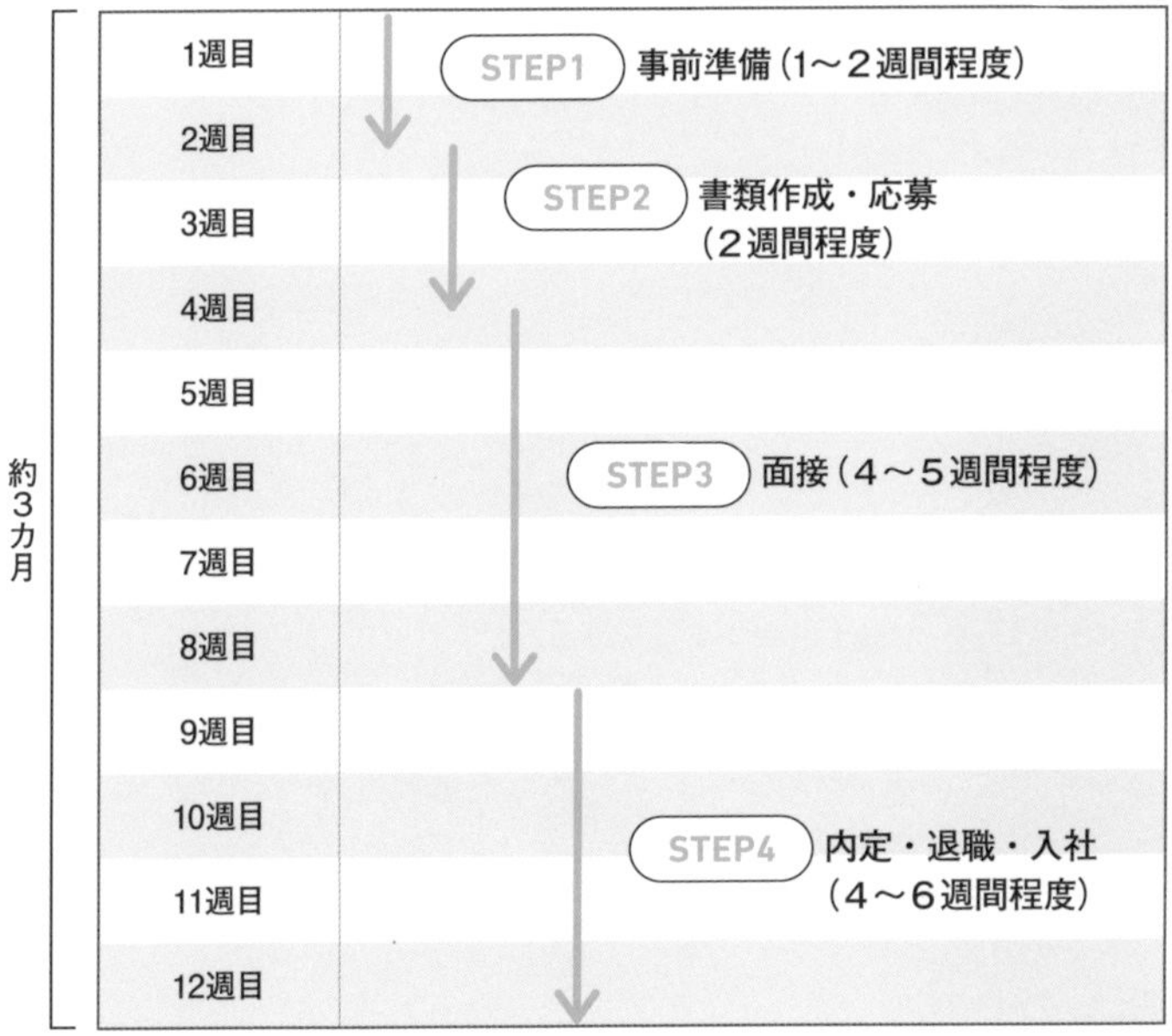

STEP1 事前準備をする

➡ P79、90、108参照

自己分析

まずは転職の目的や自らのキャリアはどうありたいかということを考えて、整理しましょう。このときに頭で考えるだけでなく書き出してみると、自分の強みやスキルが明確化されます。この作業は企業選びや業界選びだけでなく、志望動機の作成のためにも必要なので、スキルやキャリアの棚卸し（自己分析）はしっかりとやっておきましょう。

情報収集

気になる業界や企業の採用基準や採用動向のほか、給与額や勤務形態、求められるスキルや資格などは前もって調べておきましょう。

STEP2 書類の作成・応募

➡ P110-137参照

STEP1の結果を踏まえて応募企業を絞り込んだら、履歴書や職務経歴書など応募に必要な書類を作成します。応募する際には並行して複数の会社に応募するとよいでしょう。複数の会社から内定をもらった場合に比較検討でき、活動期間の短縮にもつながります。なお、応募書類は使い回さず、それぞれの企業に合わせて作成しましょう。

STEP3 面接

➡ P138-141参照

「自己紹介」「転職理由」「志望動機」「キャリアプラン」などのよく聞かれる質問は、事前に整理をして、一貫性のある回答ができるように準備をします。また、企業側からの質問対策だけでなく、自分がその企業や仕事内容について聞きたいこともしっかりとまとめて臨みましょう。家族や友人に協力してもらうなどして実際に声を出して練習するのもよいでしょう。

STEP4 内定・退職・入社

➡ P142-145参照

内定

内定が出たら、企業側から提示された条件をしっかりと確認して指定の期日までに入社意思を回答します。

退職・入社

就業中の場合は、今の会社の上司に1カ月前までには退職の意思を伝えて、後任者に業務の引継ぎを行います。必要書類の返却や受け取り、年金・保険などの各種手続きも行いましょう。転職先では、雇用契約の締結や入社手続きを済ませて初出勤日を迎えましょう。

05

転職活動開始の時期

転職を始めるベストなタイミングは？

年度が切り替わる時期の前は求人数が増える傾向

多くの企業は4月に新年度を迎えるため、4月と下半期がスタートする10月に合わせて企業の採用活動が活発化する傾向にあります。つまり、**1〜3月や8〜10月は、求人数が増える時期**です。より多くの求人の中から自分に合う企業を選びたい人はこの時期に転職を始めるのがよいでしょう。

一方で、そのほかの時期は求人数は少ないものの、必要に迫られた求人が多いのが特徴です。そのため、条件が合えば、採用が比較的スピーディに進む可能性が高いと言えます。いずれにしても転職は「めぐりあい」。**魅力的な会社と出会えたら、時期にこだわらず応募しましょう。**

求人数が増える時期とは

1年の中の月別の新規求人数、新規求職申込件数と新規求人倍率を見ると、1〜3月、8〜10月に新規求人数が多いことがわかります。

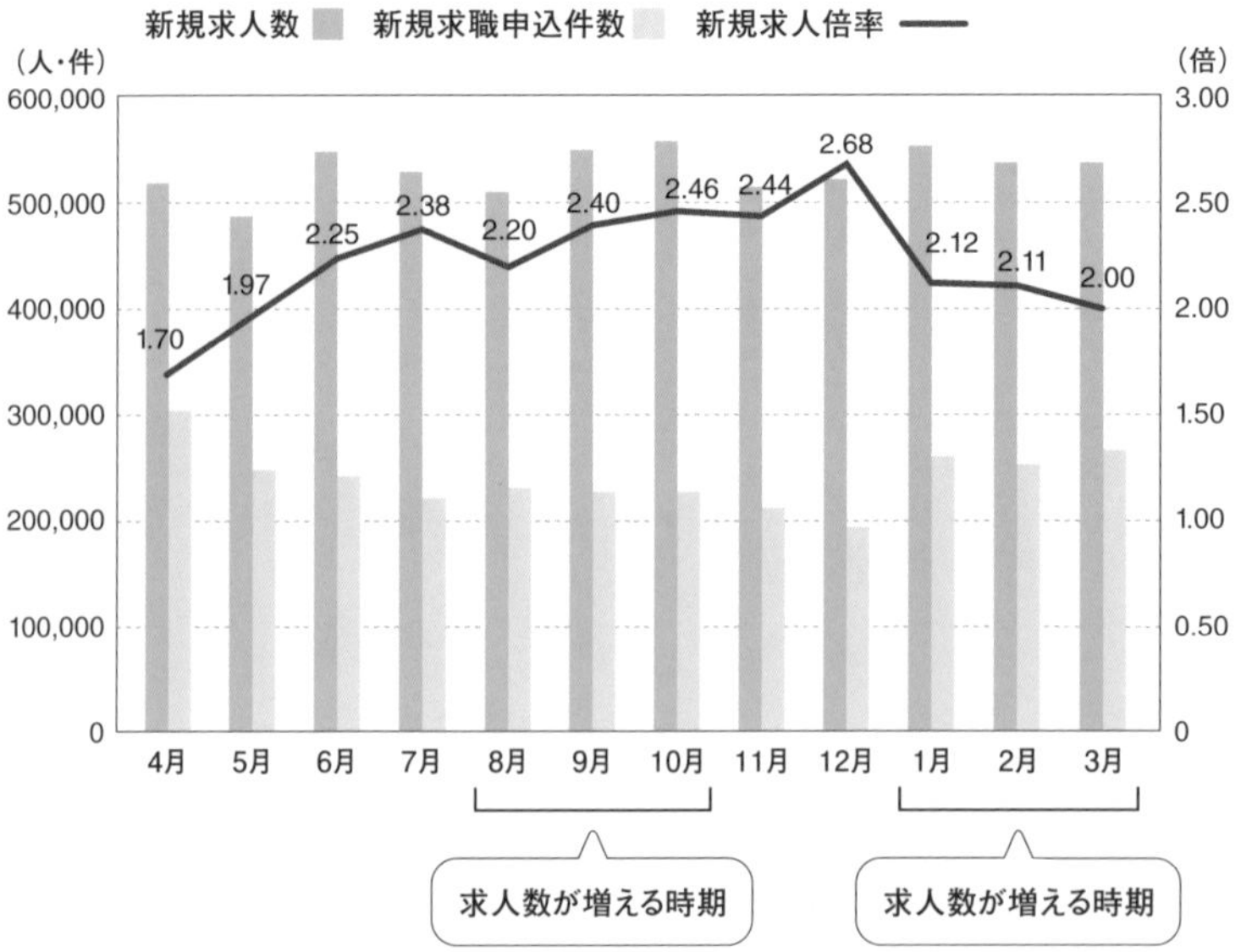

出典：厚生労働省「一般職業紹介状況［実数］（パートタイムを除く）2022年4月〜2023年3月」

転職活動は仕事を続けながら？退職してから？

転職活動には、現在の仕事を続けながら進める方法と辞めてから進める方法の2つがあります。それぞれメリット・デメリットがあるので比較して検討しましょう。

［ 転職活動と退職状況の関係 ］

転職先が決まる前に退職

- 平均転職活動期間 4.9カ月
- 平均応募社数 5.8社
- 平均内定獲得社数 1.6社

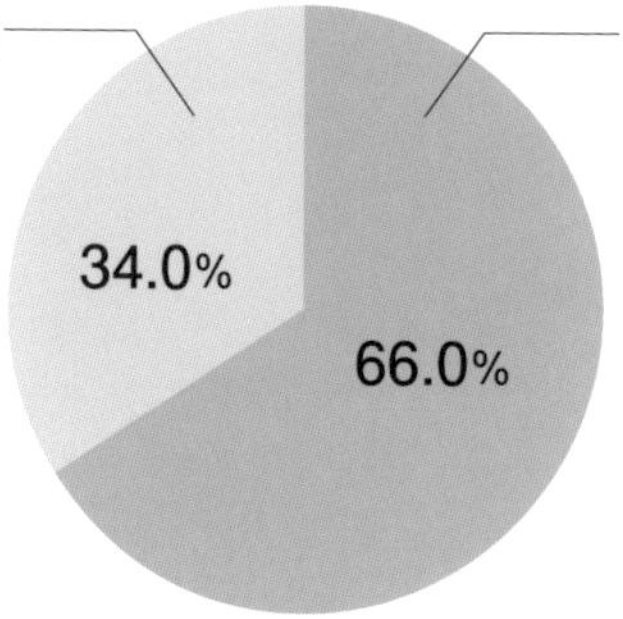

転職先が決まってから退職

- 平均転職活動期間 5.6カ月
- 平均応募社数 6.6社
- 平均内定獲得社数 1.6社

出典：パーソルキャリア株式会社「転職に関するアンケート（2019年3月）」

	メリット	デメリット
働きながら転職活動	○ 収入が途絶える心配がない ○ 職歴欄に空白期間ができない ○ 納得いく転職先が見つかるまでじっくりと探すことができる ○ 転職先が決まらない場合は、現職を続けることも可能	● 自己分析や情報収集、書類作成、面接対策などに十分な時間が割けない ● 面接時間調整に苦労する ● 転職先の希望する入社時期と現職の退職時期が合わないことも
辞めてから転職活動	○ 転職活動に専念できるため、事前準備に十分な時間を確保できる ○ 失業保険をもらえる場合がある ○ 新たなスキルや資格を身につける時間がとれる	● 収入が途絶える心配がある ● 職歴欄に空白期間ができる ● モチベーションの維持が難しく、転職先への希望条件に妥協が生まれやすい

● 大切なのは三方良し

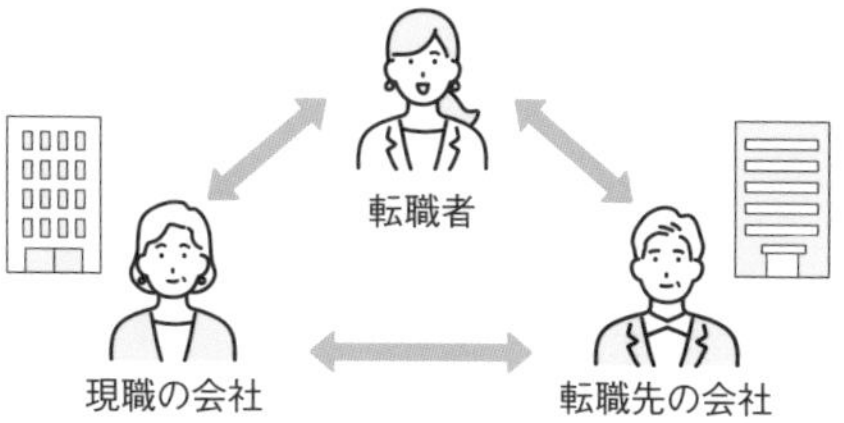

転職の理想は、転職者、現職の会社、転職先の会社の三方すべてにとっていい結果となること。現職の兼ね合いもしっかり考えて進めていく必要がある。

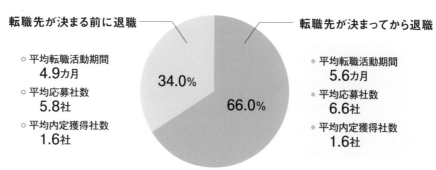

辞め方については
Chapter 4 で詳しく
解説しているよ。

06

転職情報の調べ方

転職では情報収集が大切

事前の情報収集で入社後のミスマッチを防ぐ

働きながら転職活動をしていたり、複数の企業を受けている人は、情報収集の時間を確保することも大変でしょう。だからといって、企業や周辺情報をよく調べないまま内定が出たからと入社してみたら、仕事内容や職場環境が思い描いていたイメージと違い後悔するような事態は避けたいものです。

情報収集では、**転職の目的や転職後のキャリアでどうありたいかを踏まえて進めることが重要**です。情報収集を重ねるうちに、自分に合った企業とめぐりあう確率も上がり、**入社後のミスマッチを防ぐ**ことにもつながります。

情報収集が重要な理由

転職活動を進める上で、情報収集は欠かせません。どうして情報収集が重要なのか、その理由を見ていきましょう。

1 入社後のミスマッチを防ぐ

入社後のミスマッチで起こりやすいのが、業務内容や求められるスキル、給与や労働時間などの待遇面、職場環境、人間関係などが挙げられます。事前にしっかりと確認しましょう。

2 採用率が上がる

転職市場の動向や志望する業界の動向、応募する企業の情報を詳しく調べて、志望動機や自己PRに反映することで、採用につながる可能性が高くなります。

［押さえておきたい情報］

- ☐ 応募企業の業績・規模・事業内容
- ☐ 具体的な仕事内容
- ☐ 募集背景
- ☐ 教育体制
- ☐ 労働時間や勤務形態
- ☐ 福利厚生
- ☐ キャリアパス
- ☐ 社風
- ☐ 職場環境

順序立てて情報収集しよう

転職のための情報収集は、順序立てて進めていくことが大切です。どのような順序で進めるか、タイプ別に見ていきましょう。なお、業界から選ぶのは一例で、職種や企業規模などから選ぶケースもあります。

Aさんの場合

業界未経験

Bさんの場合

同業界

Cさんの場合

希望の企業あり

業界を調べる

希望している業界の動向や将来性などを把握し、その業界で必要とされるスキルや経験が自分に合っているかを見極めましょう。業界別の平均賃金も忘れずに押さえておきましょう。

P84参照

企業を探す

これだけは大切にしたいという条件を軸に、「経営方針」「成長性」「業務内容」「育成・福利厚生」「社風」の5つの要素を参考にして探すとよいでしょう。

P106参照

希望する企業を調べる

希望する企業が見つかったら次のポイントを押さえておくとよいでしょう。

基本情報

企業理念や経営方針、事業内容などのほか、設立年数や会社の歴史、売上高、従業員数などを確認します。提供する商品やサービスについてもしっかりと調べておきましょう。

顧客情報

志望する企業がどのような顧客を対象にしているかを把握しましょう。個人・法人にかかわらず対象とする顧客のニーズを調べておくことは大切です。

競合情報

競合他社についても市場での割合や特徴について調べておきましょう。競合企業と比較することで志望する企業を選んだ理由を明確にすることができます。

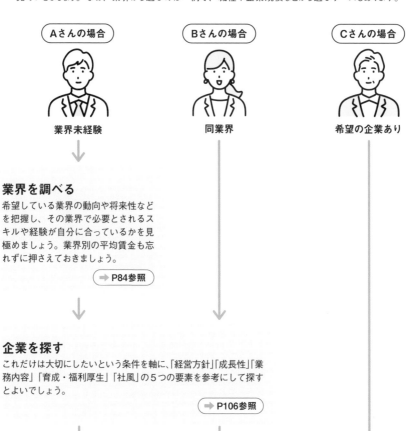

さまざまな情報源から収集し、総合的に判断する

多くの情報の中から有効なものを見つけ出すには、情報源ごとの特徴を知る必要があります。どういった媒体からどのような情報を得るのがよいのかを確認しましょう。

複合的な視点で情報収集をしよう

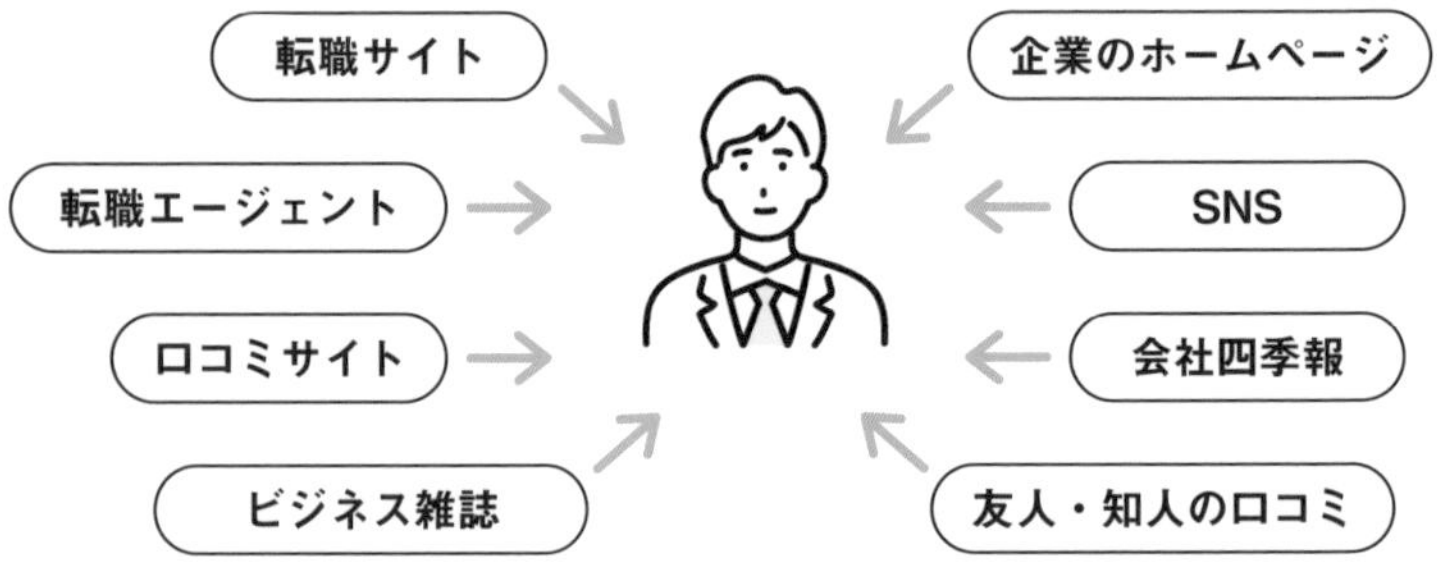

[情報源と得られる情報の特徴]

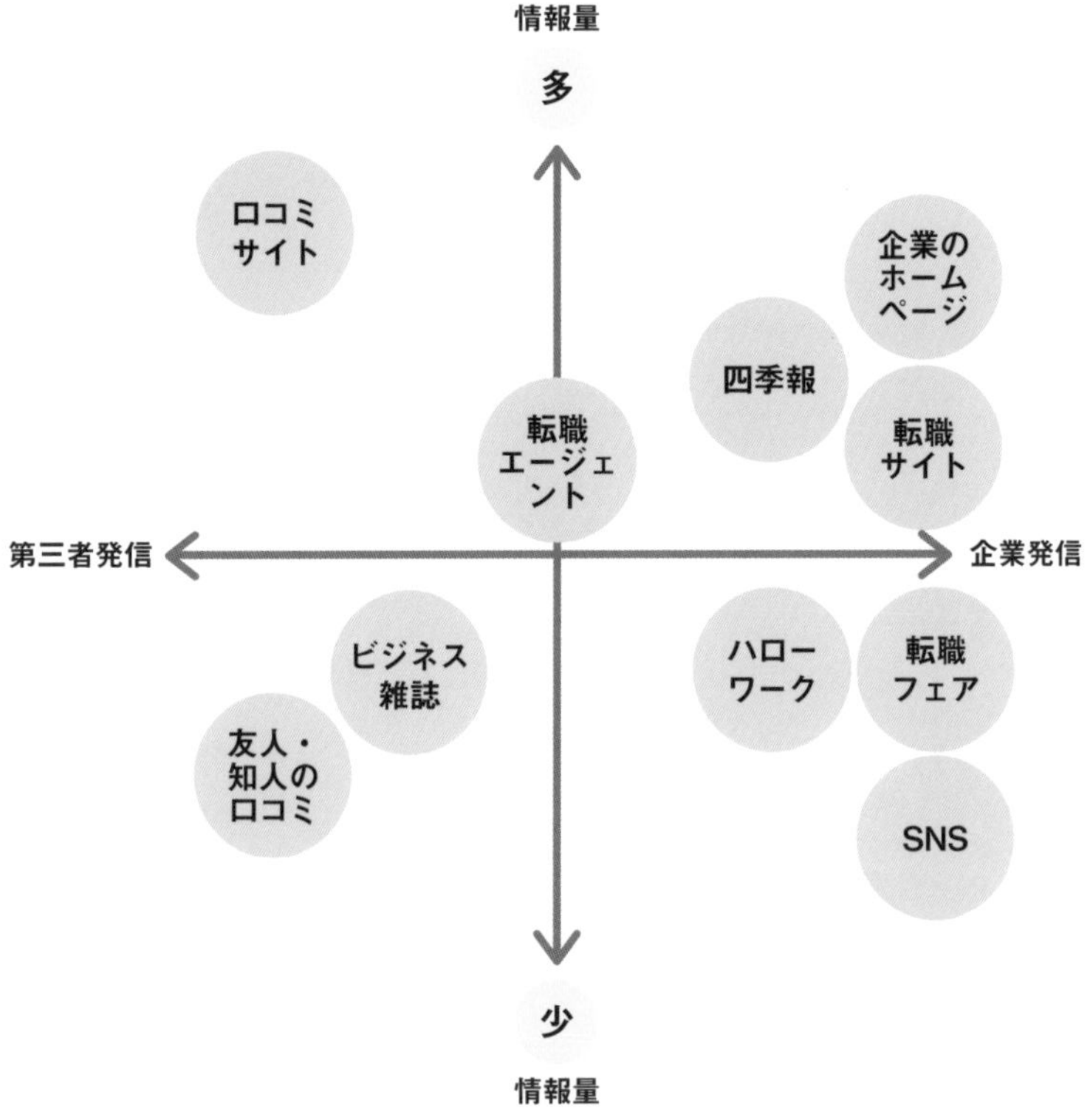

［ 主な情報源 ］

種類	特徴
転職サイト	掲載求人数が多く、幅広くさまざまな情報を集められる。自己分析ができるサービスが利用できたり、転職体験談などが掲載されていたりと転職に役立つ情報を合わせて入手できる
転職エージェント	転職サイトには掲載されていない非公開の求人情報を紹介してもらえたり、専門のキャリアアドバイザーから転職市場の動向や相場を教えてもらうことができる
ロコミサイト	現在、その企業で働いている人や退職した人の率直な感想が確認できるサイトでは、求人広告や企業サイトでは確認できない、よりリアルな情報を得られる
企業のホームページ	IR情報などから経営状況や業績の動向を読み取れる。また、企業が取り組んでいる事業とその実績、今後の方向性などを知ることができる。採用サイトがある場合は、職場風景や活躍している社員の紹介がされていることがあり、より具体的な会社の雰囲気を確認できることもある
SNS	企業の採用担当者によるSNSやブログからは、その企業がどのような人材を求めているのかを知ることができる。また、社風や職場の雰囲気などを把握するのにも役立つ
会社四季報	企業情報をまとめた書籍。上場企業の場合、企業の経営状況や将来性を比較できる。また、有給休暇の消化率や平均年収、平均残業時間などを知ることができる
ビジネス雑誌	インターネットの情報などと比較すると、より詳細な情報を体系的に知ることができる
友人・知人のロコミ	実際に働いている人に会社の方向性や事業戦略、仕事の進め方などを聞くことで、より具体的に会社のことを理解できる
転職フェア	さまざまな企業の情報を一度に収集できる。企業の採用担当者に直接質問できるので、会社の雰囲気や表には出ていない情報を知ることができる
ハローワーク	求人の掲載が無料なため、大手企業だけでなく中小企業など比較的小規模の企業の情報も収集できる。また、求人数が多く幅広い職種を扱っている

自分の希望する職種や
業界全体の動向を知るために
一度に多くの情報を確認できる
転職サイトなどを
利用してみるのもおすすめだよ。

07

応募チャネル別の特徴

どんなチャネルを活用すればよい？

チャネル別の特徴を知って効率的に転職を進める

転職先を探す方法はさまざまです。応募チャネルごとにメリット・デメリットなど、特徴があります。**自分に合ったチャネルを見極めて、効率的に転職を進めましょう。**

応募チャネルは、大きく分けて企業やエージェントからのオファーを待つスカウトや転職エージェントのような受動的なものと、転職サイトや企業のホームページから直接応募するなど自分で応募する能動的なものの2つのタイプがあります。どういった企業からどのような条件を提示されるのか、自分の市場価値を確認するという目的で受動的なタイプを利用してみるのもおすすめです。

応募チャネルには受動的と能動的なものがある

応募チャネルには転職サイトやハローワークのように自分で求人に応募する以外にも、企業やエージェントからのオファーを待つタイプもあります。

能動的
自分で応募するタイプ

転職サイトやハローワークを通した応募
直接応募、SNSなど

受動的
経歴・スキルをみた企業やエージェントからのオファーを待つタイプ

スカウト、転職エージェントなど

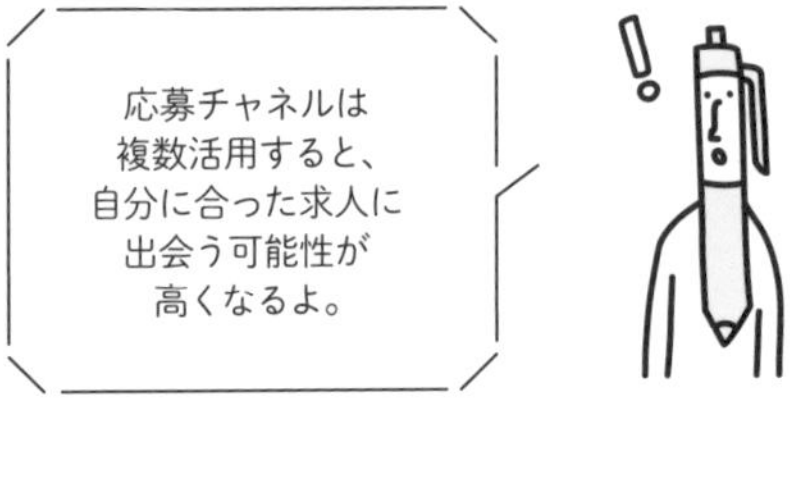
応募チャネルは複数活用すると、自分に合った求人に出会う可能性が高くなるよ。

手軽に始められて多くの情報が得られる「転職サイト」

応募チャネルの中でも最も一般的なもののひとつ。企業の求人情報が掲載されていて、それを見た転職希望者が応募するという仕組みです。

P63参照

メリット	・豊富な求人情報の中から自分の希望する条件や目標とするキャリアに合った求人を検索し、応募することができる ・自分のペースで進めることができる ・複数の求人情報を比較・検討できる ・企業の採用担当者と直接やり取りできる
デメリット	・多くの求人の中から選ぶ手間がかかる ・すべての手続きを自分で行う必要がある ・掲載されている情報だけでは、詳しい実態がわからない場合がある
こんな人にオススメ	・幅広い求人情報の中から自分に合った企業を探したい人 ・自分のペースで転職活動を進めたい人
活用のポイント	・複数の転職サイトを使い分けたり、ほかの応募チャネルと併用すると効率的に転職活動が進められる

● 転職サイト利用の手順

1 会員登録をする

氏名、年齢、連絡先、最終学歴、年収など、必要事項を登録して手続きをします。登録しなくても検索できる転職サイトもあります。応募したい企業が見つかってから登録してもよいでしょう。

↓

2 希望する条件の求人を探す

希望する職種や勤務地、雇用形態、年収など希望する条件から自分に合いそうな企業の情報を検索します。社員の平均年齢や従業員数などで絞り込めるサイトもあるので、活用しましょう。

↓

3 希望する求人に応募する

希望の求人が見つかったら、職務経歴など必要事項を記入の上、企業に直接応募し、返信を待ちます。

↓

4 企業からの連絡を受けて選考に進む

企業の選考フローにしたがって進め、面接でお互いの相性を見極めます。採用となった場合は内定・条件交渉を経て入社となります。

スカウト機能の上手な活用方法

多くの転職サイトには、企業やエージェントからの勧誘を受けられる「スカウト機能」があります。うまく活用すれば、転職活動がスムーズに進められます。

スカウト機能とは

あらかじめ登録されている転職希望者のレジュメ（経歴やスキルなど）を見て、興味をもった企業や転職エージェントから直接スカウトを受けられるサービス。

● 利用の手順

①登録する → ②レジュメを作成する → ③スカウトメールを受け取る → ④応募する → ⑤企業面接・内定

［スカウト機能がある代表的な転職サイト］

- doda
- en転職
- ビズリーチ
- Green
- Wantedly
- type

● 押さえておきたいポイント

- ○ 職務経歴やスキル、保有資格を詳しく記載する
- ○ 職種や勤務地、年収などの希望条件がある場合は記入する
- ○ 設定を変更できる場合は、希望するスカウトのみを受け取れるようフィルターをかける
- ○ 興味をもったオファーがある場合は、具体的に話を聞いてみる

スカウトメールの種類

1 自動送信のスカウトメール
転職サイトに登録したプロフィールや職歴・スキルなどをもとに自動で送信されるスカウトメール。希望に沿ったものが送られてくる確率は低い。

2 転職サイトからのスカウトメール
転職サイトの担当者が、登録者と合いそうな求人案件を選んで送信されるスカウトメール。自動送信メールよりは精度は上がるが、担当者によって精度にばらつきがある。

3 企業からのスカウトメール
企業の人事・採用担当者が登録者の職歴・スキルをしっかりと確認した上で送信されるスカウトメール。採用の確度が最も高く、書類選考が免除されることも多い。

4 転職エージェントからのスカウト
特定の企業への紹介を想定したスカウトとそうでないケースがある。前者の場合はすぐに進むが、後者の場合は実際に企業への紹介まで至らない場合もある。

スカウト機能のメリット・デメリット

メリット

- 自分で求人情報を探す手間が省ける
- 自分では思いつかない業種や職種と出会える可能性がある
- 現在の自分のキャリアの転職市場でのニーズを知ることができる

デメリット

- 希望していないスカウトメールも大量に送られてくる
- スカウトを受けたからといって必ず採用となるわけではない
- スカウト機能を利用していない企業も多い

スカウトメールを見極めるポイント

スカウトの理由が具体的かどうか

一斉送信の定型文ではなく、自身の職歴やスキルについて具体的な言及がある場合は企業側のスカウトの意思が強く、採用の可能性も高いと言える。

希望条件と合致しているか

企業から直接スカウトメールが届いた場合、提示された条件が魅力的でも、自分の希望している条件に合っているか、さらには自分が活躍できる転職先かどうかしっかりと確認する。

相談しながら進められる「転職エージェント」

転職希望者の希望条件や経歴などを踏まえて、キャリアアドバイザーが最適な求人を紹介するサービス。キャリアの棚卸しや、応募書類や面接に対するアドバイスなどのサポートも受けられます。

➡ P64参照

メリット

- 求人サイトでは公開されていない情報を得られる
- 給与など待遇面について本人に代わって交渉してもらえる
- 希望条件に合った求人を探してもらえる
- 応募書類や面接などのアドバイスをもらえる

デメリット

- 紹介される求人に偏りがある場合がある
- キャリアアドバイザーのペースで転職が進む

こんな人にオススメ

- 転職先の業界や職種が決まっていない人
- サポートを受けながら転職活動を進めたい人

活用のポイント

- 求人数が多い転職エージェントを選ぶ
- 業界・職種が特定されている場合は、その方面に強いエージェントを選ぶ

［ 代表的な転職エージェント ］

	名称	特徴
総合型	リクルートエージェント	● 求人数が最も多い ● あらゆる業界・職種に強い ● 20〜50代の幅広い世代に対応している
	マイナビエージェント	● あらゆる業界・職種に強い ● 20〜30代の若い世代向けの求人が多い ● 面接対策など、サポートが充実している
	doda	● 20〜30代を中心に全世代に対応している ● IT、メーカー、建設、不動産業界の求人を多数取り扱う ● キャリア採用や即戦力人材の採用に強い
ハイクラス向け	JACリクルートメント	● 高年収の求人が豊富 ● 厳選された質の高い求人が多い ● 外資系企業や海外進出企業などの転職支援に強い
	ビズリーチ	● スカウト型の転職サイト ● 年収600万円以上の求人が豊富 ● 30〜50代のミドルシニア層に向けた求人が多い
特化型	レバテックキャリア	● IT転職に特化 ● 20〜40代の幅広い世代に対応している ● 取り扱い求人件数はIT業界トップクラス
	ミライフ	● スタートアップ企業への転職に強い ● カルチャーフィットを重視した企業選定 ● 「フルリモート」「副業OK」などの求人が豊富

● 利用の手順

STEP1 登録

転職エージェントのwebサイトから会員登録を行う。現在の仕事内容や転職を希望する時期、氏名や連絡先、面談を希望する日時などの必要事項を入力する。

↓

STEP2 面談（キャリアカウンセリング）

キャリアアドバイザーとの面談を行う。これまでの経歴や保有しているスキル・資格、転職の目的や目標とするキャリアなどについて聞かれる。転職に関する不安や悩みなどの相談にも応じてくれる。

↓

STEP3 求人紹介

面談で聞き取りをした内容に沿って、希望条件に合った求人の紹介を受け、応募したい企業を選ぶ。詳しい仕事内容や企業について追加で教えてもらうことも可能。

↓

STEP4 求人選定・エントリー

紹介された求人の中から実際に応募する求人を選び、応募書類を作成してエントリーする。応募書類の書き方についてキャリアアドバイザーのアドバイスを受けられる。

↓

STEP5 選考・面接

企業が書類選考をし、結果についてキャリアアドバイザーに伝えられる。通過した場合はその後で面接に進むことが多い。日程調整もキャリアアドバイザーが行い、面接対策もしてくれる。

↓

STEP6 内定〜入社

内定が決まったら、入社日や給与などの条件面についてキャリアアドバイザーが企業との交渉と調整を行う。退職手続きについてもキャリアアドバイザーが相談にのってくれる。

押さえておきたい

キャリアアドバイザーを味方にするコツ

キャリアアドバイザーは、転職希望者に合った求人を紹介するだけではなく、キャリアに関する相談や応募書類の書き方へのアドバイス、面接対策などあらゆる面から転職をサポートしてくれます。転職エージェントによる転職活動の結果は、担当のキャリアアドバイザーとの相性も大きく影響します。複数の転職エージェントに登録すると、相性の合うキャリアアドバイザーに出会う確率が高くなります。

求人数が豊富な国の機関「ハローワーク」

国が設置している求職者の就職活動を支援する機関。正式名称は「公共職業安定所」と言い、全国に設置されています。

➡ P65参照

メリット	● 求人数が豊富で、大手だけでなく中小を含む多数の企業の情報が見られる ● 地域に密着した企業の求人を探しやすい ● 職業訓練を受けられる
デメリット	● 膨大な求人情報の中から自分で探す必要があるため、手間がかかる ● 掲載しているのが基本的な情報に限られるため、補足で情報を収集する必要がある
こんな人にオススメ	● 地元企業への転職を希望している人 ● 未経験の業種への転職を希望している人
活用のポイント	● 気になる求人があった場合は積極的に自分で企業について詳しく調べる ● 転職サイトや転職エージェントと併用して、不足している情報を補う

［主なサービス］

求人紹介・相談支援	施設内の端末やインターネット上で全国の求人情報を検索できる。キャリアについての困りごとがあれば窓口の職員に相談してアドバイスを受けられる
自己分析の支援	自分に合った転職先を探すために必要な自己分析の支援を受けられる。自己理解を深める機会となるセミナーなども開催している
応募書類作成の支援	履歴書や職務経歴書などの応募書類についての書き方についてのサポートが受けられる。作成のポイントがまとめられたパンフレットも
面接対策の支援	面接時によく聞かれる質問やそれに対してどう回答したらいいのかといった面接指導を受けられる
就活セミナーの案内	自己分析や仕事の探し方、面接対策など、転職活動に役立つさまざまなセミナーを開催。無料で受けられるため積極的に活用しよう
職業訓練の相談	希望の仕事に必要なスキルを身につけたり、現在のスキルをさらに磨くためのさまざまな職業訓練を受けられる。基本的に無料
雇用保険の手続き	雇用保険や失業給付金の手続きなどを行うことが可能。給付金には受給要件があるので注意が必要 ➡ P188参照

● 利用の手順

STEP1 求職申し込みの手続きをする

ハローワークでの求職活動は、求職者登録が必要です。専用の端末で、求職申込書に必要事項を入力します。インターネットから仮登録することも可能ですが、1週間以内にハローワークに行き本登録を済ませる必要があります。

求職申込書の主な記入内容
- 基本情報（氏名、生年月日、連絡先など）
- 希望職種
- 希望勤務地
- 学歴・資格
- 職務経歴

STEP2 ハローワークカードの発行

登録手続き完了後、求職者情報が登録されたハローワークカードが発行されます。以降の職業相談や求人紹介はこのハローワークカードに基づいて進められます。

STEP3 求人情報の検索

ハローワーク内のパソコンで求人情報を検索します。ハローワークインターネットサービスを利用すれば自宅のパソコンからも検索が可能です。

STEP4 窓口で相談・求人の応募

応募したい会社が見つかったら、職員が対象の会社へ連絡し、面接日時を調整します。会社の住所や面接日時、希望条件などが記載された「紹介状」が発行されます。

STEP5 応募書類の作成

紹介状をもらったら、履歴書と職務経歴書を作成します。書き方に不安がある場合は、窓口の職員や専門の職員からアドバイスを受けられます。

STEP6 面接

採用面接には紹介状と必要書類を持参します。面接対策に関する支援も受けられるので、不安な場合は事前に練習しておきましょう。

STEP7 内定

面接後、採用が決まった場合は採用通知が届くので条件を確認し、手続きを進めましょう。

求人票を
窓口へ持っていくと、
さらに詳しい情報を
聞くことができるよ。

スピーディに採用担当とつながれる「SNS」

近年SNSを通じて転職の情報収集をしたり、情報発信をして企業との接点をもったりという活用もされています。

➡ P66参照

メリット	● リアルな情報収集が行える ● 企業の採用担当者と直接やり取りができる ● 企業側の採用コストが低いため、採用確度が上がることも ● 自分の強み・得意分野をアピールできる
デメリット	● すべてを自分一人で行わなければならない ● 企業の目に留まらなければ活動期間が長期化するリスクがある
こんな人にオススメ	● アピールできる強みがある人 ● 最新情報をリアルタイムで収集したい人
活用のポイント	● 転職サイトや転職エージェントと併用して、より幅広く求人を探す

ビジネス特化型SNSとは

同僚や上司、または取引先など、仕事を通じて知り合った人との交流を主な目的とするビジネスの場に特化したSNSのこと。

[代表的なサービス]

LinkedIn	2003年にアメリカで誕生した世界最大級のビジネス特化型のSNS。企業や転職エージェントから具体的な求人情報のオファーが届く構造のサービスで、本格的に転職活動で情報収集をしていく場合に有効
Eight	日本最大級の名刺管理アプリ。名刺交換をしたユーザーと交流ができるビジネスSNSとしても活用できる

LinkedInとEightはどちらも
日本のユーザー数が
300万人以上いるんだよ。

● ビジネス特化型SNSの活用法（LinkedInの例）

Point1 プロフィールを充実させる

プロフィールに自分自身のこれまでの勤務先、役職、勤務期間、業種、スキル・資格、最終学歴、学位などを具体的に入力します。プロフィールを充実させ、常に最新の状態を保っておくと、より確度の高いオファーメッセージを受け取る可能性が上がります。

Point2 つながり機能でネットワークを構築する

自分のビジネスに関係する人や興味ある人とつながりを作り、評判や情報、アドバイスを求めることができる「つながり機能」。申請してつながった企業や人とはメッセージのやり取りが可能になります。

Point3 情報収集先として活用する

さまざまな業界の求人情報が得られるだけでなく、企業や団体の情報も掲載されています。関心のある企業や自分のビジネスと関わる企業などをフォローしておくと、最新情報を収集でき、市場の動向などを見極めたりする際に役立つでしょう。

Point4 特定の企業で働く人のキャリアを確認する

LinkedInは会社と個人アカウントが紐づいているため、気になる企業がある場合は、そこで働く社員のページがまとめて確認できます。社員のプロフィールやこれまでの職歴などを確認することで職場の雰囲気や必要とされるスキルなどが見えてきます。

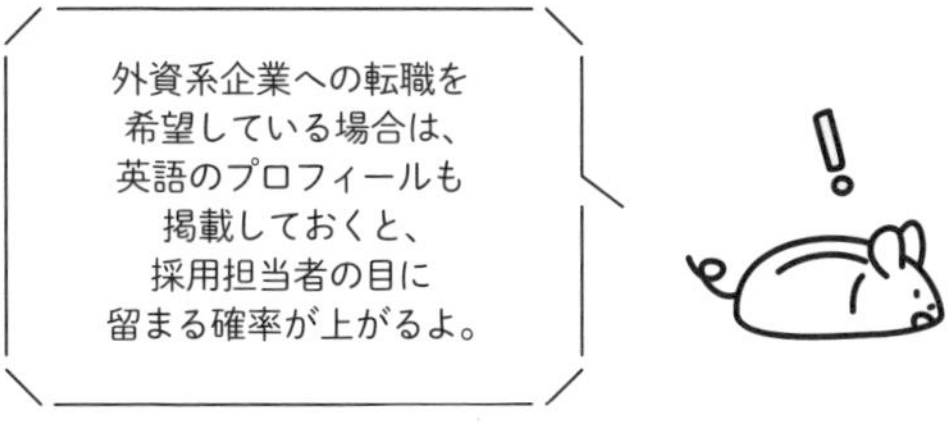
外資系企業への転職を
希望している場合は、
英語のプロフィールも
掲載しておくと、
採用担当者の目に
留まる確率が上がるよ。

押さえておきたい

SNS の活用では 個人情報の取扱いに注意

ビジネス特化型SNSでは、本名や職歴などを公開することになるため、悪意のある第三者が企業に成りすまして連絡をしてくる場合があるかもしれません。連絡してきたにもかかわらず会社名や個人名を明かさないなど不自然に感じた場合は、直接会うのを避けましょう。

さまざまな方法を検討してみる

転職先を探す方法はさまざま。それぞれのメリット・デメリットを知って、自分に合った方法を検討しましょう。

● 直接応募 ➡ P66参照

転職サイトや転職エージェントを介さず、企業に自ら直接応募すること。企業サイトや採用サイトなどを通じて、履歴書・職務経歴書などの必要書類と併せて応募します。

メリット	● 転職サイトには掲載されていない企業に応募できる ● 志望意欲が高く、熱意があると評価されやすい ● 自分のペースで転職活動を進めることができる ● 企業側の採用コストが低いため、採用確度が上がることも
デメリット	● 求人内容が明確ではない場合が多い ● 給料などの条件面の交渉を自分で行わなければならない ● スケジュール調整に手間がかかる
こんな人にオススメ	● 幅広い求人情報の中から自分に合った企業を探したい人 ● 自分のペースで転職活動を進めたい人
活用のポイント	● 企業について事前にしっかりと研究しておく ● メールや電話でのやり取りに気をつける ● 年収や休日、福利厚生などの雇用条件を確認する

● 転職フェア

転職希望者を対象に求人募集を行っている企業が集結して会社説明や面談を行うイベントのこと。インターネットからの情報だけではわからない企業の雰囲気などを知ることができます。

メリット	● 一度に多くの企業の情報が得られる ● 企業担当者と直接やり取りができる ● 知らなかった企業や業界・職種の情報が得られる
デメリット	● 会場に足を運ばなければならない ● 混雑していて思い通りに話が聞けないことがある ● 興味のない企業からも勧誘される
こんな人にオススメ	● 参加企業に興味のある人 ● 転職活動へのモチベーションを上げたい人
活用のポイント	● 事前予約・登録をしておく ● 無駄足にならないよう目的をもって参加する ● 事前に参加企業を確認しておく

● 友人・知人（縁故・リファラル）の紹介 ➡ P67参照

友人・知人から直接紹介されて転職するリファラル採用は、人事採用の新しい手法として注目されていて、制度化して従業員の人脈を活用して採用活動を進めている企業も増えています。

メリット	● 入社後のミスマッチが起きにくい ● 通常の転職より短期間で選考が進む ● 事前に企業のリアルな実情を把握できる
デメリット	● 紹介者との関係性に影響を及ぼすことがある ● 紹介者の手前、選考辞退や退職がしづらい ● 自己分析や企業研究など事前準備がおろそかになる
こんな人にオススメ	● よりリアルな情報を得てから転職したい人 ● 人とのつながりが多い人
活用のポイント	● 紹介されただけではない志望理由を明確にしておく ● 紹介者の情報をうのみにせずに自分でも情報収集を行う ● ほかの求人との比較・検討を行う

● 退職した会社への再入社 ➡ P67参照

転職や独立などをするために一度退職した会社に再度転職するケースも近年増えています。企業によっては、退職者と企業をつなぐアルムナイネットワークを整備している場合もあります。

メリット	● 即戦力として活躍できる ● 選考過程が短縮できる ● 会社の雰囲気や業務への適応が早い ● 他社での経験を活用して貢献できる
デメリット	● カルチャーなどが在籍時と変わってしまっていることもある ● 再入社前の確認を怠ると、再度同じ理由で退職するリスクがある
こんな人にオススメ	● 退職後に前職で生かせる経験をした人 ● よい辞め方をして良好な人間関係を築いている人 ● 明確な転職理由があった人
活用のポイント	● 前回退職した理由と今回再入社したい理由を明確にする ● 転職して得た経験やスキルをどのように生かせるかを具体的にイメージする ● 以前の仕事のやり方や進め方にこだわらない

146ページからは、
同じ会社にさまざまな
チャネルで入社した社員の
インタビューを掲載しているよ。

08

自分に合う企業を見極める！
企業を選ぶときのポイントは？

さまざまなメディアで5つの側面から企業をチェック

企業選びでは、**「経営方針」「成長性」「業務内容」「給与・福利厚生」「社風」の5つの要素で自分に合う企業かどうかを見極めましょう。**

情報入手先は企業のホームページのほか、人材募集サイト、会社四季報など。**口コミサイトやビジネスSNSも活用し、実際にその企業で働いている人の様子や働きやすさ、福利厚生面なども確認を。**情報が集まってくると、どの会社もよく思えて判断に迷いがちです。例えばワークライフバランスやキャリアアップなど、**「これだけは大切にしたい」という条件を決めておくと、会社を絞り込む際に役立ち、入社後のミスマッチを防ぐこともできます。**

確認すべき5つのポイント

企業選びでは最低限、下の5つのポイントを確認しましょう。情報入手先には企業ホームページや会社四季報などがあります。口コミやビジネスSNSで実際に働く従業員の様子が確認できます。

経営方針

その企業が事業を行う上でのビジョン、理念。事業展開と併せて納得・共感できるか。

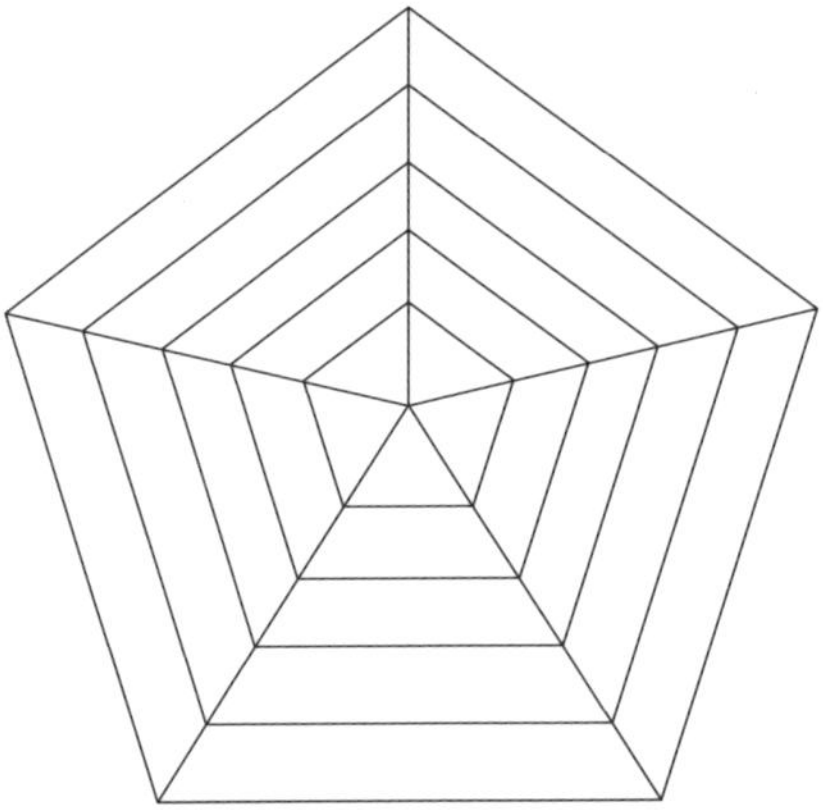

社風

会社の求める人物像と自分が一致しているか。実際に働いている社員の様子もチェックを。

成長性

売上などの業績や、従業員数、支店数といった会社規模がどのような推移をたどっているか。

給与・福利厚生

法定福利厚生、法定外福利厚生、研修などの育成制度、評価制度、昇給基準はどんなものがあるか。

業務内容

自分の経験やスキルで対応できるか、自分のやりたいことやキャリアプランと一致しているか。

経営方針

▶ここでCHECK！ **企業のホームページ**

企業理念や代表の挨拶などを見て、自分の心に響くものがあるかを確認。また事業内容やビジネスモデル、事業展開の様子を調べ、経営方針と食い違っていないかもチェックしましょう。

成長性

▶ここでCHECK！ **企業のホームページ（IR情報）、求人情報サイト、ビジネスニュース、会社四季報**

売上・利益・従業員数・支店（支社）数の推移で、成長度合いをチェックします。競合他社と見比べ、その会社だけが成長しているのか、業界全体が成長しているのかも併せて確認しましょう。

業務内容

▶ここでCHECK！ **企業のホームページ、求人情報サイト、ビジネスSNS**

業務内容のほか、扱う商品やサービスについても確認し、興味・関心を持てそうかチェックします。また従業員のインタビュー記事が掲載されていれば、業務内容についてより具体的に知ることができるでしょう。

給与・福利厚生

▶ここでCHECK！ **企業のホームページ、求人情報サイト、口コミサイト**

給与や賞与などの条件も確認。また、法定福利厚生のほか、独自の制度を導入している企業も多くあるので検索してみましょう。また産休・育休などの制度は取得実績についても確認を。特に口コミサイトは実際の様子を知るのに役立ちます。

社風

▶ここでCHECK！ **企業のホームページ、求人情報サイト、口コミサイト**

まず企業理念や行動指針、会社の求める人物像などに共感できることが大切。また、従業員の平均年齢や男女比なども会社の雰囲気を判断する材料となり得ます。自分が社員の一員となって働く姿を想像してみましょう。

09

キャリアの棚卸し

応募にあたって伝えたいことを整理する

自分の強みや向き不向き、やりたいことが明確に

転職の際に重要なのが、自己分析です。**自分にはどのような強みがあるか、その企業でどんなことがしたいのか、整理しておきましょう。**

まず取り組みたいのが、「キャリアの棚卸し」です。これまでの職歴と、携わってきた業務をすべて洗い出してみましょう。そしてこれらの業務に取り組んだ姿勢や、他者からの評価など、思い出したことを書き留めておくと、自分のやりたいことや、得意な業務、逆に向かない業務なども明確になってきます。**自分のスキルや志向に合う企業が明確になるほか、いざ、応募したい企業が決まった際も、履歴書や職務経歴書の作成、面接対策に役立ちます。**

自分の強みや志向を把握する

ここでは転職活動におけるキャリアの棚卸しをSTEP1～STEP3に分けて説明します。記入例を参考に書き出しみましょう。

STEP1 これまで経験した業務をすべて洗い出す

［記入例：保険業界で営業、カスタマーサポートとして働いてきたAさんの場合］

時期	20XX年4月～ 20XX年3月	20XX年4月～ 20XX年3月	20XX年4月～ 現在
年齢	22歳～24歳	24歳～28歳	28歳～30歳
会社名／業界職種・部門・順位等	○○生命保険　○○支店 個人営業	△△生命保険 サポート本部 カスタマーサポート	同左 課長代理
業務内容	・生命保険商品の個人営業 ・見積書、提案書の作成	・顧客対応業務 ・意見・苦情に対する企画・推進	同左 マネジメント
大きな出来事や最も注力した／苦労した事例	ヒアリングで顧客のニーズをつかむ	課題改善方法の提案	プロジェクトの進捗管理、推進
得た能力・スキル等	パソコンでの提案書類、管理書類等作成 AFP資格 生命保険募集人資格	ツールを使ったアンケート分析	育成・指導

STEP2 セールスポイントを整理する

○ 洗い出した業務の中から、志望する会社で生かせそうなものを見極めて、それを中心に職務経歴書にまとめる

業績や順位など
数字データを
盛り込むと
説得力が増すよ！

● 具体例

期間	20XX年4月～現在
職務内容	○○生命保険にて保険商品のカスタマーサポートを担当 取引顧客：個人のお客様 取引商品：医療保険 ・実績 お客様への対応力を高めるため、オペレーターからの報告内容を集計・分析してマニュアルを改善。照会率の削減に努める ・工夫した点 照会対応など自身の業務に加え、課長代理として部下のマネジメントも必要とされたため、リーダーシップ、伝達力などを向上させ、チーム内での意思疎通がスムーズに行われるよう工夫した。結果、お客様からの照会が4%削減した。

STEP3 志望動機を整理する

○ キャリアの棚卸しの結果、これまでの仕事では得られなかったもの、転職を考えたきっかけなどが炙り出される

○ 志望する会社で習得したいこと、経験したいことなども明確になる

押さえておきたい

ジョブ・カードを活用するやり方もある

自己分析やキャリアの棚卸しをする場合には、既存のツールを使うのもおすすめです。厚生労働省がキャリア・プランニングのために公開しているツールが「マイジョブ・カード」。作成すると自分の強み、弱みや、能力に気づくことができ、経験に基づいた企業選びが可能になります。また、作成したジョブ・カードからそのまま履歴書や職務経歴書を自動作成することも可能。転職活動のはじめの一歩として、利用してみるとよいでしょう。

10

応募書類の書き方①

履歴書を上手に書くコツ

アピールしたいことをしっかりと書き込む

履歴書は、企業側から見たあなたの第一印象となる書類です。自身がどんな人物であるかをわかりやすく、しっかりと伝えられるように書きましょう。**テンプレートは自分がアピールしたいことが書き込める項目が設けられているものを選びましょう**。例えば志望動機欄が大きめのタイプ、長所の欄が大きめのタイプなど、いくつかの種類があります。

内容がきちんと書けていることは重要ですが、履歴書には仕事のスタンスが表れます。誤字脱字があると仕事でも同じようなミスを疑われてしまいます。最近はデータでの送付が多いですが、原本を提出する場合は汚れや折りジワにも要注意です。

自分に合ったテンプレートを選ぶ

履歴書のテンプレートは、一般的に流通しているもののほか、いくつかの種類があります。企業から指定がなければ、どの種類を使ってもOK。自分をアピールするのに適した様式を選びましょう。

● 基本の履歴書

厚生労働省履歴書様式

2021年4月に、公正な採用選考が行えるよう厚生労働省が作成したもの。性別の記入が任意になったほか、通勤時間、扶養家族数、配偶者、配偶者の扶養義務といった項目を省略。

● タイプ別のおすすめの履歴書

経験豊富な人 ➡ 学歴・職歴欄が大きい

経験が浅い人 ➡ 学歴・職歴欄が小さい

強みをアピールしたい人 ➡ 資格欄が大きい

➡ P114

意欲を伝えたい人 ➡ 志望動機、自己PR欄が大きい

➡ P115

履歴書作成の心構えと注意点

履歴書の作成は自己アピールの第一歩。担当者は書類からさまざまなことを読み取ります。読む人のことを考え、文字、文章の構成も読みやすさを意識しましょう。

心構え

- 時間に余裕をもって作成する
- 最後に必ず見直しをする

NGルール

- 鉛筆、シャープペンシル、消せるボールペンは使わない
- 誤字脱字、略字はNG
- 空欄はNG
- 使い回しはNG

● 手書きとパソコンのどちらで作成するのがよい？

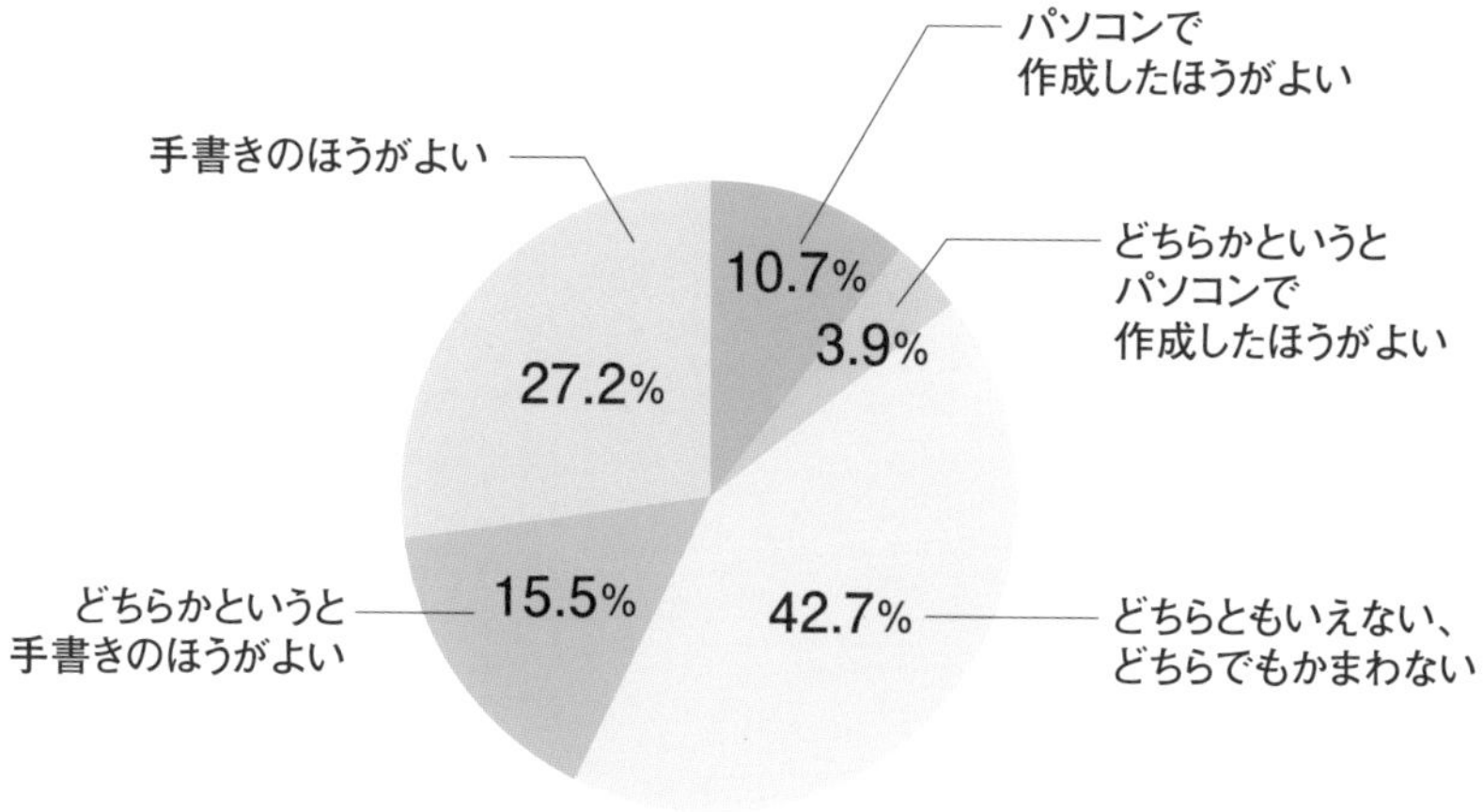

出典：doda調べ「採用に関するアンケート」

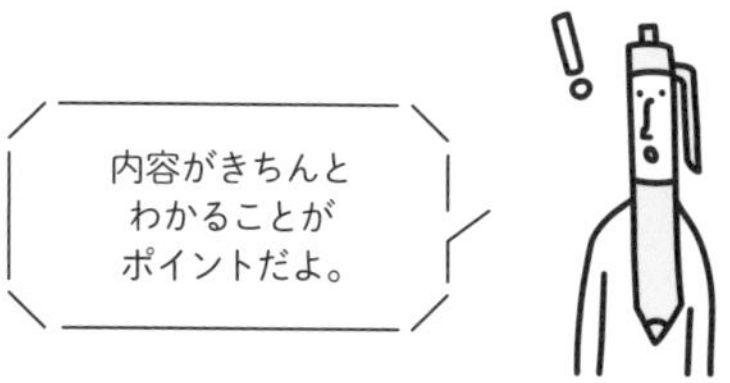

年	月	学　歴・職　歴（各別にまとめて書く）

年	月	免　許・資　格
20XX年	6月	普通自動車第一種運転免許　取得
20XX年	12月	生命保険募集人資格　取得
20XX年	9月	AFP資格　取得

応募職種と
関係のある資格を記入

志望の動機、特技、自己PR、アピールポイントなど

【志望動機】
現在はカスタマーサポート部にてお客様の意見・苦情を取り入れた業務改善の企画・推進を行っていますが、お客様のニーズをより広く汲み取り、提案できる仕事への転職を考えています。貴社が展開する事業サポートツールは、企業におけるさまざまな課題解決への提案が可能であることが強みだと考えています。今までの経験として、お客様の悩みを細かくヒアリングし、ニーズに沿った解決策の推進を行ってきた点で、貴社の事業と通じるところがあると感じています。これまでの経験を生かし、お客様のご要望に応えていくことで、貴社の事業に貢献していきたいと考えています。

本人希望記入欄（特に給料、職種、勤務時間、勤務地、その他についての希望などがあれば記入）

企画職を希望します。勤務地・待遇などは貴社の規定に従います。

希望する職種、勤務地などが
ある場合は記入
その他、メールアドレスなど
電話以外の連絡手段を記入してもよい

自分の経歴を応募先企業の
業務内容と関連づけ、
志望動機を簡潔にまとめる

● 履歴書の記入例（厚生労働省履歴書様式）

髪や服装を整え、
正しい姿勢で撮影。
自撮りは避けたほうがよい

履歴書を提出する
日付。
郵送の場合は
投函日を、
持参する場合は
当日の日付を
記載する

履 歴 書　　20XX年 4月 1日現在

ふりがな　あさひ　はなこ

氏名　朝日　花子

19XX年　3月　3日生　（満29歳）　※性別

ふりがな　とうきょうと　ちゅうおうく　つきじ

現住所　〒104-8011

東京都中央区築地X-X-X　サニーコーポ302号

電話　090-XXXX-XXXX

ふりがな

連絡先　〒　（現住所以外に連絡を希望する場合のみ記入）

電話

住居の住所を
記入

日中連絡可能な
電話番号を記入

年	月	学 歴・職 歴（各別にまとめて書く）
		学 歴
20XX年	3月	埼玉県○○高等学校　卒業
20XX年	4月	△△大学文学部　入学
		社会学専攻
20XX年	3月	△△大学文学部　卒業
		職 歴
20XX年	4月	○○生命保険株式会社　入社
		生命保険商品の個人営業を担当
20XX年	3月	一身上の都合により退職
20XX年	4月	△△生命保険株式会社　入社
		カスタマーサポート部に配属
		顧客対応業務のほか、意見・苦情を反映した業務改善推進
20XX年	4月	同部署にて課長代理として、メンバー5人の指導・育成
		現在に至る

高等学校から記入
学校名、学部・学科名は省略せずに書く
入学・卒業の年は
和暦か西暦表記のいずれかに統一

会社名は省略せずに書く
所属部署、雇用形態を明記する
入社・退社の年は
和暦か西暦表記のいずれかに統一

● 履歴書の記入例（強みをアピールするテンプレート）

年	月	学歴・職歴（各別にまとめて書く）

志望動機、自己PRを
それぞれ記入
自分の経歴を応募先企業の業務内容と関連づけ、
志望動機を簡潔にまとめる

自己PRでは
「顧客を○件獲得」
「売り上げ目標の120%を達成」など、
数字で実績を表現すると
より説得力が増す

【志望動機】
現在はカスタマーサポート部にてお客様の意見・苦情を取り入れた業務改善の企画・推進を行っていますが、お客様のニーズをより広く汲み取り、提案できる仕事への転職を考えています。貴社が展開する事業サポートツールは、企業におけるさまざまな課題解決への提案が可能であることが強みだと考えています。今までの経験として、お客様の悩みを細かくヒアリングし、ニーズに沿った解決策の推進を行ってきた点で、貴社の事業と通じるところがあると感じています。これまでの経験を生かし、お客様のご要望に応えていくことで、貴社の事業に貢献していきたいと考えています。

【自己PR】
カスタマーサポート部では、お客様への対応力を高めるため、オペレーターからの報告内容を集計・分析して対応を改善する業務を担当しました。結果、お客様からの照会が4%削減した実績を残すことができました。
また4年目からは課長代理職を担当しました。照会対応など自身の業務に加え、部下のマネジメントも必要とされたため、自身の業務効率化を図り、スピーディに仕事を進められるよう工夫しました。またコーチングスキルを身につけたことで、部下がより主体的に業務に取り組んでくれるようになり、相乗効果で部署全体のパフォーマンスが3%アップしました。

【長所】
私は人を笑顔にすることが好きで、初対面の相手とでもものおじせず打ち解けることができます。お客様から「息子の結婚相手になってほしいぐらい」と冗談で言っていただいたこともあるぐらいです。ニーズを細かく汲み取り、最適な提案を行う上で、お客様に信頼していただくことが大変重要だと考えています。この私の長所を、御社のサービス企画業務に生かしていければと考えています。

本人希望記入欄（特に給与、職種、勤務時間、勤務地、その他についての希望などがあれば記入）

企画職を希望します。勤務地・待遇などは貴社の規定に従います。

希望する職種、勤務地などが
ある場合は記入
その他、メールアドレスなど
電話以外の連絡手段を記入してもよい

自分の性格や人柄を
分析した上で、
志望企業でどのように
生かせるかを記入

● 履歴書の記入例（志望動機をアピールするテンプレート）

年	月	学歴・職歴（各別にまとめて書く）

志望動機、自己PRを
それぞれ記入
自分の経歴を応募先企業の業務内容と関連づけ、
志望動機を簡潔にまとめる

【志望動機】
現在はカスタマーサポート部にてお客様の意見・苦情を取り入れた業務改善の企画・推進を行っていますが、お客様のニーズをより広く汲み取り、提案できる仕事への転職を考えています。貴社が展開する事業サポートツールは、企業におけるさまざまな課題解決への提案が可能であることが強みだと考えています。今までの経験として、お客様の悩みを細かくヒアリングし、ニーズに沿った解決策の推進を行ってきた点で、貴社の事業と通じるところがあると感じています。これまでの経験を生かし、お客様のご要望に応えていくことで、貴社の事業に貢献していきたいと考えています。

【自己PR】
カスタマーサポート部では、お客様への対応力を高めるため、オペレーターからの報告内容を集計・分析して対応を改善する業務を担当しました。結果、お客様からの照会が4%削減した実績を残すことができました。
また4年目からは課長代理職を担当しました。照会対応など自身の業務に加え、部下のマネジメントも必要とされたため、自身の業務効率化を図り、スピーディに仕事を進められるよう工夫しました。またコーチングスキルを身につけたことで、部下がより主体的に業務に取り組んでくれるようになり、相乗効果で部署全体のパフォーマンスが3%アップしました。

本人希望記入欄（特に給与、職種、勤務時間、勤務地、その他についての希望などがあれば記入）

企画職を希望します。勤務地・待遇などは貴社の規定に従います。

希望する職種、勤務地などが
ある場合は記入
その他、メールアドレスなど
電話以外の連絡手段を記入してもよい

自己PRでは
「顧客を○件獲得」
「売り上げ目標の120%を達成」など、
数字で実績を表現すると
より説得力が増す

11

応募書類の書き方②

職務経歴書を上手に書くコツ

募集しているポジションで活躍できるかを確認する

転職で提出する書類には、履歴書のほかに職務経歴書があります。履歴書が学歴や職務経歴などの基礎情報を確認する書類なのに対して、**職務経歴書は「募集しているポジションで活躍できるか」を見る書類**と言えるでしょう。

ポイントは、**求められている人材像をしっかりと把握し、それに合わせて自分の経験やスキルをアピールすること**。「売上目標に対してプラス○%のアップ」といった**数字を示し、自分なりの工夫も盛り込む**のがおすすめ。転職サイトなどにさまざまなフォーマットがアップされています。見比べて、自分に合うものを使うとよいでしょう。

求められている人材像に沿ってアピールする

履歴書は応募者の基礎情報をチェックし、主に「これまでの経歴に関する客観的な事実」を見るもの。さらに職務経歴書では、その経験やスキルが募集している人物像に合っているか、そのポジションで力を発揮できるかをチェックされます。

● 履歴書と職務経歴書の違い

履歴書	職務経歴書
・学歴 ・職歴 ・取得している資格 ・志望動機	・具体的な業務経験 ・実績 ・強み
↓	↓
応募者の基礎情報を確認	どんな仕事をしてきたか、どのような成果を挙げたかを確認
これまでの経歴に関する客観的な事実はどうか	**募集しているポジションで活躍できるか**

職務経歴書作成の心構えと注意点

まずは自分の経歴を振り返り、スキル、強みを洗い出しましょう。その上で、企業がどのような人材を求めているかを把握し、それに合わせて自分の能力をしっかりとアピールします。

心構え

- アピールできる経験や強みを棚卸しする
- ホームページや採用サイトで企業を徹底的に研究し、求められている人材像を把握する

ポイントと注意点

- A4用紙1～2枚程度に、簡潔にまとめる
- 自分の達成した業績を数値などでわかりやすくアピール
- 自分なりの工夫点なども加えるが、詳しくなりすぎないよう、キーワードだけを記述

● フォーマットの種類

形式	特徴	おすすめの人
編年体形式	過去から現在まで、時系列に経歴をまとめる形式	キャリアがあまりない人
逆編年体形式	現在から過去の順で経歴をまとめる形式	直近の経歴をアピールしたい人
キャリア形式	業務内容やプロジェクトごとに経歴をまとめる形式	専門性をアピールしたい人 転職しながら多くの企業で特定のキャリアを積んだ人

具体的な経験を記載する。実績については数値などで具体的に記載し、わかりやすくアピールする

	【主な実績】 ・20XX年、プレスリリース、SNS経由の問い合わせ数XX件、目標＋XX％ 社内で初めて人気メディア「○○○」へ露出 ・20XX年、プレスリリース、SNS経由の問い合わせ数XX件、目標＋XX％ イベント出展ブースへのメディア誘致、○件のメディア、雑誌への露出 →若者に人気のメディア「○○○」とのルートを独自に開拓。これまでに自社で経験のないメディアに露出を行うことで、20代の顧客数が約○％アップしました。

■スキル・知識

・PCスキル
Word：文書作成　Excel：スケジュール管理、関数計算
PowerPoint：会議資料、提案書

PCスキルはソフトごとにできることを記載

■資格

・普通自動車第一種運転免許

■自己PR

・商品、ターゲットに適した広告宣伝の展開
社外向けに雑誌からwebメディア、SNSなどを使用したプレスリリースの発信を担当しました。プレスリリースでは、商品ごとに異なるターゲット、メディアに照準を絞ったリリースを展開するようにしています。特に飲食業界では、将来に向けて若い顧客層をつかむことが課題となっています。そのため既存メディアに限らず、若者の間で支持されているYouTube、TikTokといった新しいメディアに関する研究を進め、最適な方法で商品PRを心がけてきました。例えば新しい季節限定商品ではこれまでにないwebメディア、イベントと連動した企画により認知度が○％アップしました。

・自社商品の魅力をしっかりとアピールすることに尽力
消費者に自社商品をアピールするには、まず自分でその商品に惚れ込むことが大切だと思っています。そのため新商品の開発時には開発者と緊密にコミュニケーションをとり、自身でも試食するなどして、アピールポイントを把握するよう努めてきました。各メディアのライター、インフルエンサーからは「商品の特徴がよくわかる」と評価をいただいていました。

以上

実績を出すために自分がどのような工夫をしたか、どのような苦労があったかを記載することで、独自性のある自己PRができる

● 職務経歴書の基本の構成とポイント（編年体形式の場合）

タイトル、提出する日付、氏名を記載

職務経歴書

20xx年xx月xx日現在
氏名　○○ ○○

■職務要約
××株式会社で店舗で提供する商品の開発にまつわる、各種業務を担当。その後株式会社△△に転職し、広報部に配属。社外向けのプレスリリースの配信、SNSなど各メディア対応などを主に担当しています。若者の間で評価の高いメディア「○○」への露出を社内で初めて実現。顧客層の拡大に貢献しました。

「職務要約」では、職務経歴書で伝えたいことを3〜5行程度に簡潔にまとめる

2016年4月〜 2019年3月	××株式会社 事業内容：ファミリーレストランチェーン 資本金：X億X千万円（20XX年度） 売上高：X億X千万円（20XX年XX月） 従業員数：XXX人
	本部・商品開発部配属 【業務内容】 ・店舗で提供する商品の企画・開発に伴う、市場調査の設計・実施やコンセプト策定、商品の販売戦略の企画立案まで担当 【主な実績】 ・20XX年、新たに提案した季節限定メニューが当たり、目標値＋○%の売り上げを達成 →あえて○○をコンセプトにし、ターゲットを絞った商品を提案。SNSで大きく認知度が上がり、結果的に広い世代から支持を得ることができました。
2019年4月〜 現在	株式会社△△ 事業内容：ファーストフードチェーン 資本金：X億X千万円（20XX年度） 売上高：X億X千万円（20XX年XX月） 従業員数：XXX人　上場：東証一部上場
	本社・広報部 【業務内容】 ・プレスリリース作成やメディア対応、イベント企画、SNS運用など、商品の宣伝に伴う業務を幅広く担当

在籍期間のみでなく、「事業内容」「資本金」「売上高」「従業員数」を記載する

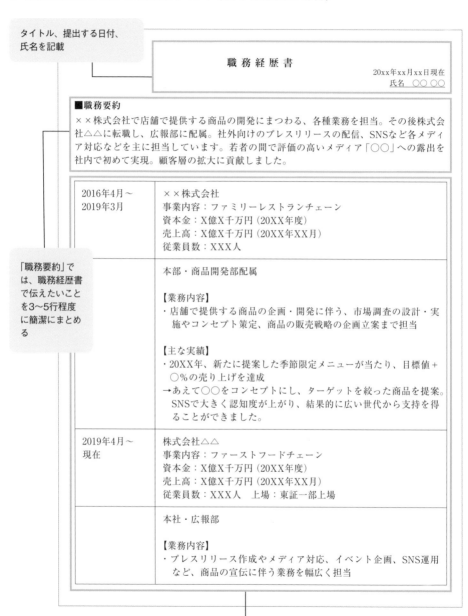

■知識・スキル

Word：文書作成　Excel：ピボットテーブル・VLOOKUP関数・IF関数を使った表計算、グラフ作成　PowerPoint：会議資料、提案書
TOEIC公開テスト　スコア600点（20XX年取得）、文書読解・ビジネスメール・プレゼン資料作成

■資格

・普通自動車第一種運転免許

■自己PR

私の得意としているのが、顧客の商品と原料の相性を把握した上での、最適な商品の提案です。原料の相場は常に変動するため、担当する企業の商品ラインナップを把握した
上で、市場の変化を捉えたスピーディな情報提供を心がけています。数千種類を超える 4
自社の取り扱い原料についての知識はもちろん、業界誌等で常に市場の最新トレンドについての知識も取り入れ、お客様にとって価値のある提案を行えるよう心がけてきました。

この結果、連続X年で、予算達成率100％以上を実現しています。お客様に合わせた幅広く柔軟な提案が可能となり、顧客からの信頼、また新規顧客開拓における高い成約率に
つながっていると考えています。御社においても、顧客、自社製品の特徴をしっかりと 5
把握し、提案力を武器に、実績を挙げられるよう努力していきたいと考えております。

以上

Point

1. 扱ってきた商材について伝える。
2. 顧客は法人か個人か、取引先は何社ぐらいか、顧客からの問い合わせを受けて営業する反響営業、新規開拓のどちらを行っていたかなどを伝えて、営業スタイルがイメージできるようにする。
3. 実績は数値を盛り込んで具体的に伝える。
例）受注件数、売上高、予算達成率、前年比、社内順位、
1日あたりのアポイント件数などの行動量
4. 自分は何を得意としているか、結論から先に書き出す。
5. どのようにして成果を挙げたかを伝える。

● 職種別 職務経歴書の見本（サンプル）

営業系

職務経歴書

20xx年xx月xx日現在
氏名　○○ ○○

■職務要約
調味料の営業として、X年間、既存顧客、新規顧客への提案営業を担当してきました。食品メーカーなどを中心に約20社を担当しています。定期的な訪問でのニーズの聞き取り・関係づくりに基づく、こまやかな提案を行うことで、入社2年目以降のX年間は予算達成率100％を続けてきています。

■職務経歴

20XX年XX月～現在　株式会社○○○○○	
××株式会社 事業内容：ファミリーレストランチェーン 資本金：X億X千万円（20XX年度） 売上高：X億X千万円（20XX年XX月） 従業員数：XXX人	正社員として勤務
20XX年XX月～ 20XX年XX月	本社・○○部に配属
①	【業務内容】 ・主に食品メーカーを対象に、さまざまな食品に使われるスープ・オイル・エキス等の調味料の営業
②	【営業スタイル】 ・既存顧客、新規顧客に向けて提案営業を実施 ・既存約20社に加え、毎月新規顧客を1～2社開拓 →既存顧客には3カ月に1度訪問し、生産計画や製品ラインナップの変更などについてヒアリングを行っています。状況によっては、既存商品の提案だけでなく、新商品開発へと取引が進むこともあります。 →顧客ニーズをこまやかに汲み取り、商品ラインナップから最適なものを提案する提案力を強みにしています。
③	【実績】 ・20XX年度（予算達成率：101％、売上高：○○万円） ・20XX年度（予算達成率：103％、売上高：○○万円） ・20XX年度（予算達成率：102％、売上高：○○万円） ・20XX年度（予算達成率：108％、売上高：○○万円）

■知識・スキル

Word：表、資料作成が可能なレベル
Excel：VLOOKUP関数・IF関数を使った表計算、
　　　ピボットテーブルの使用が可能なレベル
PowerPoint：図表作成、アニメーションの使用が可能なレベル ②

■資格

・20XX年X月　Microsoft Office Specialist　Word 2019　合格
・20XX年X月　Microsoft Office Specialist　Excel 2019　合格 ③
・20XX年X月　TOEIC公開テスト700点　取得
・20XX年X月　日本商工会議所簿記検定試験2級　合格

■自己PR

株式会社○○○○○、株式会社○○で合わせてX年、事務職としての経験を積んできました。一つひとつの仕事を正確かつスケジュールに支障をきたさないよう、スピーディに行うことを常に心がけていました。事務能力の向上を図るために自己での研鑽も積み、各種資格を取得しました。その結果、組織全体の生産性向上に貢献できたと実感しています。 ④

その他、業務にムダがないか、課題を発見するようにしていました。例えば発注依頼や納品の管理において、見落としなどの属人的なミスを防止するため、チェックフローを整理。ダブルチェックがすぐに行えるように、得意先ごとの一覧表を作成しました。結果として、正確かつ効率的に確認作業が行えるようになり、業務にかかる時間が従前より3割ダウンしました。 ⑤

以上

Point

① 業務処理量を具体的に月XX件と記載すると、どの程度業務遂行能力があるか伝わりやすい。

② Word、Excel、PowerPointそれぞれのスキルをわかりやすく記載。

③ 応募職に関連する資格を取得年数に沿って記載。

④ 業務への取り組み姿勢を資格取得と結びつけて説明し、学習意欲の高さをアピール。

⑤ 業務効率改善を所要時間によってわかりやすく伝える。

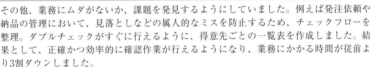

● 職種別 職務経歴書の見本（サンプル）

管理・事務系

職務経歴書

20xx年xx月xx日現在
氏名　○○ ○○

■職務要約

大学卒業後、株式会社○○○○○に入社、X年間、○○部○○課にて勤務。輸出に関する発送依頼や国内メーカー・荷主との連絡調整などの業務を担当していました。20XX年X月より、○○株式会社○○部○○課にて主に会議や売上報告書などの資料作成、スケジュール管理などの営業事務業務を担当し、現在に至ります。

■職務経歴

20XX年XX月～20XX年XX月　株式会社○○○○○	
事業内容：国際物流とそれにかかわる輸出入業務 資本金：X億X千万円（20XX年度） 売上高：X億X千万円（20XX年XX月） 従業員数：XXX人	正社員として勤務
20XX年XX月～ 20XX年XX月	本社／○○部○○課
1	【業務内容】 ・貨物の依頼主との連絡調整（月XX件） ・輸出時の船舶のブッキング（月XX件） ・輸出時の貨物の発送依頼（月XX件） ・請求書の作成（月XX件）
20XX年XX月～現在　株式会社○○	
事業内容：通信機器の製造・販売 資本金：X億X千万円（20XX年度）　売上高：X億X千万円（20XX年XX月） 従業員数：XXX人	正社員として勤務
20XX年XX月～ 現在	本社／○○部○○課
	【業務内容】 ・○○の売上データの入力、集計 ・会議用資料作成、会議の準備 ・スケジュール管理 ・売上報告書作成（月XX件） ・発注依頼・納品の確認（月XX件）

■資格
基本情報技術者試験（20XX年XX月） 合格
応用情報技術者試験（20XX年XX月） 合格

■テクニカルスキル

種類		使用期間	レベル
OS	Windows	X年Xカ月	環境設計・構築が可能
	Linux	X年Xカ月	環境設計・構築が可能
	AIX	X年Xカ月	環境設計・構築が可能
言語	PHP	X年Xカ月	最適なコード記述と、指示、改修が可能
	Java	X年Xカ月	最適なコード記述と、指示改修が可能
	JavaScript	X年Xカ月	最適なコード記述と、指示、改修が可能
	CSS	X年Xカ月	基本的なプログラミングが可能
DB	SQL Server	X年Xカ月	基本的な環境構築が可能
	Oracle Database	X年Xカ月	基本的な環境構築が可能
フレームワーク	Laravel	X年Xカ月	基本的な環境構築が可能

4

■自己PR
要件定義から開発、テストまでを一貫して行った経験があり、開発を行いつつ管理にも目を配れる点が私の強みです。△△会社のwebサイト構築プロジェクトではチームリーダーも務め、進捗管理、チーム連携などのマネジメント、顧客対応も行いました。全体を見渡した開発・運営のスキルを御社で発揮できればと思っております。

5

以上

Point

1. エンジニアが携わる業務は幅広いので、得意分野を先に書き出すとわかりやすい。
2. 開発環境は必須事項。かかわった業務の規模（メンバー数）と合わせて、見やすく整理。
3. 業務内容は箇条書きで簡潔に書き出す。
4. スキルごとに、かかわった年数とレベルを記載。見やすく表にまとめる。
5. これまでの経験を踏まえ、応募職で発揮できる強みを具体的に説明。

● 職種別 職務経歴書の見本（サンプル）

ITエンジニア系

職 務 経 歴 書

20xx年xx月xx日現在
氏名　○○ ○○

■職務要約

webサービスのシステムエンジニアとして株式会社○○○○○、株式会社△△△と合わせてX年間のキャリアを積んできました。新規プロジェクトリーダーとして進捗管理やクライアント対応を担当した経験もあります。現在は要件定義や設計などの上流工程から、開発やテストまでを一貫して担当しています。マネジメント、顧客折衝も担当できるエンジニアとして活動していきたいと思っております。

■得意分野

・PHP、Javaのプログラミング
・約XX名規模のリーダー経験
・新規サイト構築の経験

1

■職務経歴

20XX年XX月～現在　株式会社○○○○○		
事業内容：webサービス開発・運営事業 資本金：X千万円（20XX年XX月） 売上高：X億X千万円（20XX年XX月） 従業員数：XXX人　上場：東証一部		正社員として勤務
	開発環境	規模
【プロジェクト概要】 コスメ・美容雑貨の通販サイト運営。コンテンツやコラム配信なども含む。 【担当フェーズ】 要件定義、設計、開発、テスト、運用保守 【業務内容】 ・ターゲットに合わせたビジュアルの設計 ・ユーザーごとのレコメンド機能を実装 ・サイト内検索機能の最適化 ・サーバ関連の運用 【実績・取り組み】 ・レスポンスの最適化により利便性が向上、サイト利用者数前年比○%を達成	【言語】 PHP JavaScript CSS 【OS】 Windows 【DB】 SQL Server Oracle Database 【フレームワーク】 Laravel	全XX名

2

3

	【実績】 ・初月の売上目標値＋〇%達成 ・予算達成連続〇カ月 ・接客コンテスト〇位（〇〇名中）

3

■知識・スキル

Word：文書作成　Excel：スケジュール管理、関数計算　PowerPoint：会議資料、提案書
マニュアル作成・スタッフ指導スキル・VMDなど

■資格

・普通自動車第一種運転免許

■自己PR

私の強みは、観察力とマメさだと思っています。販売においては、ちょっとした表情などから、すすめた商品に対するお客さまの反応を読み取るよう心がけています。そしてお客様の体型の特徴、好みを把握し、ノートにまとめておくようにしていました。その結果、個々のお客さまのニーズに合った商品を提案できるようになり、エリアでの売上1位を達成することができました。

接客で大切にしているのが、「その人ごとのコミュニケーション」です。こまめに声かけをすると喜ばれるお客さまもいれば、ゆっくりと1人で選びたいお客さまもいらっしゃいます。〇年の店舗営業経験で観察を続けてきた結果、今ではお客さまが来店された最初の声かけで、どんなお客さまかを瞬時に読み取り、それぞれに合わせた接客やトークを組み立てることができるようになりました。XX年には、全国の店舗を対象にした接客コンテストで〇位を獲得することができました。

4

以上

Point

1. 多岐にわたる担当業務は箇条書きで書き出すとわかりやすい。商品の内容や店舗の規模を記述すると、イメージがわきやすくなる。

2. 実績は数値を盛り込んで具体的に伝える。

3. コンテストや表彰は、参加人数なども加えるとレベル感がわかりやすい。

4. 接客で心がけていることや自分なりの工夫を盛り込む。自身の経験からのエピソードなども加えると、ストーリー性が生まれてイメージが伝わりやすくなる。

● 職種別 職務経歴書の見本（サンプル）

販売系

職 務 経 歴 書

20xx年xx月xx日現在
氏名　○○ ○○

■職務要約

株式会社○○○○○に入社後、X年間、紳士服の販売、在庫管理を担当してきました。20XX年から新規ブランドの立ち上げメンバーとして旗艦店である○○店への配属となり、販売からプロモーションまで幅広く担当しています。

■職務経歴

20XX年XX月～現在　株式会社○○○○○	
事業内容：紳士服の製造小売販売 資本金：X億X千万円（20XX年度） 売上高：X億X千万円（20XX年XX月） 従業員数：XXX人　上場：東証一部上場	正社員として勤務
20XX年XX月～ 20XX年XX月	○○店　／　○○ブランド（ビジネススーツ）に配属
1	【業務内容】 ・接客販売 ・コーディネイト提案 ・商品在庫管理（納品・返品・棚卸） ・備品管理 ・顧客管理 ・店舗構成・商品レイアウト等のVMD業務 ・スタッフ教育 スタッフ人数○名　お客様ターゲット20～30代　客単価：平均1万5000円
2	【実績】 ・個人目標○カ月連続達成　達成度○○％ XX年X月、○○エリアでの個人売上1位達成
20XX年XX月～ 20XX年XX月	○○店　／　○○ブランド（オフィスカジュアル）に配属
	新ブランドの立ち上げメンバーとして選出 ・オープン店舗の集客 ・店舗ディスプレイの提案・コーディネイト提案 ・店舗VMD

■テクニカルスキル

種類		使用期間	レベル
Adobe	Photoshop	X年Xカ月	実務レベル
	Illustrator	X年Xカ月	実務レベル
	XD	X年Xカ月	実務レベル
言語・ツール	HTML	X年Xカ月	実務レベル
	jQuery	X年Xカ月	知識レベル
	CSS	X年Xカ月	知識レベル
	JavaScript	X年Xカ月	知識レベル
そのほか	Google Analytics	X年Xカ月	実務レベル
	Ahrefs Site Explorer	X年Xカ月	実務レベル

3

■資格

Googleアナリティクス個人認定資格（GAIQ）　20XX年XX月取得

■知識・スキル

Word：社内外打ち合わせ・プレゼン資料作成が可能なレベル
Excel：関数を組み合わせた数式作成が可能なレベル
PowerPoint：社内外打ち合わせ・プレゼン資料作成が可能なレベル

■自己PR

クライアント企業と一体となってのweb制作を実践しています。クライアントのニーズを丁寧な聞き取りによって具現化し、マーケット調査に基づいたプラン提案を行うことで、企業からの信頼を勝ち取っています。
10名以上の大規模なプロジェクトを多数経験しており、チーム連携によりパフォーマンスの高いディレクションを実現できます。

4

以上

Point

1. 自分の経験やスキルを先に書き出してアピール。
2. 担当した制作物のURLを記載。概要、担当フェーズ、自身の担当分、規模、使用ツールなどをまとめる。
3. テクニカルスキルは表でわかりやすくまとめる。
4. 自分の経験と応募職で活躍できるポイントを、長くなりすぎないよう簡潔にまとめる。

● 職種別 職務経歴書の見本（サンプル）

クリエイティブ系

職務経歴書

20xx年xx月xx日現在
氏名　○○ ○○

■職務要約
株式会社○○○○○に入社し、webデザイナーとして主に大手食品会社の商品プロモーションサイト構築に携わりました。その後、株式会社△△△へと移籍し、大手アパレルブランドのコーポレートサイトおよび通販サイトの制作などを担当し、現在に至っています。

■得意分野
・商品のプロモーションサイトの企画・制作
・通販サイトやSNSサービスの新規立ち上げ
・コンテンツ制作におけるディレクション業務
・分析ツールによるSEM・SEO対策

❶

■職務経歴

<table>
<tr><td colspan="3">20XX年XX月～現在　　株式会社○○○○</td></tr>
<tr><td colspan="2">事業内容：web制作
資本金：X,XXX億円（20XX年XX月）
売上高：X億X千万円（20XX年XX月）
従業員数：XXX人</td><td>正社員として勤務</td></tr>
<tr><td rowspan="2">20XX年XX月～
20XX年XX月

❷</td><td colspan="2">○○部　○○グループ</td></tr>
<tr><td colspan="2">【概要】大手食品メーカーの新商品に関するプロモーションサイトの新規立ち上げ
【業務内容】食品メーカー向けwebサイト制作
http://XXXX.co.jp
【担当フェーズ】画面構成立案　デザイン　コーディング
【開発規模】プロデューサー1名、ディレクター2名、デザイナー・コーダー7名（総勢10名）
【自身の担当分】デザイナー・コーダー
【実績】・○○賞受賞（20XX年X月）
【使用ツール】Google Analytics、PowerPoint、Excel、Adobe XD</td></tr>
</table>

12

自分の強みをしっかり伝える
志望動機の書き方

自分の強みが企業でどう生かせるかを記載

履歴書の「志望動機」で採用担当者が確認したいのは、**応募者がその企業でどのような働きができるのか、また、なぜその企業に入社したいのか、**です。したがってこの2つを明確にしておく必要があります。

心にもないことを書く必要はありません。**書類選考や面接は企業と応募者、互いのニーズや相性を確認するためのもの。**応募書類の作成は、自分の強みがその企業で発揮できるかを考える機会と捉えましょう。なお近年、応募者の上司や同僚に聞き取りを行う**「リファレンスチェック」を採用の判断材料にする企業も増えています。**辞め方はキャリアに影響を与え続けるものと認識しましょう。

「自分の強み」＋「企業に対する思い」

「志望動機」は、経歴欄の次に採用担当者が注目する部分。応募企業で自分が活躍できると考えた理由を、わかりやすく伝えることが大切です。

● 志望動機

なぜその会社を選んだのか。そして、経歴に基づく、自分の強みをその会社で生かせると思った理由を説明。

応募企業を選んだ理由 ＋ **企業が自分を採用すべき理由**

● 志望動機を書く手順

1. キャリアの棚卸しをし、自分の強み、できること、やりたいこと、将来のビジョンを明確にする

↓

2. 応募企業のホームページ、求人サイト、ビジネス記事などさまざまなメディアで「求められている人物像」を研究する

↓

3. ①で明らかになったことと、求められている人物像がマッチするか確認する

↓

4. マッチしていると思えば、応募企業で自分がどのように貢献できるかを文章にまとめる

シチュエーション別・志望動機サンプル

● 未経験職への転職志望のAさんの例

私は学生時代よりファッションに興味があり、さまざまなメディアを読み込んでは自分なりに研究してきました。現在、在籍するweb制作会社では企画営業を5年経験してきましたが、改めて自分のキャリアプランを考えたときに、好きなことを仕事にしたいという思いが強くなり、転職活動をするに至りました。貴社のブランドは自分が着るものとしてももちろん大好きですし、環境や社会のためになるモノづくりの点で心から共感しています。これまで携わった仕事での企画力や提案力、顧客とのコミュニケーション力を生かし、ブランドの魅力をより多くの人に知ってもらうために力を尽くしたいと考えています。

Point

- なぜ未経験の職種に応募したいと考えたのかを明確にする
- 経験のなさを補うに足る理由（スキルやこれまでの経験）を具体的に説明する
- 応募企業を選んだ理由を、企業研究に基づいて具体的に説明する

● 正社員雇用志望のBさんの例

私は契約社員として、3年間コールセンターのお客様対応の仕事に従事して参りました。声を集める立場として、それぞれのご意見やご指摘、ご要望に対して、具体的なお答えをできないことにもどかしさを感じたことも多くありました。しかしあるとき、お客様からのご意見がもとになって、受発注システムが改善されたということがありました。集められたお客様の意見が本社に伝えられ、きちんと形になっていくんだと、やりがいを感じた出来事でした。そこでぜひ次は、実際にお客様の困りごとを解決してみたい、と思うようになりました。これまでお客様のさまざまな声を聞いてきた経験から、ヒアリングのこまやかさ、コミュニケーション力には自信があります。正社員として、苦情、相談に対する企画推進などに携わっていければと思っています。

Point

- 正社員を希望するようになったきっかけを説明する
- 正社員になったらどのような仕事をしたいか、ビジョンを説明する
- 正社員としてどのような貢献ができるかを説明する

職種別・志望動機サンプル

事務職志望のCさんの例

前職では食品メーカーで経理事務を担当していました。自分のスキルや将来のキャリアプランを検討するにあたり、より専門性の高い仕事をやってみたいと考えるようになり、貿易事務に興味をもちました。中でも貴社の、日本の伝統的な食品を海外に紹介するという事業には、日本のものの価値が世界で見直されている昨今、将来性を感じましたし、夢があると思いました。前の職場では、Excelの数式を使って自動化し、従前より計算にかかる手間と時間を大幅に短縮しました。また、大学時代に学んだ英語は継続的にブラッシュアップしてきており、英会話教室に通うほか、TOEICも受験して力試しをしています。これまでの経理の経験と英語力を生かし、貴社の経理事務として戦力になれるよう努めたいと思っています。

Point

- 同じ事務職を選ぶ場合は、なぜ転職したいのかを説明する
- 志望企業で働きたいと考えた理由を説明する
- 前職が異なる分野の事務だった場合は、経験不足を補うことのできるスキルをアピールする
- 業務効率化などの実績があれば説明する

営業職志望のDさんの例

現在は照明器具を扱う自動車部品メーカーで営業を担当しています。既存顧客への営業を主に担当しているため、モデルチェンジはほとんどありません。そのため、将来的に需要が高まる部品製造業界で力を発揮したいと考えるようになりました。自動運転化が進む近年の傾向の中で、私が注目しているのが、事故防止のための各種システムです。特に自動車の後退時の死亡事故が増加し、バックカメラに対する市場のニーズが高まっています。この分野では業界をリードする貴社でぜひ、最先端の技術に触れ、自動車に乗る安全・安心を世界に広げていきたいと思うようになりました。自動車部品メーカーでの知識と、営業担当として市場の動向を読むことで、貴社の売上向上に貢献していければと考えています。

Point

- 転職を決めた背景を説明する
- 将来どんなビジネスに関わりたいか、中長期的なビジョンを説明する
- 志望企業で働きたいと考えた理由を説明する
- 経験を積んできた分野における専門的な知識や、対応力をアピールする

● エンジニア志望のEさんの例

現在は制御系エンジニアとして、建設機械に組み込まれる部品の開発を担当しています。幼い頃より憧れていたモノづくりに携われることは嬉しいのですが、現在の仕事ではお客様と接する機会がほとんどありません。直接お客様と接し、自分の仕事の効果を実感したいと考え、転職を決めました。より上流工程で顧客対応も行いつつ、開発に携われる仕事を探していたところ、貴社の募集を拝見しました。これまでの経験や専門知識を生かしながら、顧客のニーズをこまやかに取り入れた製品作りで、貴社に貢献していきたいと考えています。

Point

- 前職での経験を説明する
- 転職を考えた理由を説明する
- 募集部署に対する熱意をアピールする

● クリエーター志望のFさんの例

現在は建設デベロッパーで広報担当をしております。社内報の編集や、メディア対応をする中で、ライターやデザイナーとともに制作物を作り上げていく過程の面白さを知りました。企業の広報という立場では、発信する内容も社内のお知らせや企業の広告に限られているため、もっと多様な分野で、広い読者に向けたメディアの制作を担当してみたいと思っています。実は日頃から貴社の運営するwebメディアを愛読させていただいており、先日の○○という企画は非常に興味深く拝見しました。私は現職でチームリーダーも務めたことがあり、多くの人と協力しながらものごとを進行していくのは得意だと自負しています。ぜひ貴社の皆様とともに、新しい価値観を世の中に発信していく喜びを感じられればと思います。

Point

- 経験した仕事を説明する
- 調整力やチームを動かす力などをアピールする
- その企業を志望した理由を詳しく説明する

● 接客業務志望のGさんの例

飲食店の接客に興味を感じ、このたび貴社の求人に応募しました。趣味の食べ歩きをする中で、食べ物を通じて人を幸せにするには、心のこもった接客が欠かせないことに気づきました。貴社のレストランの接客はさりげない中にも、あたたかさとこまやかな気遣いが感じられます。フロアマネージャーがお客様の様子から気持ちを読み取って、スタッフを采配しているからこそ、自然な接客が実現しているのだと思います。前職ではスマートフォンの個人営業を担当していました。不慣れな高齢のお客様にわかりやすい説明をし、喜ばれたことも何度もあります。しかし、どうしても時間が限られる中、心のこもった対応をすることには限界がありました。豊かな時間を過ごしたいと貴社のレストランを訪れるお客様に、お金以上の価値を感じていただけるようなサービスをご提供できればと考えています。

Point

- 最初に応募した理由を簡単に記すと、気持ちがストレートに伝わる
- 志望企業を選んだ理由を説明する
- 自分の経験が志望企業でどのように役立つかアピールする

13

応募書類を提出するときの注意点

応募時に押さえておきたいマナー

ミスや不備がないよう もう一度確認を

必要書類の提出は、志望企業とのファーストコンタクトとなります。ミスや不備がないようにしましょう。特に、提出方法にはマナーもいくつかあります。ちょっとしたことで悪い印象を与えてしまわないように、基本を押さえておきましょう。

まずは、**書類が全部揃っているか、誤字脱字、間違いがないかをもう一度確認しましょう**。

提出方法は企業からの指定に従います。最近はメールでの提出が多くなっています。多くの書類を受け取る採用担当者に一目でわかってもらえるよう、整理しやすさも考慮してメールを作成しましょう。

提出書類に不備がないかを確認する

志望企業に提出する前に、ミスがないか、書類はすべて揃っているか、念を入れて再確認しましょう。書類を確認する採用担当者になったつもりで、ヌケがないよう厳しくチェックします。

● 提出前のチェックリスト

- □ 日付は提出日になっているか
- □ すべての欄に記入しているか
- □ 誤字脱字はないか
- □ 汚れや折りジワはないか
- □ 履歴書の入学・卒業年度の記述にミスがないか
- □ 履歴書に顔写真を貼付したか
- □ 履歴書の志望動機は応募先の企業に向けた内容になっているか
- □ 職務経歴書の内容は応募条件に沿った内容になっているか
- □ (郵送の場合)添状を入れたか
- □ 必要な書類はすべて揃っているか

最近では差別防止のために
写真や一部の項目を不要とする
企業もあるよ。

メールで送付する場合のポイント

採用担当者には多くのメールが送られてきます。だらだら書かず、一目で用件がわかるように簡潔にまとめましょう。「送信」をクリックする前に一度見直し、ミスや貼付し忘れがないかも確認を。

Point

- 件名は用件と自分の名前が一目でわかるように記載
- 文章は丁寧、かつ簡潔にまとめる
- 行間を適宜あけるなど、見やすさを心がける

● 例文：PDFを添付して送る場合

【件名】応募書類送付の件（朝日花子）

用件と名前を記載

株式会社〇〇〇〇
人事部　採用課
△△△△ 様

宛名は略さずに書く

用件を簡潔にまとめる

初めてメールさせていただきます。朝日花子と申します。
XXXXで貴社の求人情報を拝見し、〇〇〇〇職に応募したくご連絡をいたしました。

履歴書と職務経歴書を添付しております。
ご査収のほど、よろしくお願い申し上げます。

添付書類の内容を示す

お忙しいところお読みいただいてありがとうございました。
よろしくお願い申し上げます。

朝日花子
〒104-8011
東京都中央区築地X-X-X
サニーコーポ302号
TEL:XXX-XXXX-XXXX
Mail：xxx@xxxxxx.co.jp

署名をつける

郵送・手渡しの場合のポイント

郵送や手渡しの場合は、書類を折らずに収められる封筒に入れます。宛先や宛名もマナーを守って書きましょう。確実に期日内に届けるために、ポスト投函ではなく窓口から出すのがおすすめ。

Point

- A4用紙が入る角形2号か角形A4号サイズの、白か茶の封筒を選ぶ
- 添状とともに書類をクリアファイルに挟んで封筒に入れる（手渡しの場合は添状は入れなくてOK）
- 郵送の場合はポスト投函はなるべく避け、郵便局の窓口から期日内に届くよう郵送

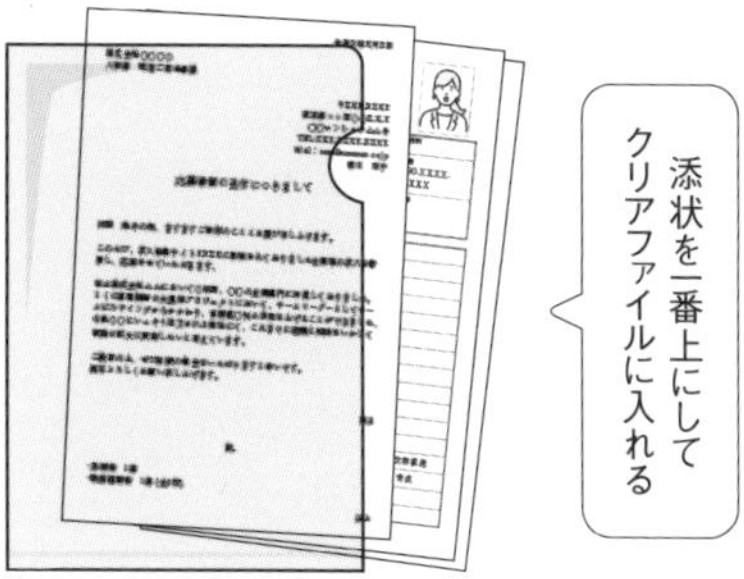
添状を一番上にしてクリアファイルに入れる

● 添状・送付状のサンプル

令和X年X月X日 ❶

❷ 株式会社○○○○
人事部　採用ご担当者様

〒104-8011
東京都中央区築地X-X-X
サニーコーポ302号 ❸
TEL:XXX-XXXX-XXXX
Mail：xxx@xxxxxx.co.jp
朝日　花子

応募書類の送付につきまして

❹ 拝啓　厳冬の候、ますますご清栄のこととお慶び申し上げます。

❺ このたび、求人情報サイトXXXXに掲載されておりました企画職の求人を拝見し、応募させていただきます。

❻ 私は株式会社△△において○年間、○○の企画部門に所属しておりました。特に部署横断の大規模プロジェクトにおいて、チームリーダーとしてチームビルディングからかかわり、目標値○%の成果を上げることができました。今後○○にいっそう注力される御社にて、これまでの経験と知識を生かして事業の拡大に貢献したいと考えています。

❼ ご検討の上、ぜひ面接の機会をいただけますと幸いです。
何卒よろしくお願い申し上げます。

敬具 ❽

記

❾ ・履歴書　1部
・職務経歴書　1部（全2枚）

以上

1 送付日付
書類を投函する日付を右上に記載する。西暦、和暦は履歴書や職務経歴書など、ほかの応募書類と統一する。

2 宛名
会社名、部署名は略さず正式名称で記入。採用担当者の名前がわかる場合はフルネームで記載し、「様」をつける。

名前がわからない場合、個人宛の場合は「採用担当者様」などとし、組織宛にする場合は「人事部御中」などと「御中」を用いる。

3 自分の連絡先・名前
住所は郵便番号から、都道府県名も省略せずに書く。連絡先は、携帯電話番号など日中でも連絡の取りやすい電話番号と、メールアドレスを記載する。

4 頭語、時候の挨拶
ビジネスレターのマナーに沿って、頭語、時候の挨拶から書き出す。

5 用件
応募書類を送付する旨を記載。募集職種が複数ある場合、自分が応募する職種も明記する。

6 簡単な自己PR
自己PRを簡潔にまとめる。履歴書や職務経歴書と矛盾しない内容にすること。

7 面接の申し入れ
面接の機会をもらえるように申し入れる。

8 結語
右寄せで結語を記載する。「拝啓」としたときは必ず「敬具」の結語を用いる。

9 同封書類の明記
同封した書類を、部数とともに記す。最後に右寄せで「以上」と記載する。

● 宛名の書き方

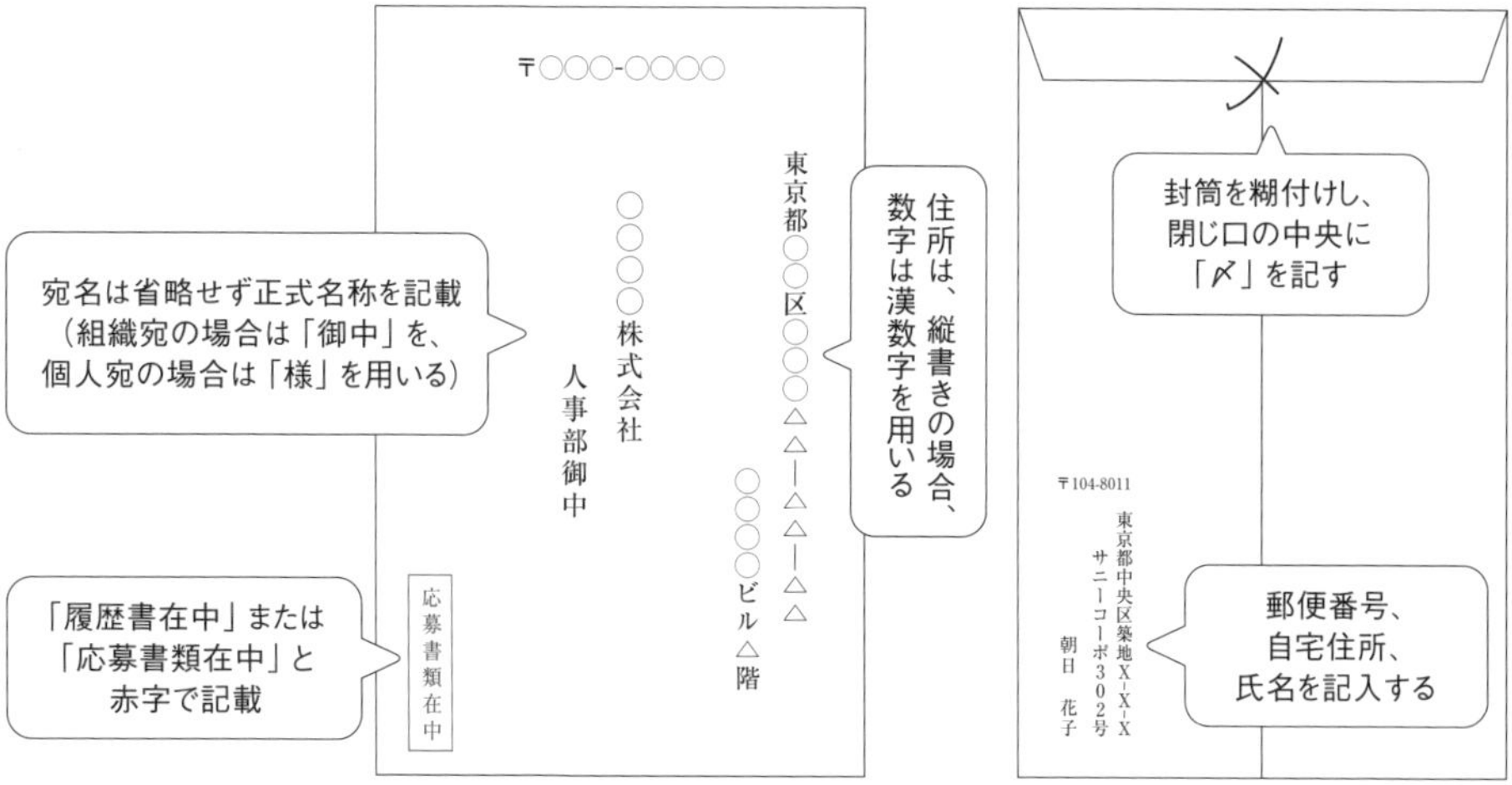

〒○○○-○○○○
東京都○○区○○○△△-△△-△△
○○○○ビル△階
○○○○株式会社
人事部御中
応募書類在中
宛名は省略せず正式名称を記載（組織宛の場合は「御中」を、個人宛の場合は「様」を用いる）
「履歴書在中」または「応募書類在中」と赤字で記載
住所は、縦書きの場合、数字は漢数字を用いる
封筒を糊付けし、閉じ口の中央に「〆」を記す
〒104-8011
東京都中央区築地X-X-X
サニーコーポ302号
朝日　花子
郵便番号、自宅住所、氏名を記入する

14

企業との相性を見極める

面接のコツと心構え

自分の働き方とマッチするか面接で最終確認を

　面接では、企業側から募集内容や会社についての説明などがあった後、応募者に対して「業務経験」「志望動機」「自己PR」「転職理由」などを説明するよう求められることが多いです。**よどみなく答えられるよう、声に出して練習しておく**とよいでしょう。

　また、面接の最後に「何か質問はありますか?」と問われることがよくあります。面接は本来、**企業と自分のキャリアビジョンがマッチするかを確かめる場**です。業務に関する不明点など、ホームページなどからではわからないことを直接聞くチャンスなので、大いに活用しましょう。

面接はお互いがマッチするかを確認する場

面接は、「企業が候補者を見定める」「候補者が自分をよく見せる」ために行うのではありません。対等な立場で相互理解を深め、両者のニーズが合うかを確かめる機会です。事前の企業研究では読み取れなかった情報を、直接接することでとらえるようにしましょう。

企業側が確認するポイント

- 募集する業務に対しての資質
- 企業でうまくやっていける人材か
- 長く働いてもらえそうか
- 募集する業務で活躍できるか
- 意欲は高いか

対等な立場

応募者が確認するポイント

- 業務の内容
- 企業の価値観
- 就業条件
- 企業の雰囲気・社風
- 自分のキャリアや働き方、将来展望にマッチするか

● 主な面接の形式

個人面接	応募者が１人ずつ面接を受ける
集団面接	複数の応募者とともに面接を受ける
オンライン（web）面接	企業に赴かず、オンラインで面接を受ける

一般的な面接当日の流れ

中途採用面接は一般的に以下のような流れで進みます。動きをイメージしておきましょう。お辞儀の仕方や姿勢を鏡でチェックしたり、質問への答えを声に出して練習しておくのがおすすめです。

入室
ドアをノックし、面接官から入室を促されてからドアを開けます。入室したら静かにドアを閉めて姿勢を正し、お辞儀をします。

↓

挨拶
椅子の横まで歩いて行き、「初めまして、○○と申します。本日はどうぞよろしくお願いします」と挨拶します。椅子をすすめられたら「失礼します」と言ってから着席しましょう。

↓

自己紹介
はじめに自己紹介を求められるのが一般的です。1分程度で、前職または現職についてや、職務経歴、実績などを説明します。入社への意気込みなどで締めくくるとよいでしょう。

↓

採用担当者からの募集内容の説明
募集している職種や業務内容について、採用担当者から説明があります。自分のイメージしていた業務内容に近いかどうか、しっかり聞いておきましょう。

↓

採用担当者からの質問
中途採用の面接でよく聞かれるのが、業務経験、志望動機、転職理由、自己PRなどです。ネガティブな理由ではなく、自身のキャリアのための転職であることを伝え、その企業で自分に何ができるかを説明しましょう。

↓

採用担当者からの条件確認
面接の段階で、残業時間や休日、転勤など、雇用条件についての説明や確認が行われることがあります。年収や配属先については、最終面接後に決まるケースもあるため、募集要項に記載されている目安程度の回答にとどまることもあります。

↓

応募者からの質問
最後に「何か質問はありますか？」と聞かれます。面接で説明されたことに対する疑問や、業務内容についての不明点などがあればここで質問しましょう。

押さえておきたい

オンライン面接のコツと心構え

オンライン面接も対面の面接と同様の流れで行われます。対面と異なるのが、画面上でのやり取りになること。通信環境や顔写りなどは事前にチェックしておきましょう。また、オンラインでの会話のタイミングは独特なので、ふだんからオンライン会話を行って慣れておくとよいでしょう。面接開始時間の数分前に、案内されたURLをクリックして待機しておきます。担当者が入室したら、直接対面の場合と同じように挨拶しましょう。終了後は、対面の面接と同様に面接のお礼と退室の挨拶をしっかりと声に出して伝えましょう。

面接で想定される質問例と回答のポイント

● 自己紹介

質問例

- 簡単に自己紹介をしてください

Point

- ☑ オンライン（web）面接でも対面面接でもしっかり目を見てハキハキと話しましょう
- ☑ 経歴やスキルを端的にアピールしましょう

＼COMMENT／

面接は、受け身になりすぎるのではなく、自分で空気を作っていくことが大切です。業務のことだけではなく、あなたの人となりも採用担当者に理解してもらえるように話してみましょう。冒頭のコミュニケーションで、この後の面接の雰囲気も変わるはずです。

● よく聞かれる質問① 業務経験

質問例

- 経歴や実績を交えて自己紹介をお願いします
- これまでの職務経験・経歴をお聞かせください

Point

- ☑ 具体的な数字、エピソードを交え簡潔に経験やスキルを伝えましょう
- ☑ 実績や成果を伝える際には自己分析を交えながら、成果に至ったプロセスについても話しましょう

＼COMMENT／

あなたがこれまで具体的にどのような業務を行っていたのか、募集職種にも関連づける形で説明できればベターです。

● よく聞かれる質問② 志望動機

質問例

- 当社への志望動機をお聞かせください
- 同業他社はほかにもありますが、なぜ当社を志望するのでしょうか？

Point

- ☑ 企業規模・事業領域・業界シェア・職務内容などを交え、応募先の企業をなぜ志望しているのか伝えましょう
- ☑ 経験者応募の方は、①で話した経験をどう生かせるのか交えて伝えましょう

＼COMMENT／

あなたが今なぜここにいるのかという「自分視点」と、企業があなたをなぜ採用したいと思うのかという「企業視点」、双方の視点で考えるとよいでしょう。

よく聞かれる質問③ 転職理由

質問例

- 転職を決めた一番の理由は何ですか？
- 今回の転職でどのようなことを実現させたいですか？

Point

- ☑ なぜこのタイミングで転職をしたいのか、転職後にどのようにキャリア形成したいのかを伝えましょう
- ☑ 仮にネガティブな理由で転職を考えている場合も、ネガティブな理由だけを伝えるのではなく、その理由を払拭するためにあなたが行ったこと、それでも環境を変えたいことをポジティブに伝えるようにしましょう

＼COMMENT／ 仕事に対する姿勢や責任感を伝えるとともに、あなたがこの転職にかける想いの強さをしっかり伝える場としてとらえてください。

よく聞かれる質問④ 自己PR

質問例

- 自己PRをお願いします
- 長所と短所をそれぞれ教えてください

Point

- ☑ 自身のキャリアを振り返り、自身の強みや今後成長していきたいポイントを簡潔に伝えましょう
- ☑ 未経験分野に挑戦する場合は、新しい業界、職種への意欲やモチベーションの高さを伝えましょう

＼COMMENT／ あなたの価値観や仕事に対する適性をアピールする場面です。企業にどう貢献できるのかを、熱意をもって伝えてください。

応募者からの質問

何か質問はありますか？

Point ここまで話してきた中で、採用担当者の気になる発言があれば、その場でしっかり質問しましょう。また、面接官の立場によって質問内容を変えることも重要です（例えば、役員以上の場合は事業について、現場責任者の場合は日々の業務について聞くことをおすすめします）。

＼COMMENT／ すべての疑問が解消されている場合は、無理に絞り出す必要はありませんが、せっかく貴重な時間をいただいているので、企業理解や社風理解を促すような質問をすることが望ましいです。

内定連絡をもらったらどうする?

内定の連絡があっても
その場で承諾する必要はない

採用の可否については、**最終面接の3日後〜1週間後ほどで電話またはメールで連絡があります。**

書面の提示がない場合には、**すぐに内定を承諾する必要はありません。**「検討し、期限日までに回答いたします」といったん保留し、企業から送られてくる**「労働条件通知書」**で、**面接時と条件が変わっていないか確認してから正式な回答をしましょう。**

納得がいかなければ、内定後の面談で労働条件を交渉することもできます。他社選考の兼ね合いで迷いがある場合は、正直に相談して期日を交渉することも選択肢の一つです。「内定承諾書」を受け取っていれば、署名捺印して返送しましょう。

内定後の基本の流れ

以下が内定から就職までの基本的な流れ。新しい会社に失礼のないよう進めるのが大切ですが、退職する企業にも迷惑をかけないよう、余裕をもって準備しましょう。

1. **内定通知を受ける**
最終面接後3日〜1週間内を目処に、電話あるいはメールで通知があります。どちらの場合も、すぐにお礼を伝えるようにしましょう。他社選考が進んでいてまだ迷いがある場合は、正直に伝えます。

2. **条件を確認する**
郵送で届く書類を確認します。「労働条件通知書」を確認し、承諾するか辞退するかを決めます。条件は面談で交渉することもできます。

3. **雇用契約を結ぶ**
承諾する場合は電話とメールで意思を伝え、「内定承諾書」などの書類にも記入して郵送します。内定連絡から1〜2週間内に返事をするようにしましょう。ここで雇用契約書を取り交わし、正式な雇用契約とする企業もあります。雇用契約書は郵送する場合と、面談の場で記入・提出する場合があります。

4. **(在職中の場合)退職準備をする**
直属の上司に退職の意思を伝えます。退職を申し出る期限は就業規定によって決まっているので、確認しましょう。

5. **退職日・入社日を決める**
業務の引継ぎ期間、有休消化の日数を踏まえて、退職日を決めましょう。職歴にブランクが空くのを防ぐため、退職日は入社日の前日にするのがおすすめです。入社初日は余裕をもって出勤しましょう。

労働条件で確認すべきポイント

企業から渡される「労働条件通知書」には、以下の事項が盛り込まれています。雇用社と被雇用者の対等な立場として、契約条件をしっかり確認してから、承諾の連絡をしましょう。

● 必ず記載しなくてはならない条件

1. 労働契約の期間	正社員の場合は「期間の定めなし」と記載されるか、試用期間についての記載がある ＜有期労働契約の場合＞労働契約の更新基準・更新上限の有無とその内容・無期転換の申込み機会・無期転換後の労働条件
2. 勤務場所・仕事内容	勤務するすべての場所、業務の具体的な内容
3. 労働時間・休憩時間（交代制の場合は就業時転換についても明示）	就業時間、休憩時間
4. 所定時間外労働の有無	契約上の労働時間以外の労働時間
5. 休日、休暇	休日や有給休暇の条件、休日出勤をした際の代替休暇など
6. 賃金について	基本賃金の形態（月給、時間給、出来高制など）と金額、諸手当、時間外労働の手当など。支払日、支払い方法 昇給・賞与・退職金の有無、時期と金額
7. 退職や解雇の条件	定年制の場合の退職年齢、継続雇用制度について、自己都合退職や解雇の条件

● 会社に規定がある場合に記載する条件

- 退職手当の決定方法、計算方法、支払い方法、支払い時期
- 退職手当以外に臨時で支払われる賃金の決定方法、計算方法、支払い方法、支払い時期
- 労働者が負担するべき食費、作業用品など
- 災害補償や業務外の疾病扶助
- 安全・衛生
- 表彰や制裁
- 職業訓練
- 休職

必要書類を準備・提出する

企業から内定が出たら、入社時に必要な書類を準備しましょう。必要書類には、現在の職場から受け取るものと、内定先の企業から受け取るもの、自分で用意するものがあります。

現在の職場から受け取る

- □ 源泉徴収票
- □ 雇用保険被保険者証
- □ 年金手帳（自分で保管している場合もある）
- □ 離職票

内定先の企業から受け取る

- □ 給与振込口座申請書
- □ 扶養控除等申告用紙
- □ 身元保証書
- □ 雇用契約書
- □ 入社誓約書
- □ 健康保険被扶養者移動届

自分で用意する

- □ 免許・資格等の証明書
- □ 健康診断書
- □ 住民票記載事項証明書

必要書類は
企業によって
異なるので、
企業からの通知を
確認しよう。

16

転職先での姿勢

スキルを発揮できる環境作りを

不安があるのは当然 職場を理解する姿勢を

念願の企業に入社できても、喜びばかりではありません。入社後しばらくは「職場になじめるだろうか」という不安を抱く人がほとんどのようです。

ただ、初めての職場で不安を感じるのは当たり前のこと。**自分がそのポジションにいる意味や目的意識をしっかりともち、前向きな姿勢でいましょう。**

また自分の能力を発揮する環境を作るためにも、**周囲の人とのコミュニケーションが大切。**まずはハキハキとした挨拶、笑顔で接するようにしましょう。また、わからないことがあれば積極的に聞くようにするとよいでしょう。

転職後1カ月以内が最も不安

転職経験者へのアンケートによると、約9割の人が転職後1カ月以内に不安を感じていたという結果になりました。人間関係や仕事、雰囲気も含め、「新しい職場になじめるか」の不安が大きいようです。

［Q 転職後、不安に感じていた時期は？］

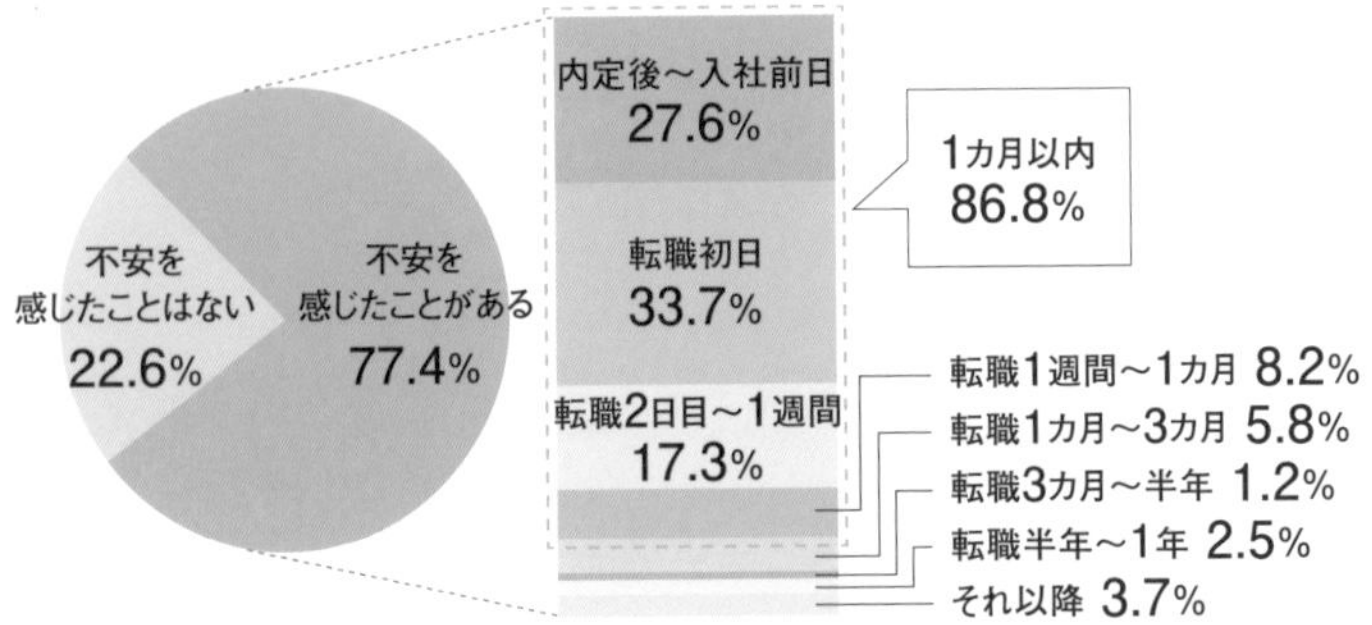

［Q 何に不安を感じていたか？］

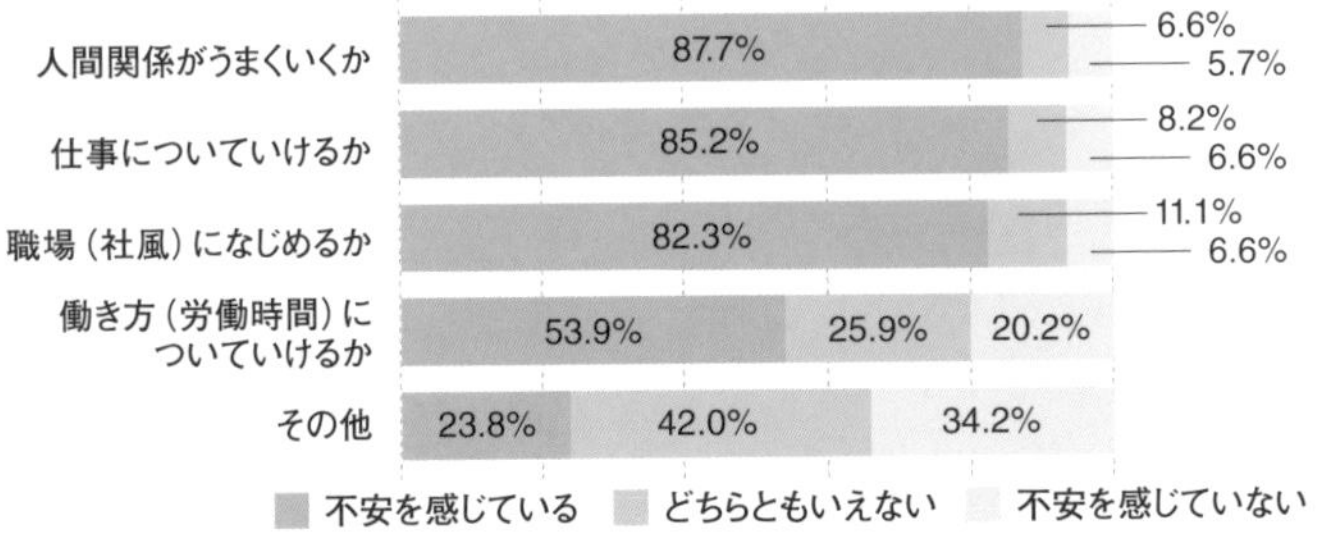

出典：doda転職経験者アンケート調査（https://doda.jp/guide/naiteitaisyoku/syokuba/）

転職直後に心がけること

新しい会社の人間関係やルールに慣れて成果を出すためには、どんなことをするとよいのでしょうか。よい例と悪い例を見ていきましょう。

OK / NG

● コミュニケーション

OK

○ 挨拶をする
○ 名前を早く覚える
○ 自分から話しかける
○ 笑顔で接する
○ ハキハキとした話し方、ふるまい
○ ランチに誘われたら積極的に応じる

NG

× 話しかけてくれるのを待つ
× 指示を待つ
× 人の話を聞かない
× 挨拶をしない
× 声が小さい
× 人と目を合わせない
× ランチなどの誘いを断る

● 新しい職場のルール

OK

○ マニュアルを見たり、人に聞いたりする
○ 忘れないようメモをとる
○ 早く慣れるように努力する
○ やりにくく感じたら、ほかの人の意見を聞く

NG

× 慣れる努力をしない
× 前の職場でのやり方を通そうとする
× 何度も同じ間違いをする
× メモをとらない

● わからないことがあった場合

OK

○ まずはマニュアルなどを調べる
○ 積極的に人に聞く
○ 要点をまとめてから質問する
○ メモをとり、何度も聞かなくて済むようにする

NG

× わからないところがあっても調べない
× 人に質問するのは恥ずかしいと思ってしまう
× 人に何度も同じことを聞く
× メモをとらない

● 出社、退社時間

OK

○ 初日は余裕を持って準備し、遅刻しないようにする
○ 遅刻したら謝り、次からは気をつける
○ 人より先に帰る場合は「手伝うことはありますか？」と確認する

NG

× 自分の都合で早く出社したり、残業したりする
× 残業している人への気遣いなく先に退社する
× 遅刻を繰り返す

［ 転職初日の挨拶・自己紹介の例 ］

今日からお世話になります、○○です。出身は△△県です。趣味は食べ歩きです。おいしい店の情報ならまかせてください。前職では○○業界で○○の職務についていました。会社に早く慣れて、一刻も早くみなさまの戦力になれるように努力しますので、ご指導、ご鞭撻お願い申し上げます。

転職
チャネル
活用術

出会いのルートはさまざま 自分にとって最適なルートとは？

転職活動するには、個別の求人に応募するだけでなく、エージェント経由、知人の紹介などさまざまなルートがあります。自分のニーズに合った転職先を探すのには、どんな方法が最適なのか迷う人も少なくありません。そこで、転職経験者にそれぞれのチャネルを使ってみた感想を、採用担当者にはアドバイスをお話いただきました。

転職活動の基本が学べる エージェントが心強かった

——皆さん転職エージェントを利用されたそうですが、きっかけは？

中西　最初の転職のときは、知識不足で手探り状態だったので、まずは基本的な情報を得るためにエージェントに登録しました。

　中途採用の場合、ポテンシャルが重視される新卒採用と違って、どれだけ即戦力になれるかが重視されるということもこのとき学びました。

石川　私も、社会人3年目で最初の転職を考えたとき、そもそも世の中にどんな職種があるのかも把握できていない状態だったので、エージェントを通して知識を広げたいと思い登録しました。

鷹取　自分は、新卒で教員を希望していましたが、途中で一般企業への就活に切り替えたため、時間に余裕がなく、情報不足のまま進んでしまいました。その反省から、転職ではプロのアドバイスをもらいながら情報を精査しようと思いました。

大森　自分は転職先をＩＴエンジニアに絞っていたので、知人から教えてもらったＩＴエンジニア専門のエージェントに登録しました。効率よく自分の希望する求人に出会えると思ったからです。

齋藤　私の場合は、いろいろなエージェントがある中で、子育て中の自分のニーズに合うかという視点で見ていました。たまたまネット上でワーキングマザーを対象にしたエージェントを見つけて、柔軟な働き方でコアな業務に携われる求人を紹介してもらえる可能性があると思い登録しました。

——エージェントを活用してみて感じたメリットは？

中西　即戦力が求められる転職市場では自分の強みを明確に示さなければなりません。カウンセリングを通してそれを整理できて、どのようにアピールするかの指導も受けられたおかげで安心して採用プロセスに臨めました。

石川　最初は自分のキャリア形成について不安があったのですが、担当者に相談していくうちに、自分はどんな仕事がしたいのか、どんな方向に進みたいのかがどんどん明確になっていきました。勤務地の移動も考えていたので、それも含めて経験豊富な第三者の視点でアドバイスがもらえたのは安心材料になりました。

鷹取　エージェントの担当者と一緒に自分の経歴を分析してみて、自分でも気づいていなかった強みである粘り強さや環境適応力に気づかされました。そうした強みが生かせる求人を紹介してもらうこともできて、選択肢が広がりました。

齋藤　担当者も同じ立場のワーキングマザーだったこともあり、生活リズムの回し方に至るまで何かにつけ安心して相談できました。結果、希望していた条件に近い、出勤とリモートワークの組み合わせで対応できるポジションで採用が決定し、仕事の質を担保しながら家庭生活も回せる環境が整いとても満足しています。

——逆にデメリットは感じましたか？

中西　内定をもらってから決断するまでの時間がもう少しほしかったと思います。急かされている感がありましたね。

石川　同感です。自分は家族や友人に相談して不安を解消できましたが、

TALK MEMBER

パーソルキャリア株式会社

あなたの転職ルートは？

求人広告

石川 未寿稀さん

営業担当。金融業界の営業からの転職。

リファラル

大森 勝平さん

サイト開発・運営に従事。システム開発会社のエンジニアからの転職。

ダイレクトリクルーティング

鷹取 大輝さん

営業担当。商社営業、IT会社人事を経て現職に。

エージェント

齋藤 輪希子さん

内勤営業。保険会社のテレマーケティングからの転職。

直接応募（再入社）

中西 健太さん

転職支援に従事。商社、人材業界での営業からの転職。同社へは再入社。

採用担当

中村 友香さん

新卒および中途採用を担当するエグゼクティブマネージャー。

これから長く働いていく会社を決めるには、じっくり考えたかったです。

大森　自分は知人経由での話も同時に進めていて感じたのですが、エージェントから伝わってくる候補の職場の情報はネガティブな部分がカットされている気がしました。すべてオープンに知りたい場合はその会社で実際に働いている人の話を聞いてみたほうがクリアにわかるなと思いました。

――採用側の立場からエージェントを活用するメリット・デメリットについて教えてください。

中村　皆さんがおっしゃるように、プロのアドバイスは有効です。ご自身のキャリアを客観的に整理し、どの企業が自分に合っているかを判断するのは思ったより難しいです。一人ひとりに合った情報を精査した上で求人を紹介してもらえることや、面接でのアピールの仕方などを指導してもらえることは大きなメリットです。

　さらに給与、その他の条件の交渉など、会社と個人とでは話しにくいセンシティブな事項について、エージェントが間に入って調整してくれるのも利点です。

　一方で、エージェントと相手先企業との関係性が情報量や選考スピードに影響することがあったり、なるべく早く企業の採用・転職支援の成功に導きたいという心理が働きがちなのも事実。応募者側からすると決断を急かされたと感じることもあるかもしれません。

全般的な動向を把握するのに求人広告が役立った

――求人広告はどのように活用されましたか？

中西　エージェントと並行して求人広告も見ました。自分の興味がある業界・職種で絞り込み、さまざまな情報を確認しました。エージェントは内定につながる可能性のある情報を絞り込んで紹介してくれますが、それ以外にも業界全体の一般的な状況を把握するのに求人広告はよいツールとなりました。

　ただし、広告にはよいことしか掲載されていないということも心得ておくべきと思います。

石川　エージェントから紹介される以外にどんな企業があるのか、自分の希望職種の収入の相場はどうかなどについて情報が得られるので、自分の軸を定めるにも有効です。

齋藤　私も世の中を知るという意味で求人広告を活用しました。視野を広げるという意味では利用価値があったと思います。

　ただ、絞り込み検索しても大量の情報が出てきてしまって、見れば見るほど違いがわからなくなるということもありました。

鷹取　求人広告に掲載されている情報を整理していくと、希望職種についての全般的な状況や自分の市場価値も見えてくると思います。

――求人広告とエージェントを並行して活用する方が多いようですが、賢く使い分ける方法はありますか？

中村　確かに求人広告は、掲載されている情報のすべてに目を通すことができて、ご自身の目指す業界や職種の全体的な傾向を把握するのに役立つと思います。

ただ、漫然と見ているとあまりにも多くの情報が入ってきてしまって逆に整理しづらいかもしれません。自分なりに大事にするポイントを決めて取捨選択の目を持って臨むのがおすすめです。いろいろなサービスがあってどこを使おうか迷われると思いますが、あえて言うのであれば求人広告とエージェントの両方の機能をもつサービスをおすすめします。なぜかというと、エージェントのみを利用する企業、求人広告のみを利用する企業もあるからです。両方の機能をもつサービスなら、幅広い情報収集と個人のニーズに沿った精査された情報の取得とを同時並行で進められます。

目当ての企業の求人に直接応募する方法も

――エージェントなどを介さずに、直接企業に応募しましたか？

中西　3回目の転職では、以前に在籍していた会社が求人していることを知り応募しました。すでに内情を知っている安心感もあったのと、エージェント経由のようにたくさんの連絡メールが来ることもないので落ち着いて転職活動に臨めました。

一方で、年収などの条件の交渉を自分でしなければならないのは、負担に感じました。ただ、自分の場合過去にキャリアアドバイザーを経験していたこともあって、正当な主張はしっかりした方がよいこともわかっていたので、そこは不要な謙遜はせずに臨みました。

鷹取　エージェントなど外部委託を介さない直接応募は、企業にとってコストも軽減できてより多くの選択肢と出会えるのではないか、という考えで動いてみたことはあります。ただ、相手先企業の情報を集めたり、求められる人材像と自分のスキルとのすり合わせをしたりなど、必要な準備を自分でするのは難しかったという印象です。

齋藤　私の場合は、直接応募するという概念がありませんでした。でも、

パーソルキャリア株式会社が運営する転職サイトのサービス内容

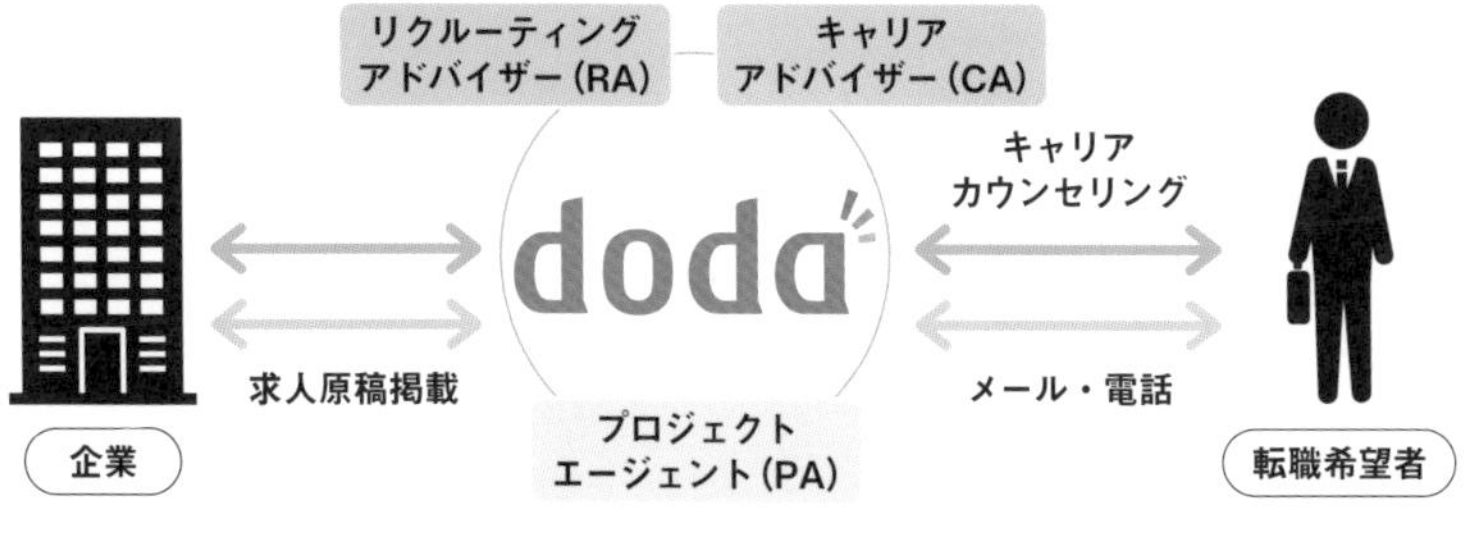

RAが企業から求人情報を預かり、CAがキャリアカウンセリングを実施した上でマッチングを行う。並行して、PAは企業の募集求人に合った人材を検索し紹介する。

経験者のお話を聞いてみて、志望する企業が明確になっているなら、自分で調整すべきことが多くて大変でも、直接応募する価値はあると思いました。

――企業の求人に直接応募する際、気をつけることはなんでしょうか？

中村　エージェント経由ならば、初めて出会う企業であっても担当者から詳しい情報が得られるのに対して、直接応募の場合、応募者は、自分で企業の情報を調べなくてはならないので、負担は大きいと思います。目当ての企業で実際に働いている人の話を聞くなど、事前の準備が大切ですね。

　給与などの条件の交渉も個人と企業が直接やり取りすることになるので、意思表示をあいまいにせず、コミュニケーションをしっかりとって建設的な関係を築く努力が必要です。

　一方、採用する企業からするとエージェントなどを介さず、自前で人材獲得できればコストも抑えられて理想的です。ただ、1次的なスクリーニングがない分、多様な人材が応募してくる可能性が高くなります。多様な人材と出会うのはメリットである一方、選考に時間がかかるという側面もあるでしょう。

知人の紹介は安心感があり ミスマッチが少ない

――知人の紹介によるリファラル採用の経験はありますか？

大森　自分が転職の際、優先したのは、リモートワークの環境が自分の希望と一致するかでした。ＩＴエンジニアに特化したエージェントの支援も活用しつつ、転職先を探していたとき、友人が働いている会社でエンジニアを募集していると教えてもらいました。最初は話だけ聞いてみるくらいの気持ちでしたが、調べていくうちに業務内容もリモートワーク環境が整っているという点でも自分に合っているとわかって、入社を決めました。

――リファラル採用のメリットはどんな点ですか？

大森　その会社で実際に働いている友人から、労働環境や職場の雰囲気に至るまで細かい事情について話が聞けたので、安心材料になりました。また、社員の紹介ということで、会社から見ても信頼できる人材と評価されたこともありがたかったです。採用する側もされる側も、お互いに信憑性の高い実態が伝わりやすいと思いました。

　給与についても、友人から基準となる年収体系について聞いていたので、安心して交渉に臨めました。

鷹取　自分は経験ないですが、リファラル採用を利用した友人から、入社前に抱いたイメージと実際に働いてみた後のギャップが少ないとの意見を聞きました。

齋藤　信頼できる人からの紹介であれば、率直な意見を聞けて、さまざまあるルートの中でも一番安心感があると思います。自分ももし紹介してくれる友人がいれば活用したいと思いました。

石川　実際に働いている人から、建前だけでなく本音も聞けた上で動けるという点でも、よい方法だと思います。自分も今後チャンスがあれば活用したいです。

パーソルキャリア株式会社のリファラル採用事例

パーソルキャリア株式会社には、社員自らが一緒に働きたい友人や知人をリクルートするというリファラル採用制度が設けられている。

――逆にデメリットはありましたか？

大森　友人の紹介とはいえ、個人の感覚や価値観は人それぞれなので、その職場が自分に合うかどうかは自分が判断することです。吟味せずに決めてしまうと後味の悪い結果になりかねないので、疑問があれば事前にしっかり解消することが大切だと思います。

――リファラル採用は採用側からもメリットが大きいのでしょうか？

中村　はい。リファラル採用は、皆さんがおっしゃるようにミスマッチが起こりにくく、また入社後、長期間にわたり活躍し続ける方も多いというのが利点です。「信頼できる紹介者の推薦」というお墨付きがある時点で、多くのハードルを乗り越えているわけですから、安心感があるのは当然です。お互いに情報をオープンにした状態で採用プロセスを進めていくことができるので、スムーズに進む確率が高いですね。

応募者の側から見ても、求める業務内容や待遇と違っていたなら当然断る権利はあります。デメリットをしいて言うならば、断るときに紹介してくれた人に申し訳ないと感じる方もいらっしゃるということでしょうか。

――皆さんのさまざまな経験をお聞きしましたが、自分にとって最適なチャネルを活用して満足できる転職先に出会うための心得は何でしょうか？

中村　いずれのチャネルを使うかは、ご本人しだいですが、少なくとも知識と視野は広くもったほうがよいと思います。情報源を限定しすぎず、自分からいろいろな人に話を聞いてみるとよいですね。

また、少しでも疑問があったらそのままにせず、しっかり質問して疑問を解消するのがよいです。これから長く働いていく職場になるわけですから、企業側とのコミュニケーションは密にとって、お互いに信頼感を醸成しながら先に進むことをおすすめします。

人事のプロに聞く！

転職のお悩みQ&A

Q まったくの異業種・異職種への転職、どうしたらよい？

異業種・異職種への転職を考えています。年齢的にもその業種に行くならばあと1～2年が勝負だと思っており、チャンスを逃したくありません。一方せっかく積み上げてきたキャリアを一から積みなおすことに対して本当にこれでよいのか不安があるのも事実です。どう考えればよいでしょうか？

（33歳・男性・会社員）

A 異業種・異職種に限らず、転職を考える際には、目先の変化だけでなく「その転職があなたのスキル形成にどんな変化を及ぼすのか」「本当に納得のいくキャリア形成につながるのか」という観点を合わせて考えてみるとよいでしょう。
スキルとは、2つの観点で分類されます。1つ目は、「ポータブルスキル」といういわば社会人基礎力のようなスキルです。これはどのような職場であっても使えるスキルのことで、例えば課題設定力や利害調整力などを指します。2つ目は、業種（または職種）毎に必要な「テクニカルスキル」です。これは業務を遂行するために欠かせない専門的な知識や技術・能力・資格のことを指します。
異業種・異職種への転職において大切なのは、ポータブルスキルです。あなたが今の職場で身につけてきたポータブルスキルは、必ず次の職場でも生かすことができるでしょう。転職後に重要なのは、新しいことに興味をもち学ぶことです。ポータブルスキルを発揮しながら学び続けていくことこそが、新しい環境でより早くテクニカルスキルを身につけていく最良の手段にほかなりません。
また、何が起こるかわからないこの時代、これまで積み上げてきたあなたの資本（=キャリア）はひょんなところで活用できる場が必ずあるはずです。必要以上に不安にならず、まずは行動してみることをおすすめします。

（39歳・女性・人事コンサルタント）

Chapter 4 辞め方の基本

転職にあたって現在の会社をどのように辞めるかは
今後のキャリアに大きく影響します。
退職後もつながり続けられる「辞め方」を心掛けましょう。

01

退職とはどんなもの？ よい「辞め方」を目指す

退職は特別なことではなくなっている

かつての終身雇用のイメージをもつ世代からすると、「退職」は一大事に感じるかもしれませんが、もはやそこまで珍しいことではなくなっています。厚生労働省の調査によると、**被雇用者の離職率はここ15年くらい15%前後で推移**しています。

離職理由は自己都合が76・6%と最も多く、その内訳（複数回答）を見てみると「労働条件がよくなかったから」28・2%、「満足のいく仕事内容でなかったから」26・0%などが上位を占め、**より満足度の高い仕事を求めて転職を考える人が増えている**様子が見えてきます。次のステップで力を発揮するためにも、よい辞め方を心がけたいものです。

離職率の平均は14〜15%

2022年の離職率を就業形態別に見ると、フルタイム労働者が11.9%、パートタイマーが23.1%。業種別では「宿泊業，飲食サービス業」が26.8%と最も高く、次いで「サービス業」が19.4%となっています。

離職率とは

ある時点で企業に勤めていた従業員のうち、一定期間内にその企業を離職した人の割合。

［入職率・離職率の推移］

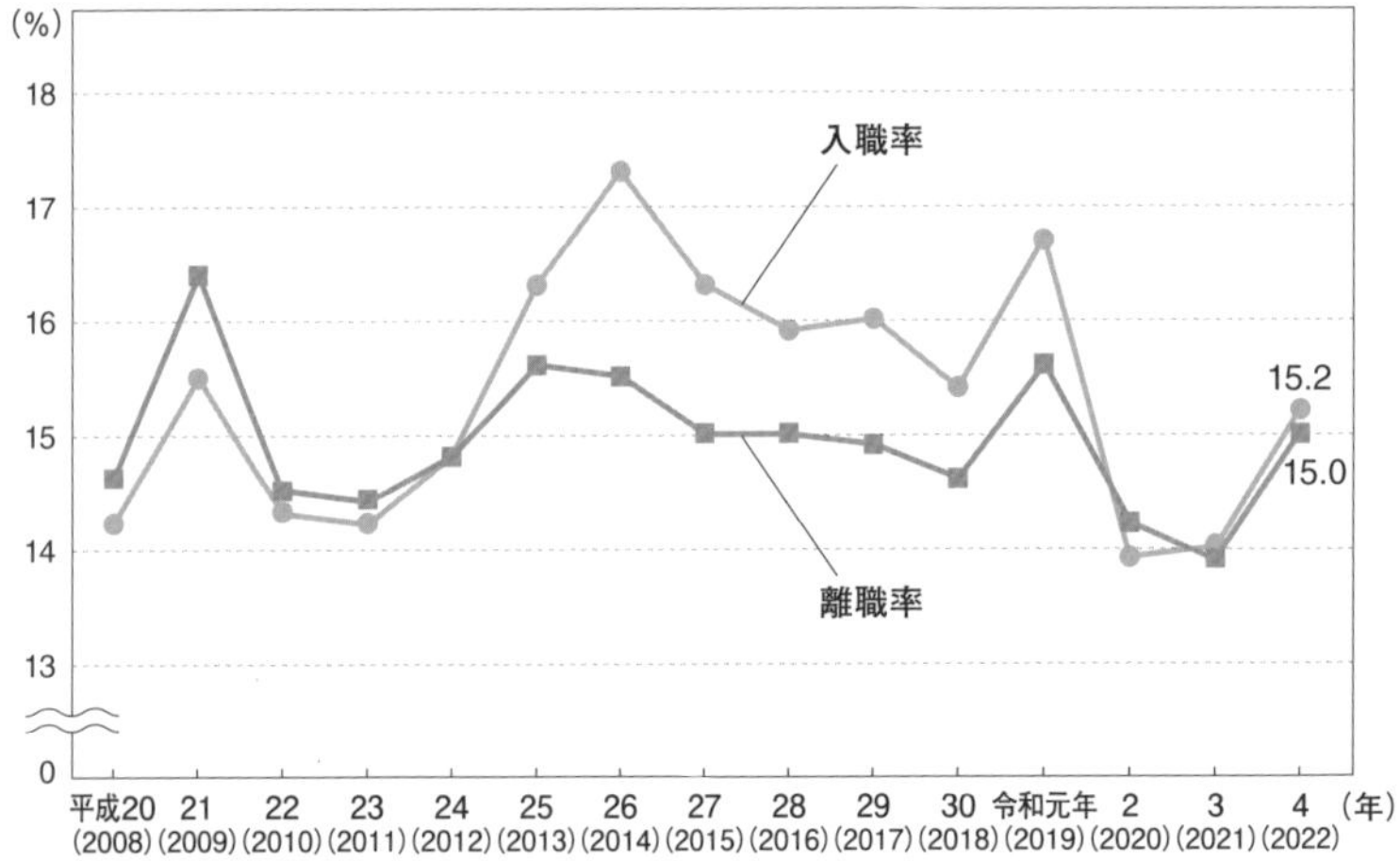

出典：厚生労働省「令和4年雇用動向調査」

退職理由の8割近くが自己都合

退職の理由は、契約期間終了や雇用者側の都合などによる都合を除くと8割近くが自己都合によるものです。年齢別で見ると、若い世代ほど自己都合による離職の割合が高いことがわかります。

[離職理由]

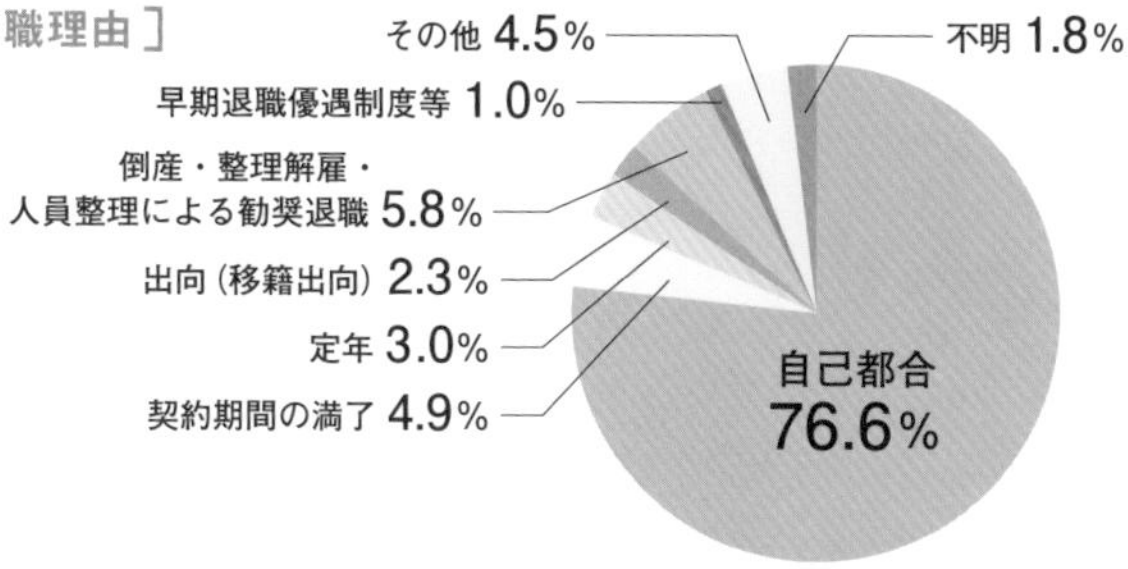

[年代別の離職理由]

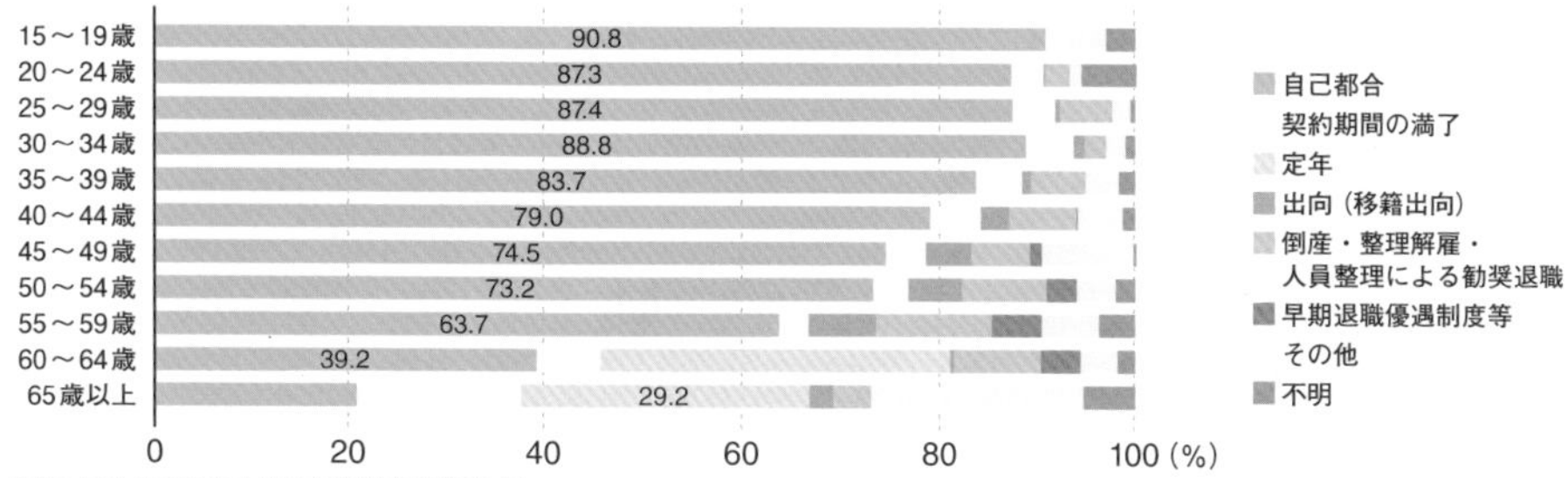

出典：厚生労働省「令和2年転職者実態調査」

条件や仕事内容に関する退職理由が多い

自己都合の中身を見てみると、労働条件、仕事内容、給与などに対する不満が上位に入っています。より自分に合った条件を求めて求職活動する人が多いことが見て取れます。

[自己都合退職の理由]

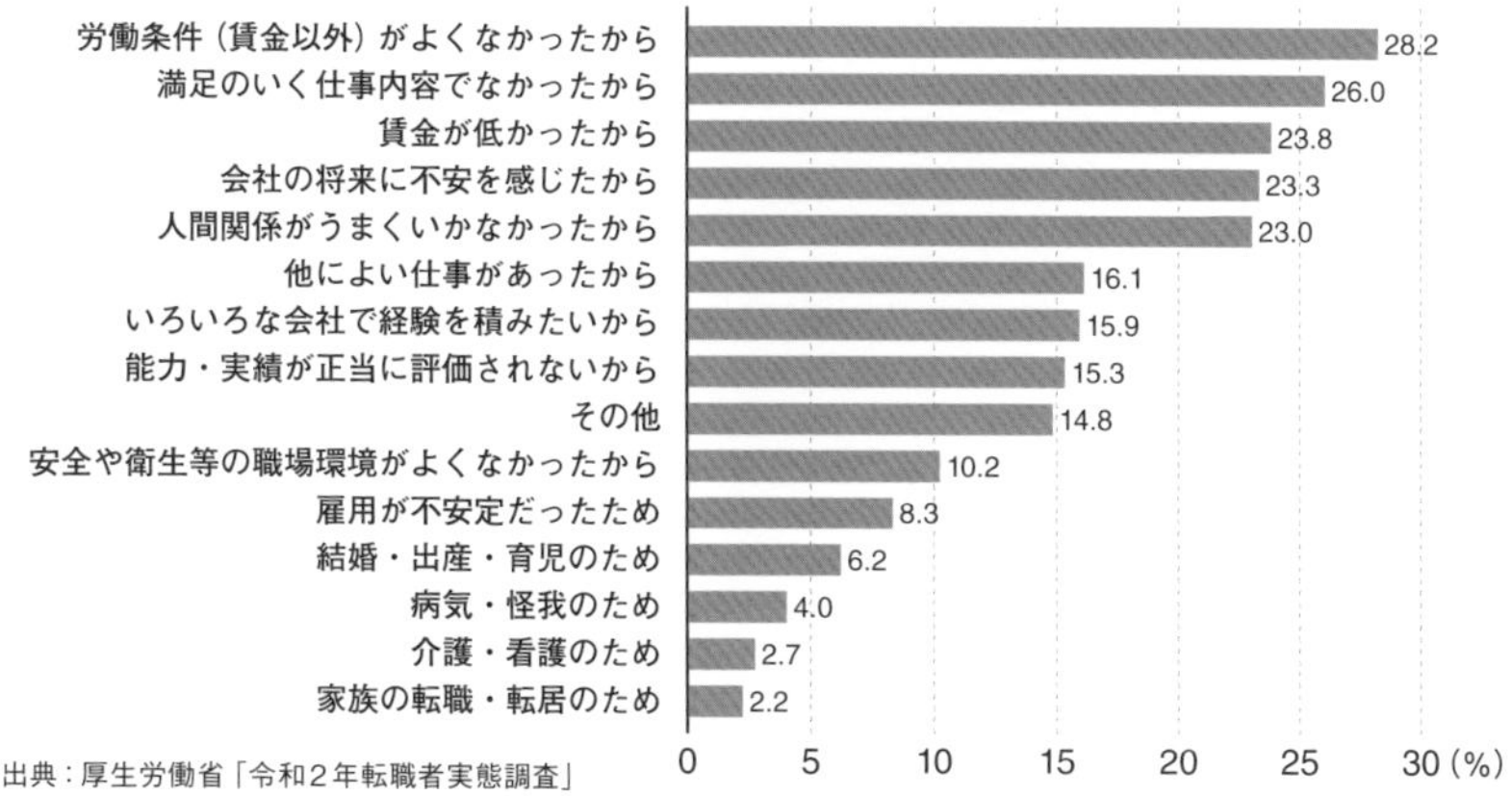

出典：厚生労働省「令和2年転職者実態調査」

02

退職に対する意識変化
退職者は「裏切り者」!?

かつて企業が社会人教育を担っていた

「会社は辞めてはいけないもの」と、自らを現職に縛りつけている人もいるのでは？　そのような心理が働く背景には、第二次世界大戦後の、日本の経済発展の歴史が深くかかわっています。戦後の復興期、若い労働力を大量に採用し、社会人として必要な要素の教育を実質的に企業が担いました。**戦力となる人材を育てる先行投資**です。社員はその恩義に報い、定年まで会社に身を捧げることが暗黙の了解となっていたのです。そのような風土では、中途退職者は裏切り者とされがちでした。

ただし、それは過去の話。**終身雇用が標準ではなくなりつつある**現状を見てみましょう。

終身雇用が標準的とは言えなくなってきている

大卒または高卒後に就職した会社に継続して勤務している、いわゆる生え抜き社員の割合を見ると、長期的には低下傾向にあり、終身雇用が標準的と言えるほどではないことがわかります。

［ 生え抜き社員割合の推移 ］

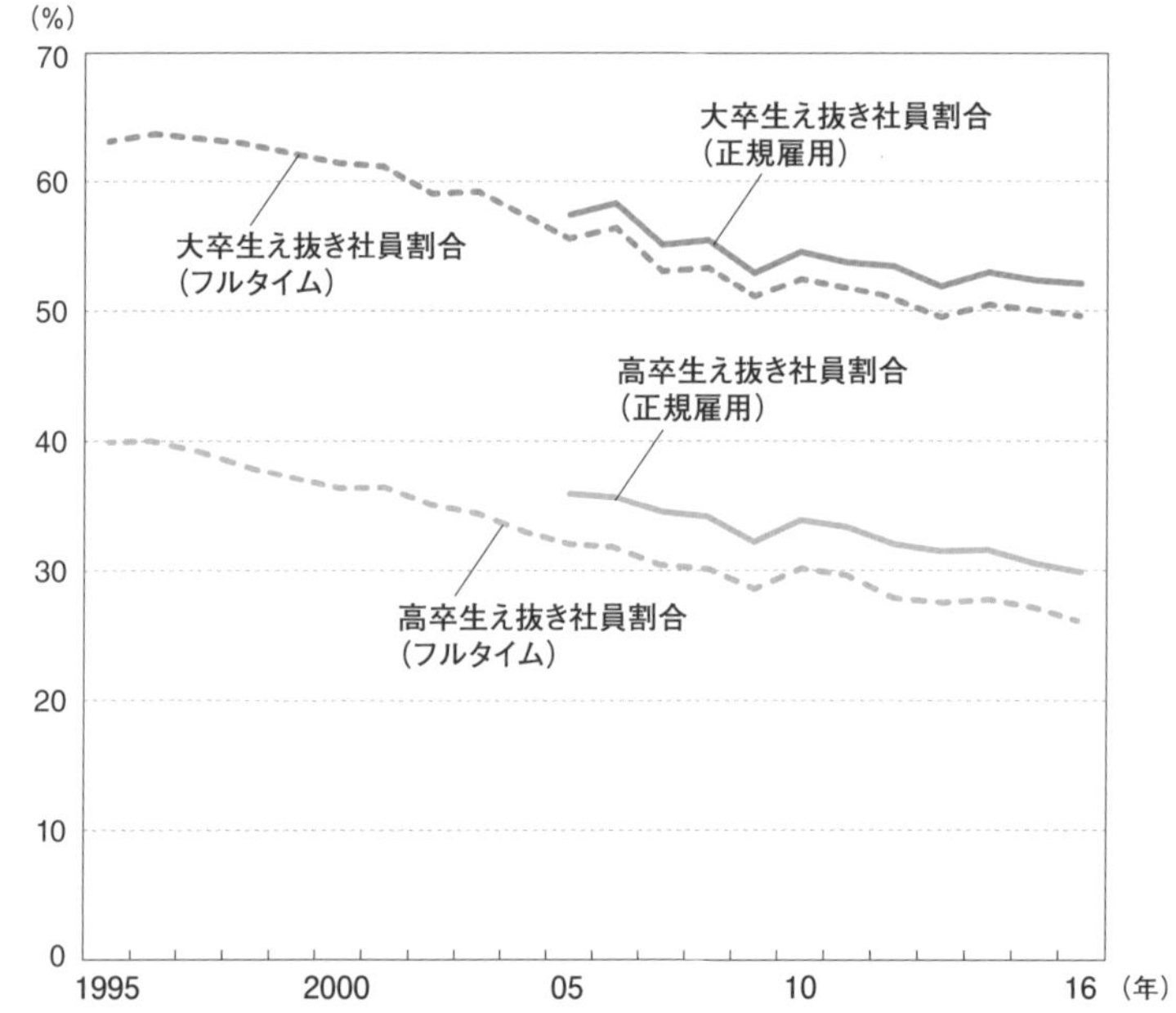

（備考）
1. 厚生労働省「賃金構造基本統計調査」を職業安定局雇用政策課において特別集計して作成。
2. 生え抜き正社員の割合は、60歳以下のフルタイム又は正規雇用者に占める割合をさす。
出典：厚生労働省「我が国の構造問題・雇用慣行等について（平成30年6月29日）」

長期雇用は会社との強い心理的結びつきからくる

終身雇用は法的に約束されたものではありません。雇用契約は時代や社会状況とともに変化していくものであり、何十年も先のことまで保証するのは難しいためです。

雇用する側と雇用される側
双方に存在する「暗黙の期待」

||

心理的契約

労使の信頼関係を重視する
日本の企業文化の中では
特に「心理的契約」が強く働くとの
見方があります。

変わる日本人の意識

内閣府の調査によると「転職はすべきではない・しない方がよい」と回答した者は全体の20%以下。人的資本経営（P.34参照）を背景に確実に時代は変わりつつあります。

［転職に関する意識］

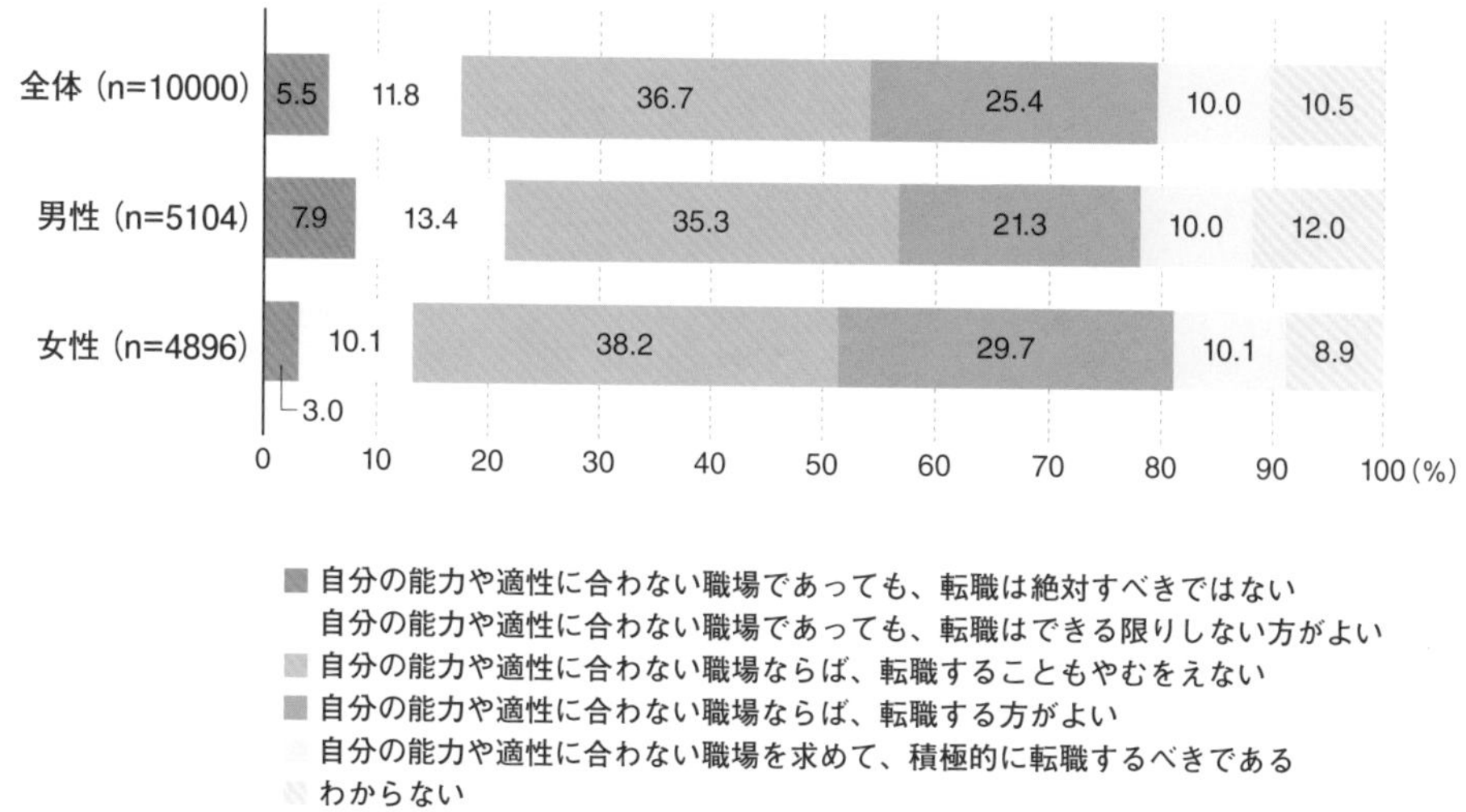

出典：内閣府「平成30年版子供・若者白書」

03

問われる辞め方の善し悪し

退職後もキャリアは続く

気持ちのよい辞め方が新たな縁をつなぐ

会社を辞めたからといって、つながりがまったくなくなると思うのは間違いです。転職先の業界が同じかどうかにかかわらず、前の職場の人と仕事でかかわる機会もありえます。

信頼を壊すような辞め方をしてしまったために、顔を合わせづらくなるのは避けたいもの。**去る側も送り出す側も、お互いに気持ちよくありたい**ものです。

退職後も以前の職場の人と良好な関係を維持していると、お互いの仕事に役立つ情報の交換ができたり、再雇用のチャンスが生まれたり、**その後のキャリアにとってもメリットが大きい**との声を聴きます。退職の際の心得を知っておきましょう。

辞め方の善し悪しが後の関係に影響する

民間の人材サービス会社の調査結果から、辞め方がその後の人間関係に影響することが見えてきます。良い辞め方をした人とは91.6%が辞めた後も交流があると回答したのに対して、不快な辞め方をした人との交流は36%にとどまります。

Q1 同僚が退職する際に、その人の辞め方に不快な思いをしたことはありますか？

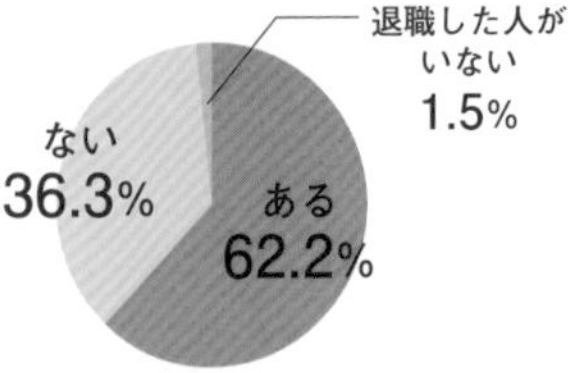

Q2 不快な辞め方をした人の中に、現在も交流がある人はいますか？

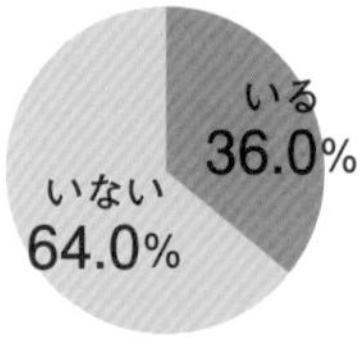

Q3 同僚の中に「良い辞め方をした」と思えた人はいますか？

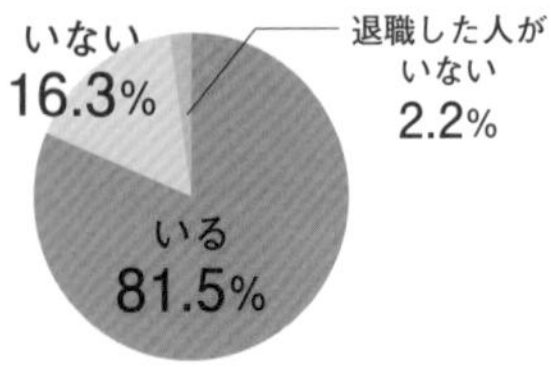

Q4 良い辞め方をした人の中に、現在も交流がある人はいますか？

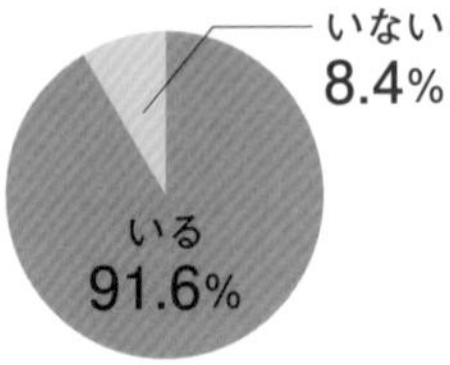

出典：アルムナビ（https://alumnavi.com/survey-2/）

辞め方が原因で退職者への印象が悪くなったと回答した人は79.8%いたよ。

よい辞め方・悪い辞め方

退職者を送り出す側の意見として、不快な辞め方の印象をもった代表例は「引継ぎが不十分・なかった」です。理由をきちんと説明し、丁寧な引継ぎができる十分な時間的余裕をもって伝えることが肝心です。

①退職理由

Good

- ○ キャリアアップのため
- ○ 夢の実現（進学、独立、起業など）
- ○ 個人的事情（転居、家族の事情など）

Bad

- 一方的な人間関係への不満
- 自分は努力せず周りのせいにする

②伝えるタイミング ➡P166参照

Good

- ○ 引継ぎに余裕あり
- ○ 遅くとも1カ月前（もっと余裕があるとなおよい）

Bad

- 引継ぎに余裕なし
- 2週間切っての申し出

③引継ぎ ➡P170参照

Good

- ○ 後任者に配慮して丁寧に説明
- ○ マニュアル化
- ○ 取引先と後任者をつなぐ

Bad

- きちんと説明しない
- 投げやり
- 取引先に挨拶なし

押さえておきたい

退職者コミュニティで情報交換

IT系の会社に10年勤めた後、別の業界も経験したくて保険業界に転職したNさん。退職後も元いた会社の提供する退職者のコミュニティ「アルムナイ・ネットワーク」に参加し、定期的に元の会社や退職者同士で交流や意見交換をし、人脈づくりや復職の機会づくりに活用しています。

［アルムナイ・ネットワークについての情報収集はこちらから］
退職で終わらない“企業と個人の新しい関係”を考えるメディア「アルムナビ」
https://alumnavi.com

Nさん

早めの申し出・理由の説明しっかり引継ぎがポイント

退職するなら円満に事を運びたいものです。具体的にはどのようなことに注意すべきなのでしょうか？

転職経験者を対象にした調査によると、円満退職に必要な要素は1位「早めに伝える」、2位「日ごろの人間関係」、3位「納得できる退職理由を用意」、4位「しっかり引継ぎする」、5位「会社の不満や愚痴を言わない」でした。どれも至極まっとう。**日ごろから上司や同僚とコミュニケーションをしっかりとって信頼関係を築く**ことや、誠意をもって対応することが大切だとわかります。もし、実践できていないなら、今日からでも始めましょう。退職を決意したときには早めに伝え、余裕をもって引継ぎできるように段取りましょう。**後を引継ぐ人が困らないように、段取りすることが大切**になります。

退職のメリット・デメリット

キャリアの道筋は一人ひとり違って当たり前。それぞれの描く将来像に向かう道のりの中で、退職・転職を選ぶ場面もあるでしょう。後悔しないためにも、冷静にメリット・デメリットを整理して考えましょう。

メリット

- (現職にストレスを感じていた場合)ストレスの軽減
- 新たな出発へのリセット
- プライベートの時間が増える

デメリット

- 収入が減るまたは途絶える
- 希望に沿った新しい仕事が見つからないリスクがある

相手の視点に立って
「気持ちのよい辞め方」を
考えてみるといいよ。

気持ちのよい退職の鉄則は相手の視点で考えること

直前に退職の意思を伝え、引継ぎに十分な時間が取れないとしたら、どうなるでしょう？　残った同僚たちに混乱を招きかねません。最も大切なのは、退職が決まったら早めに関係者に伝え、スムーズに引継ぎできるように段取ることです。

● 円満退職する方法・コツ

1位	早めに伝える
2位	日ごろの人間関係
3位	納得できる退職理由を用意
4位	しっかり引継ぎする
5位	会社の不満や愚痴を言わない
6位	最後まで仕事の手を抜かない
7位	正直に話す
8位	会社の都合を考慮する
9位	普段の勤務態度
10位	退職の挨拶をする

出典：株式会社ビズヒッツ「円満退職に関する意識調査」

気持ちのよい退職のための土壌作り

気持ちのよい退職を実現するには日ごろからの仕事ぶりで信頼を得ることが大切。そのために下記のことを日常的に心がけておきましょう。

- 上司とよく
コミュニケーションを取る
- 会社に関する不平・不満を
周りに言わない
- 周囲から信頼される
仕事の成果を出す
- 自分だけで
仕事を抱え込まない
- 社内で信頼できる
人脈を築く

退職代行は安易に使わないように。
あなたが積み上げた信頼を
一気に損なう恐れがあるよ。

04

辞めた後も続く関係 送り出す側（会社側）の心構えや作法

向き合い方しだいで関係性が変わる

会社側の視点も見てみましょう。退職する社員の側に言い出しにくい気持ちがあるように、送り出す側にも立ち入ったことを聞きづらい心理も働きます。とはいえ、できるだけその後も良好な人間関係を保ちたいもの。双方にとって大きなメリットとなる可能性もあります。

そこに着目して退職者（アルムナイ＝同窓生を意味する英語）をネットワーク化して継続的にプラスの関係を構築しようとする企業も現れています。こうした動きは、在籍中の社員には一人ひとりのキャリアを会社が認めてくれていると実感でき、会社との信頼関係構築につながります。

退職時の面談で想いを引き出す

転職経験者を対象にした民間人材サービス会社の調査によると、退職時の面談の際に、退職者が退職後も元いた会社へポジティブな感情をもち続けるために上司の行動として重要なのは「想いの引き出し」「歓迎の意思表示」が挙げられます。

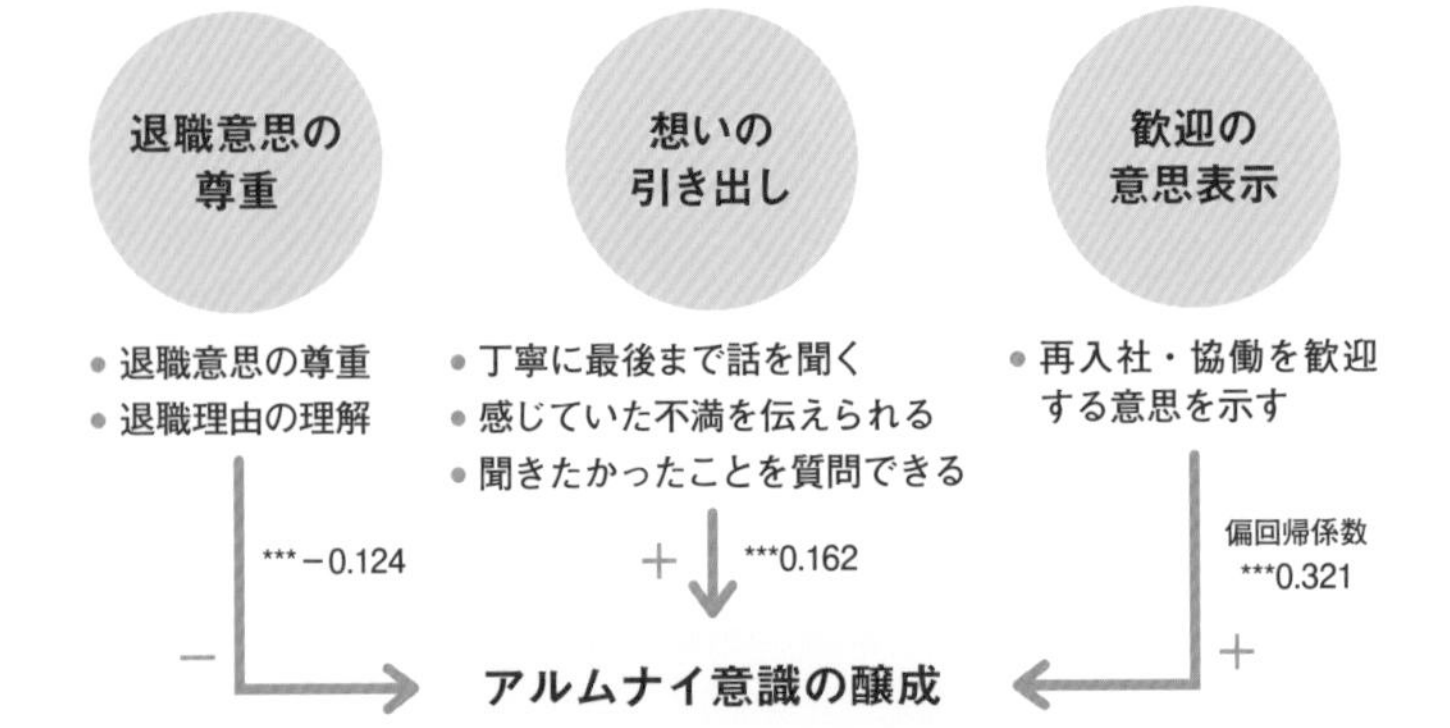

出典：パーソル総合研究所『機関紙HITO特別号 HITO REPORT Vol.9』

■重回帰分析
統制変数｜年齢・性別・未既婚・子供・業種
調整済R2乗値：0.143　サンプル数：n=2,000
***：1%水準で有意　**：5%水準で有意

「アルムナイ意識」とは、
退職する会社やそこの同僚に
対して離職者が抱く
ポジティブな感情のことだよ。
アルムナイ意識が高い離職者は、
退職後も元の会社と良好な関係を
築くことが多いんだよ。

上司の対応としては、「退職意思の尊重」が前提にあった上で「退職者の話を丁寧に聞いてくれた」など「退職者の想いの引き出し」を重視していること、さらに、将来戻ってくる可能性を視野に入れて「歓迎の意思」があることが伝わるほど、退職者は会社に対して母校愛的な「アルムナイ意識」をもつ傾向にありました。

よい送り出し方、悪い送り出し方

退職者を気持ちよく送り出すためには、正しい心構えや姿勢で接する必要があります。誤った態度をとってしまうと、退職後の関係が悪くなる恐れもあるため、注意しましょう。

Good

- 本人の意思を尊重する
- 会社や業務に対する本人の想いを聞く
- 未来志向で関係を継続する

Bad

- しつこく慰留する
- 事務的な手続きだけで話を聞かない
- 退職がわかった途端に態度を変える

退職者を適切に送り出すメリット

復職の可能性を残す

将来、状況が変わって復職する可能性が出たときの有力な候補者となりえます。

社内事情を知る人材としての可能性

退職者は業務に精通し社内事情も把握している即戦力。業務委託、協業など多様な働き方を通じて、そのスキルや人脈で貢献してもらえる可能性があります。

企業イメージの向上

退職者がSNSなどで、元の職場についてのネガティブな発信をすると大きなダメージになりかねません。退職者とよい関係を保つことでそのリスクを軽減できます。

退職者へ送るメッセージ

退職者へメッセージを送る場合、相手との関係性によって内容は変わります。関係性別に例文を紹介します。

■ 上司・先輩の場合

〇〇さんには、長い間いつも優しく指導していただき、ありがとうございました。
転職後のご活躍をお祈りいたします。
これから寂しくなりますが、どうかお体に気を付けてお過ごしください。

■ 取引先の場合

ご退職されると聞いて驚いております。
長い間のお勤め、お疲れさまでした。
〇〇様にはいつも親身に相談にのっていただき、大変感謝しております。
お会いできなくなるのは寂しい気持ちもありますが、
新天地でのご活躍を心より願っています。

■ 同僚・後輩の場合

いつも仕事の相談にのってくれたり、サポートをしてくれてありがとう！
〇〇さんなら、新しい職場でもすぐに活躍できると思っています。
頑張ってくださいね！
またどこかで一緒に仕事ができることがあればいいね。今までありがとう！

05

退職までのスケジュール

退職を決めてからの流れ

上司への報告・引継ぎ以外にも事務的手続きがある

退職を決めてから実際に退職するまでの流れについて見てみましょう。退職を決めたらまず直属の上司に伝えます。民法では希望日の2週間前までに退職届を提出すれば退職できると定められていますが、会社の就業規則に明記されている場合もあるので、確認しておきましょう。**一般的には1～3カ月前までが目安**です。後任者の手当てや引継ぎを考えたら、**なるべく早めに相談するのが望ましい**でしょう。

上司と相談して退職日を決めたら、社内外の関係者に伝えます。社会保険、健康保険などの切り替えといった公的手続きは、人事部とやり取りして進めます。

余裕をもったスケジュールを

退職の意思表示から実際の退職までの期間には、すべきことがたくさんあります。引継ぎはその筆頭ですが、社会保険や健康保険の切り替えも必要です。それらを理解した上で、余裕をもったスケジュールを立てましょう。

1～3カ月前	**退職の意思表示** 直属の上司に対面で伝えましょう。	➡P166参照
1カ月前	**退職願の提出** 必要かどうかを確認し、書式などは人事に問合せましょう。	➡P168参照
1カ月～3日前	**業務の引継ぎ** 余裕をもってスケジュールを立てましょう。	➡P170参照
2～3週間前	**関係者への挨拶** 関係の深かった相手には直接会って伝えます。難しい場合はメールやはがきでもOK。	➡P172参照
1週間前～当日	**支給物品の返却、片付け** 会社から支給されているもの（パソコン、携帯、制服、社員証など）があれば、返却し、仕事の資料は後任者にわかりやすく整理。私物は残さないようにしましょう。未消化の有給がある場合は上司と相談して日程を調整しましょう。	➡P174参照
退職直後	**退職金の受け取り、公的手続き** 退職金、健康保険、社会保険、税金などの必要な手続きを行います。	

スムーズな
引継ぎのために
早めに伝えてほしいな。

転職活動はいつから始めるのがよい？

前職の在職中から転職活動を始めるか、退職後に始めるか迷うところでしょう。どちらにするかは個人の状況や考え方によりますが、それぞれのメリット・デメリットを知っておきましょう。

● 退職前に始めるメリット・デメリット

メリット

- ○ 収入が途絶えない
- ○ 希望条件に合う転職先が見つかるまで粘れる
- ○ 前職からの慰留を断りやすくなる

デメリット

- ● 面接などのスケジュール調整が難しい
- ● 資格取得やスキルアップにかける時間がとりにくい
- ● 現職の業務がおろそかにならないように注意が必要

● 退職後に始めるメリット・デメリット

メリット

- ○ 面接などのスケジュール調整がしやすい
- ○ 情報収集に十分な時間がとれる
- ○ 資格取得やスキルアップの講座受講などの余裕ができる

デメリット

- ● 収入が途絶える期間が長くなる
- ● 活動がうまくいかないと焦って妥協が生まれやすい
- ● 働いていない間に仕事勘が鈍る可能性がある

退職後に必要な公的手続きと期限

退職後、次の職場に入るまでは会社員ではなくなるので、健康保険、年金など公的な身分の切り替えが必要になります。いつまでにどこに届け出る必要があるのかを事前に把握しておきましょう。

		手続きする窓口	手続きのタイミング・期限
失業給付		住所地を管轄するハローワーク	退職後速やかに ※受給期間は原則として退職日の翌日から1年以内*
健康保険	任意継続	勤務していた会社の健康保険組合または住所地の年金事務所	退職後20日以内 ※期限をすぎると原則受付不可
健康保険	国民健康保険	住所地の市区町村役所・役場の窓口	退職後14日以内
国民年金		住所地の市区町村役所・役場の窓口	退職後14日以内

*病気やケガ、妊娠・出産などですぐに就職できないときは期限延長が認められる

06

退職を決めたら
退職の伝え方・切り出し方

退職理由・伝えるタイミングを慎重に考える

退職を決めたらまず上司に伝えますが、タイミングや話の切り出し方に迷う人も多いでしょう。退職経験者へのアンケートでも、不満があると誤解されるのではないか、慰留されるのではないか、退職理由をどこまで正直に伝えるべきか悩んだという声が多くありました。

まず、上司に面談のアポをとって「突然で申し訳ありませんが退職させていただきたいと思います」と**明確に意思を伝えてから、理由を説明する**ことが大切です。

あくまで**最初に伝える相手は直属の上司**であり、同僚や他部署の役職者などに安易に口を滑らせることのないように注意しましょう。

大多数が１～３カ月前に申し出

退職の意思を申し出た時期は、1カ月前36.6%、3カ月前20.9%、2カ月前17.2%で大多数が1～3カ月前に伝えていることがわかります。

［上司に退職の意思を伝えた時期］

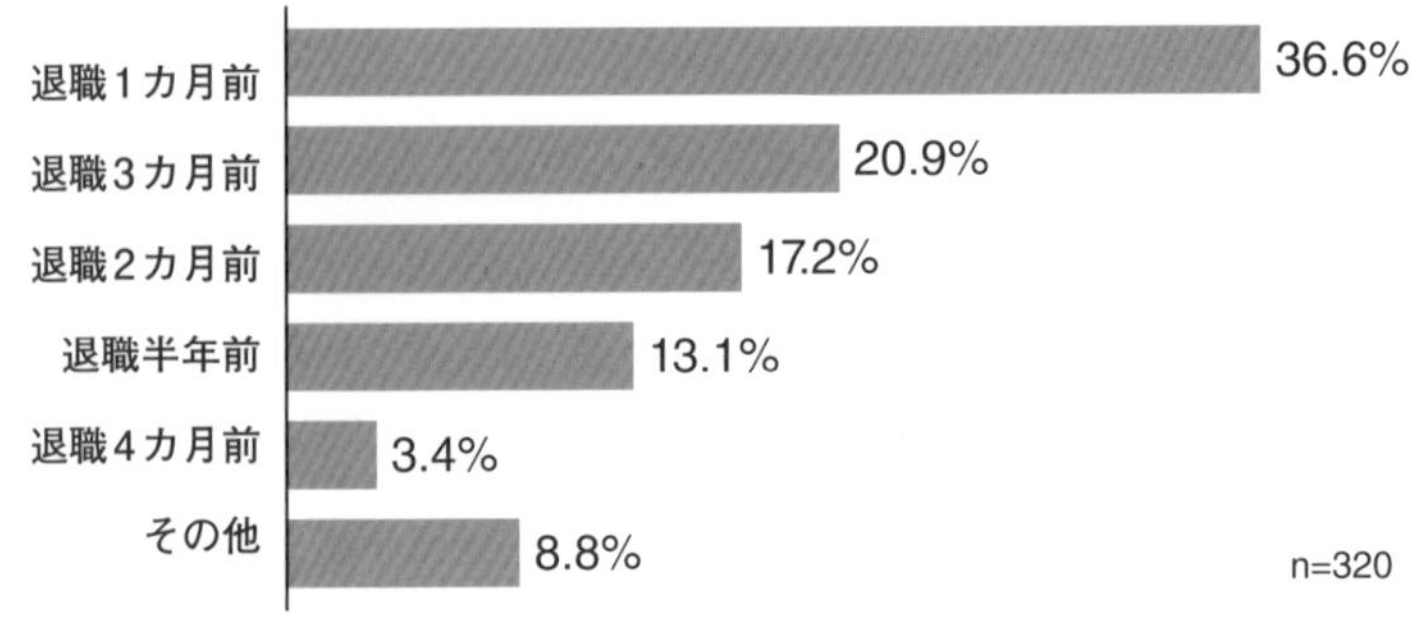

出典：株式会社ビズヒッツ（https://bizhits.co.jp/media/archives/29713）

退職を決めてから
切り出すのではなく、
退職を考え始めたら正直に
相談する人も増えてきているよ。

退職理由の上手な伝え方

上司や同僚との関係が悪くならないように、あえてネガティブなことは言わなくてもいいですが、だからと言ってもっともらしい理由を作り上げる必要もありません。誠意をもって真摯に説明すれば普通の会社なら理解してもらえるはずです。

● 退職を伝える相手と場所

上司

上司には一番に伝えます。面談のアポをとり、時間や場所は上司の都合に合わせましょう。勤務時間中を指定されるケースが多いようです。

同僚

同僚には上司と相談した上で、だいたいのスケジュールが決まった時点で伝えましょう。

取引先

取引先には面談のアポをとって、対面で説明します。後任者を同行して紹介できればなおよいでしょう。

● 伝えるべきこと・伝え方に注意が必要なこと

伝えるべきこと

○ **退職の理由**

不満も含めて正直に伝えるのがよいでしょう。ただし、会社や伝える相手に敬意をもって話すようにしましょう。

○ **感謝の気持ち**

たとえ不満があったとしても、上司や同僚にお世話になったことへの感謝の気持ちは伝えるべきです。

伝え方に注意が必要なこと

- 職場や上司への不満
- 取引先への不満

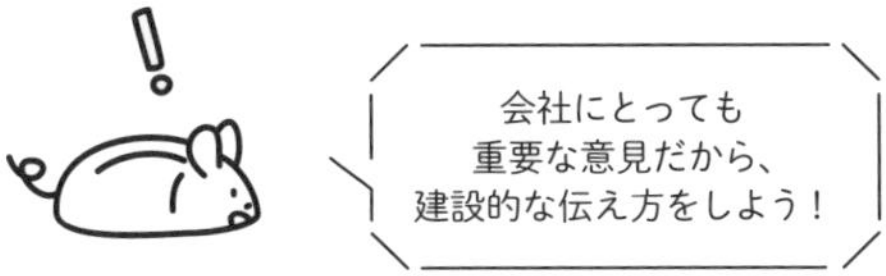
会社にとっても
重要な意見だから、
建設的な伝え方をしよう！

「退職願」「退職届」提出のポイント

退職の意思を上司に相談して了解を得たら、必要な書類を作成します。口頭の意思確認だけで特に書類が必要ない場合もありますが、退職手続きの際に会社との行き違いがないようにするために、どのような書類があるのかを知っておきましょう。

●「退職願」と「退職届」の違い

退職願

会社に退職の意思を申し出る書類。口頭での申し出だけでも問題ないが、明文化することで、会社が申し出をうやむやにせず、承諾の可否を明確に示す必要が生じる。

退職届

会社から退職の承諾が得られた後に、何月何日付で退職する旨を示す書類。口頭での確認でも問題ないが、お互いの勘違いを防ぐためにも退職届を作成する意義がある。

●記入例

退職願の記入例

① 退職願

② 私儀

③ このたび一身上の都合により、

⑤④ ○○○○年○月○○日をもって
退職いたしたく、ここにお願い
申し上げます。

⑥ ××××年×月××日

⑦ 第一営業部　山田太郎 ㊞

⑧ 株式会社△△△△△
代表取締役 □□□□殿

退職届の記入例

① 退職届

② 私儀

③ このたび一身上の都合により、

⑤④ ○○○○年○月○○日をもって
退職いたします。

⑥ ××××年×月××日

⑦ 第一営業部　山田太郎 ㊞

⑧ 株式会社△△△△△
代表取締役 □□□□殿

① タイトル
「退職願」または「退職届」と書きます。

② 文の導入
本文一行目の下部に「私儀（わたくしぎ）」または「私事」と書きます。「わたくしごとではありますが……」という意味になります。

③ 退職理由
自己都合の場合「一身上の都合」と書きます。詳細の理由を説明する必要はありません。

④ 退職日付
「退職願」は退職を希望する年月日を、「退職届」は上司と合意した年月日を書きます。年号か西暦かは会社の規定があればそれに沿います。

⑤ 文末の表現
「退職願」の場合、確定する前の打診の段階なので「退職いたしたく～お願い申し上げます」との表現にします。「退職届」は退職が確定しているので「退職いたします」と宣言します。

⑥ 届け出年月日
実際に書類を提出する年月日を記入します。縦書きの場合は漢数字で、横書きの場合はアラビア数字を用います。

⑦ 所属と氏名
行の下方に正式な所属部署名とフルネームを記入し、末尾に押印します。

⑧ 宛名
宛名は組織の最高執行責任者です。役職名とフルネーム（敬称は「殿」か「様」）を自分の名前より上方に記入します。

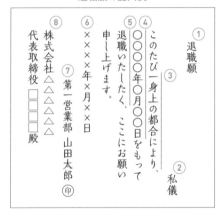

● 封筒の書き方・封入のポイント

封筒の見本　表面

表書きの「退職願」または「退職届」は中央に大きく書く。

封筒の見本　裏面

裏面には左下方に自分の所属部署とフルネームを書く。
封入後、封筒をのり付けで閉じたら、境目に〆と書いて未開封であることを示す。

便箋の折り方

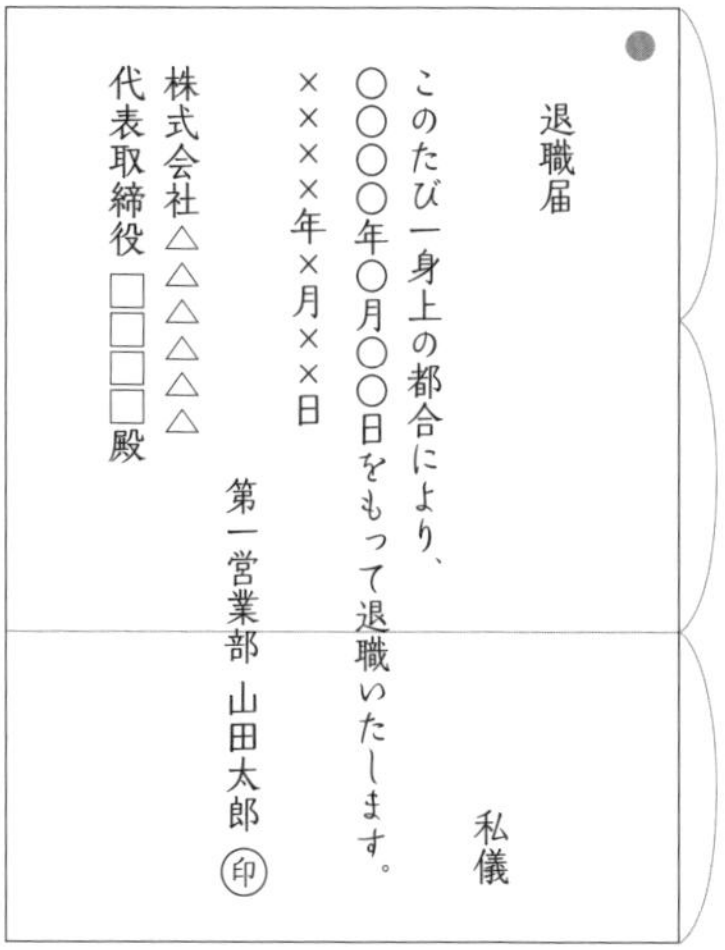

退職届

私儀

このたび一身上の都合により、○○○○年○月○○日をもって退職いたします。

××××年×月××日

第一営業部　山田太郎 ㊞

株式会社△△△△△△

代表取締役□□□□殿

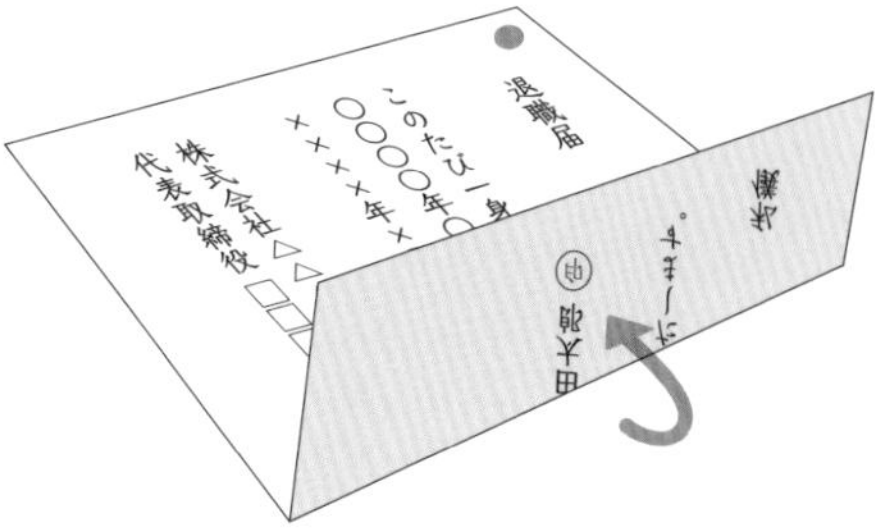

用紙は上部が上に重なるように三つ折りにする。

押さえておきたい

退職を家族に伝えるときのポイント

家族、特にパートナーがいる場合には退職のプロセスの早い段階で相談すべきでしょう。すべて一人で決めてしまってから事後報告では、信頼関係を失いかねません。パートナーが仕事をしている場合は転居を伴うような転職・退職は生活を大きく左右するため、話を進める前に相談して調整しましょう。

- Point 1　できるだけ早く伝える。
- Point 2　退職したい理由を正直に説明する。ほかにやりたい仕事があるなどポジティブな面をしっかり説明する。
- Point 3　退職・転職することでの生活への影響を具体的に示す。

07

スムーズな引継ぎ

上手な引継ぎの進め方

スムーズな引継ぎのために項目をリストアップ

自分が退職した後も、**新しい担当者が滞りなく業務を遂行できるように、責任をもった引継ぎが重要**となります。引継ぎがなかったり、いい加減だったりすると、思うように業務が遂行できず顧客をはじめとする関係者に迷惑をかけることになりかねません。退職日までに時間が十分とれない場合もあるので、効率的な引継ぎのために、手順を整理しておくことをおすすめします。

日常業務は思っている以上に多いもの。スムーズに引継ぐためには、**作業項目をリストアップし、一覧表にまとめるとよい**でしょう。担当業務の全体像が見えて、引継ぎに要する時間の目安も立てられます。

引継ぎの一連の流れ

日常的に行っている業務をすべてリストアップします。思いつくままに洗い出すだけでなく、重要度・優先度で順位付けし、所要時間や手順がわかるようにまとめましょう。

STEP1 業務をリストアップする（引継ぎ書を作る）

どんな小さなことでも自分の担当業務はすべて書き出します。次に、各業務のフローチャートや関係者の一覧、データなどの保管場所を引継ぎ書としてまとめます。

↓

STEP2 各業務の進捗や細かい内容を共有する

後任者へ引継ぎ書を渡して引継ぎを行います。業務を進める上で疑問などが出た場合のために、一度は実際に一緒にやってみるとより確実に引継ぎが行えます。

↓

STEP3 取引先の情報の共有

業務にかかわる取引先の担当者の名前や連絡先は、必ず記載して共有します。当初の目的や先方からの要望や変更点など、これまでの経緯についてもまとめておくとスムーズです。

↓

STEP4 取引先への挨拶

取引先への挨拶は必ず行います。担当者が変わることで先方が不安を感じないように、後任者の紹介と引継ぎをしっかりと行っていることを伝えましょう。

引継ぎ書で伝え漏れを防ぐ

ガイドとなる資料なしに口頭で伝えるだけでは、どうしても引継ぎに漏れが出てしまいます。業務の全体像を把握して、効率よく説明するためにも引継ぎ書を作成しましょう。

● 業務のリストアップの例

業務の分類、名称、内容、発生頻度、締切、所要時間、重要度など必要な情報が一目でわかるように一覧表にするのが望ましいでしょう。

例 システム営業5年Sさん

分類	業務名	業務内容	頻度	締切	所要時間	重要度
顧客	A社業務改善 プロジェクト	A社業務改善プロジェクトの開発 進行管理 手順書1参照	随時	3月末	3カ月	高
外注	データ 入力作業	依頼作業のまとめ・ 注意点指示出し 指示書1参照	週1回	2月末	2カ月	高
社内	月例報告	所定のフォームに 実績を入力	月1回	毎月末日	1時間	中

● 引継ぎ書の例

案件ごとに作業の手順や進捗状況が、誰が見てもわかるようにまとめます。関係先キーパーソンの連絡先なども明記しておくとよいでしょう。

A社業務改善プロジェクト手順書1

A社担当者　○○部△△課NFさん
連絡方法　TEL：○○○○○○○○○
　　　　　e-mail：○○○○○○○○○

1.現状聞き取り調査　⇒　済11/30　報告書参照
2.改善計画立案　⇒　済12/15　改善計画書参照
3.フィードバック&修正案　⇒　済12/27　改善計画書第2版参照
4.試行期間　⇒　1～2月　報告書参照　←現状ここ
5.フィードバック集計　⇒　2月末

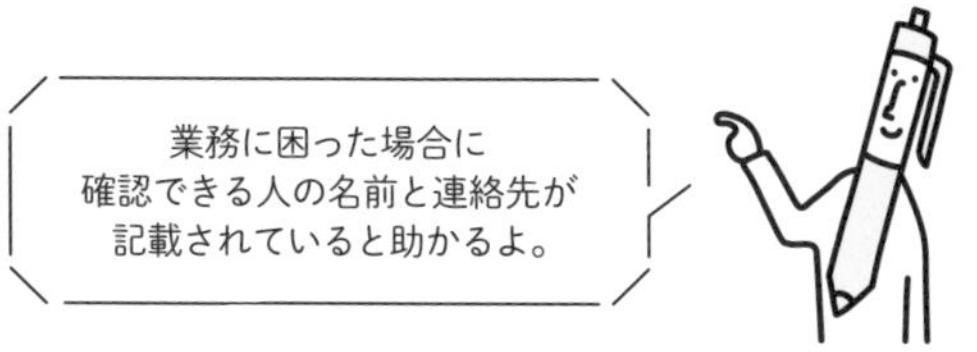
業務に困った場合に
確認できる人の名前と連絡先が
記載されていると助かるよ。

08

退職時のマナー

退職の挨拶のポイント

挨拶の目的は感謝の気持ちを伝えること

退職前には適切なタイミングで、社内外の関係者に挨拶をします。何の挨拶もなしに退職するのはマナー違反。悪い印象が残ります。

挨拶の**最大の目的は、これまでお世話になったことへの感謝の気持ちを伝えること**です。本来は、直接会って挨拶するのが礼儀ですが、さまざまな事情で難しい場合は、メールや書面での挨拶も許容されます。相手との関係性によって、対面にするかメールにするかを判断しましょう。

文章であったとしても、相手との印象深いエピソードを盛り込むなどして、**真心が伝わるように気を配りましょう。**

退職の挨拶をするタイミング

挨拶のタイミングは、相手が社外の人か社内の人かによって違います。引継ぎへの影響を配慮して適切な時期を見計らいましょう。

社外向け
▼
2～3週間前

上司と相談して退職日が決まったら、相手に「引継ぎは大丈夫か」という不安を抱かせないためにも、後任者の紹介と併せてできるだけ早めに伝えるとよいでしょう。

社内向け
▼
最終出勤日

退職日が決まった時点で、関係者には口頭で伝えておいた上で、正式な挨拶は最終出勤日にするのがよいでしょう。出張などで最終出勤日に会えないことがわかっている人には、それ以前でもOK。

● 退職の挨拶をする相手の範囲

特に決まりがあるわけではありませんが、社内外で仕事上のやり取りのあった人には漏れなく挨拶しましょう。社内では、同じ部署のスタッフだけでなく、人事、総務などかかわりが深い部署は必須です。社長など経営幹部への挨拶をすべきか迷うときには、直属の上司と相談するのがよいでしょう。

● 退職挨拶メールの例文

社内向け

件名：退職のご挨拶
本文：
○○○部△△△課の皆様

お疲れさまです。
私事で大変恐縮ではありますが、一身上の都合により○月末で退職することになりました。
４年という短い期間ではありましたが、皆様には大変お世話になりました。
改めて感謝申し上げます。
本来ならお目にかかってご挨拶すべきところ、メールにて失礼いたします。

新人のころには不慣れで多々ご迷惑をおかけしたかと思いますが、皆様の丁寧なご指導のおかげで、何とかチームの一員として役割を担えるようになったと思います。お客様との関係で悩んだときには、何度も相談に乗っていただいたことも心強かったです。

まだまだ未熟者ではありますが、これからは新しい環境でさらに社会人として成長していきたいと思います。

なお、退職しても、連絡を取り合わせていただけると幸いです。
私の今後の連絡先は下記の通りです。

電話　000-0000-0000
e-mail　aaaaa@xxxx.com

最後になりましたが、今後ますますのご活躍をお祈りしております。
時節柄、お身体ご自愛くださいませ。

（署名）

ポイント
- 具体的なエピソードがあれば盛り込んで感謝の気持ちを伝える。
- 直接挨拶できないことを詫びる一文を入れる。

社外向け

件名：退職のご挨拶
本文：
(株)□□□□□□
○○○部△△△課
◇◇様

平素より大変お世話になっております。
(株)○○○の■■■でございます。
私事で大変恐縮ではありますが、一身上の都合により○月末で退職することになりました。
◇◇様にはこれまで大変お世話になり誠にありがとうございました。
改めて感謝申し上げます。

何かと行き届かない点も多かったと存じますが、◇◇様の多大なるご協力のおかげで、さまざまな案件を軌道に乗せることができたと思います。
進行中の案件がある中、心残りではありますが、新しい道を歩むことといたしました。
後任は同じ部署の●●●●が務めます。
近いうちに、引継ぎも兼ねてそろってご挨拶に伺いたく存じます。

貴社のますますのご発展を心よりお祈り申し上げます。

（署名）

ポイント
- 相手がほしい情報「いつ辞める」「後任者は誰か」を盛り込む。
- 後任者が決まっていない場合は、決まり次第知らせる旨を伝える。
- 後日、後任者とともに挨拶に伺う旨を伝える。

押さえておきたい

退職時に配るお菓子の相場は？

退職時に配るお菓子の相場は、1人あたり100円～300円、高くても500円が多いようです。ただし、職場の規模や相手との関係性にもよるため、あくまでも目安として考えましょう。渡す人数は事前に確認し、曖昧な場合は少し多めに準備しましょう。また、お世話になった方へ個別で渡す場合は、相手の好みなどを考えながら気を遣わせない程度の値段を目安に選ぶとよいでしょう。

09

退職時の手続き①

退職前に必要な社内の手続き

社員証・健康保険証など返還すべき物品を確認

退職すると当然その会社の社員ではなくなりますので、これまで保持していたものは**すべて返還しなければなりません**。名刺、社員証、ＩＤカード、健康保険証など、思っている以上に種類が多いので、**漏れのないようにリストアップしておく**ことをおすすめします。

また、業務用に支給されていたパソコンや携帯電話などの物品がある場合は、それらも含めチェックリストを作成しておきましょう。

源泉徴収票、雇用保険被保険者証、離職票、年金手帳など退職前に会社から受け取るべき書類もありますので、それらについても確認が必要です。

身元証明となる書類や備品は原則返却

会社から支給されたものは原則すべて返却します。社員であることを示す書類は在籍している社員しかもつことは許されません。

☐

健康保険被保険者証

会社を通じて加入している健康保険組合が発行した被保険者証は必ず返却します。扶養家族がいる場合は当該家族の分もすべて返却します。

☐

身分証明書
(社員証・IDカードなど)

その会社の社員であることを証明する書類はすべて返却します。

☐

名刺

自分の名刺の残り分はもちろん、業務上で受け取った取引先の名刺もすべて返却します。

☐

入場用のキー

仕事場に入るためのキーを預かっている場合は必ず返却します。

☐

会社から支給された物品

パソコン、携帯電話、制服、事務用品など、会社から支給された物品はすべて返却します。返却すべきか迷うものは会社と相談しましょう。

☐

業務上の関連書類・データ

在宅で仕事をする際に使用していた書類やデータなどもすべて返還します。

退職時に会社から受け取る書類

必ず会社から受け取る必要があるのは、「雇用保険被保険者証」「年金手帳」「源泉徴収票」の３つです。転職先が決まっていない場合は、「離職票」も必要です。

□	雇用保険被保険者証	雇用保険に加入していることを証明する書類。個人で保管している場合もあるが、会社が保管している場合は返還してもらう。転職先が決まっている場合は転職先に提出し、決まっていない場合は雇用保険の失業手当の申請に使用する。
□	源泉徴収票	所得税の年末調整に必要。転職先が決まっていれば提出、または自分で確定申告する際に使用する。
□	年金手帳・基礎年金番号通知書	厚生年金の加入状況を示す書類（年金手帳は2022年3月末で廃止）。転職先が決まっていれば提出するが、自分で保管してもよいので転職先の会社に確認する。
□	離職票	雇用保険の失業手当を受給するための申請時に提出する書類。退職者からの申し出に基づいて会社が申請しハローワークが発行する書類。発行までに時間がかかるので必要な場合は早めに手配してもらったほうがよい。転職先が決まっている場合は不要。
□	退職証明書	国民年金や国民健康保険の切り替え・加入手続きに使える書類。必要に応じて退職者が会社に発行を請求する。

● 離職票の様式

個人番号（マイナンバー）は退職者本人が窓口で記入する。マイナンバーカードまたはマイナンバー通知カードを持参のこと。

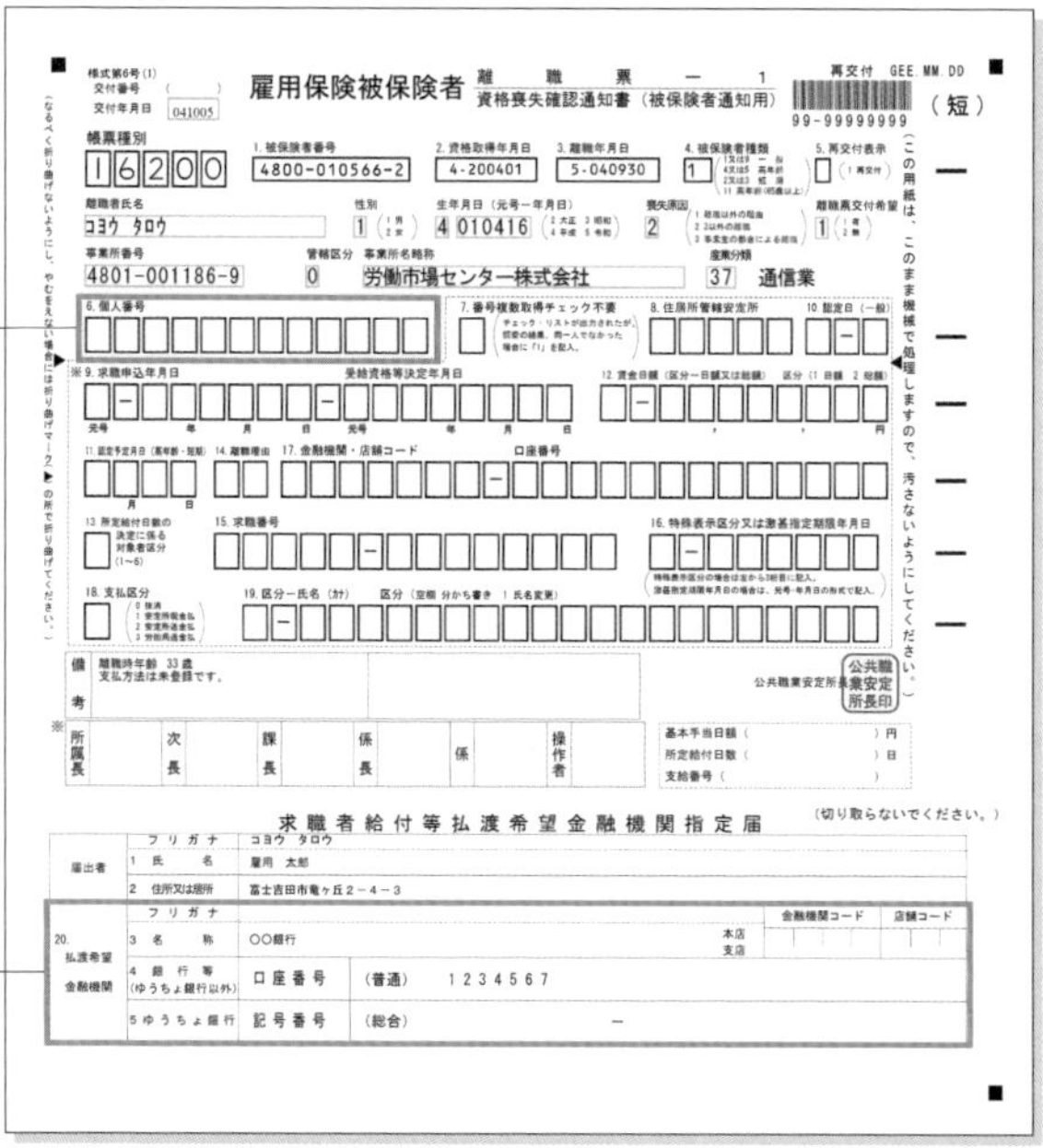

失業手当を受け取るための口座を記入します。

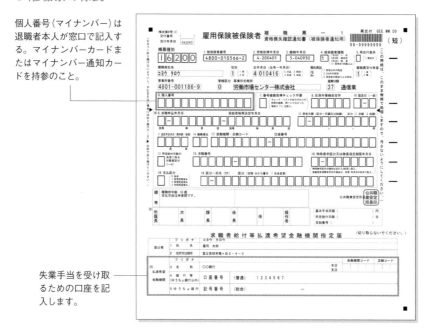

10

退職時の手続き②

退職すると社会保険はどうなるの？

保険料の半分は会社が負担している

日本は国民皆保険制度のもとで、**すべての人が社会保険（健康保険）または国民健康保険に加入**しています。会社員は通常、事業所が加入する健康保険組合が運営する社会保険に加入しています。

社会保険には医療費の負担を軽減する健康保険のほかに基礎年金に上乗せされる厚生年金保険、介護が必要な人を支える介護保険、失業した際の生活を支える雇用保険、業務上の傷病に対して支給される労災保険が含まれます。扶養家族がいる場合は、家族も健康保険に加入できます。

毎月の保険料は加入者と会社が折半して負担しています。

社会保険料はいくら払っている？

社会保険料は労働者と会社で負担額が異なります。それぞれの保険料は下記の計算方法で算出されます。

健康保険

標準報酬月額×健康保険料率÷２

例 協会けんぽ（東京都・令和6年3月～）、介護保険第２号被保険者に該当しないAさんの場合

標準報酬月額 200,000（円）× 健康保険料率 9.98（%） ÷2＝9,980（円）

介護保険（40歳以上65歳未満）

標準報酬月額×介護保険料率÷２

例 42歳 会社員Bさんの場合（令和6年3月～）

標準報酬月額 300,000（円）× 介護保険料率 1.60（%） ÷2＝2,400（円）

厚生年金保険

標準報酬月額×18.3%÷２

例 会社員Cさんの場合

標準報酬月額 300,000（円）× 厚生年金保険料率 18.3（%） ÷2＝27,450（円）

雇用保険

支払われた賃金総額×0.6～0.7%（※労働者負担）

例 会社員Dさんの場合

給与20万円＋残業代3万円 230,000（円）× 雇用保険料率 0.6（%） ＝1,380（円）

労災保険

全額会社負担

標準報酬月額とは

実際に支払われた給与額ではなく、保険料を簡単に算出するために区切りのよい幅で区分された等級が設定されている。

保険料の支払いはどのタイミングで変わる？

退職時点で転職先が決まっている場合は、社会保険の切り替えが必要になります。現在加入している社会保険の資格を喪失するのは退職日の翌日で、保険料は前月の分が給与から差し引かれます。また、日割りはなく月額での支払いとなります。

ケース1 月の半ばで退職した場合（退職日3/15）

2月まで退職前の社会保険の資格者となり、2月分の保険料負担分が3月の給与から控除される。

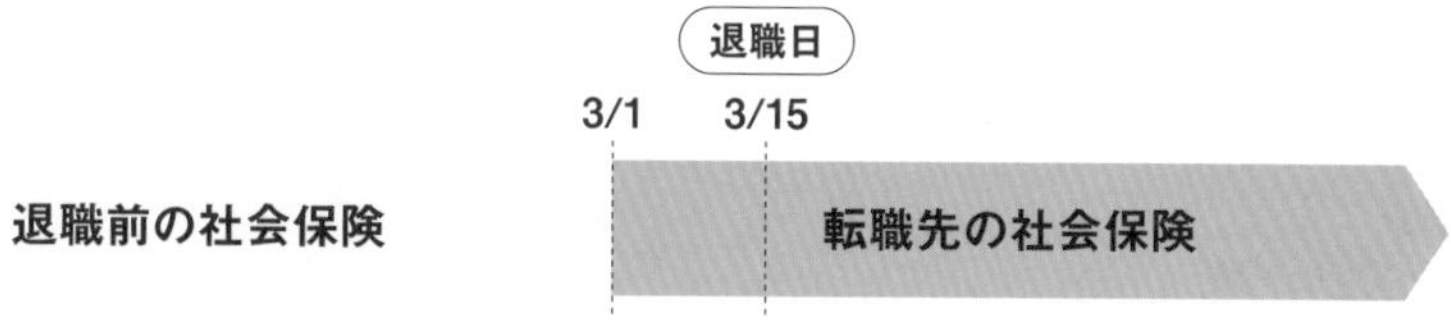

ケース2 月の末日で退職した場合（退職日3/31）

3月まで退職前の社会保険の資格者となり、2月分と3月分の保険料負担分が3月の給与から控除される。

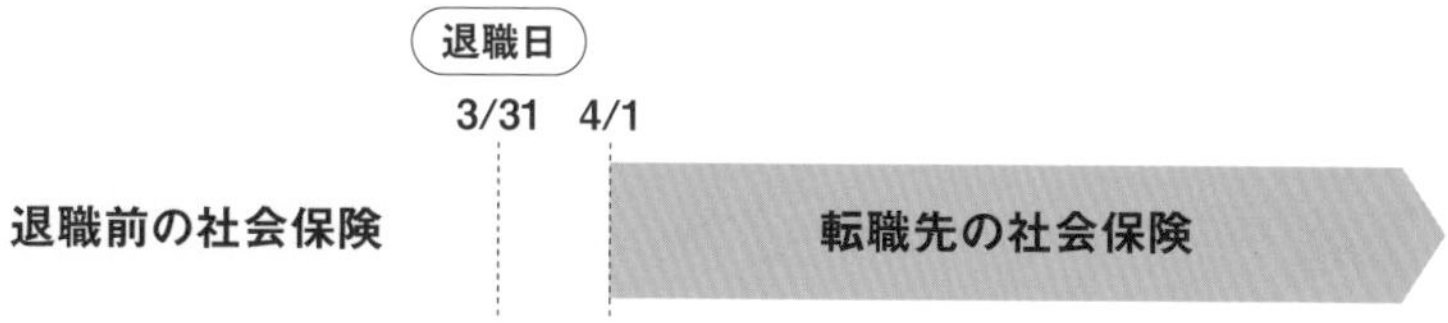

ケース3 月の末日前に退職した場合（退職日3/30）

2月まで退職前の社会保険の資格者となり、2月分の保険料負担分が3月の給与から控除される。

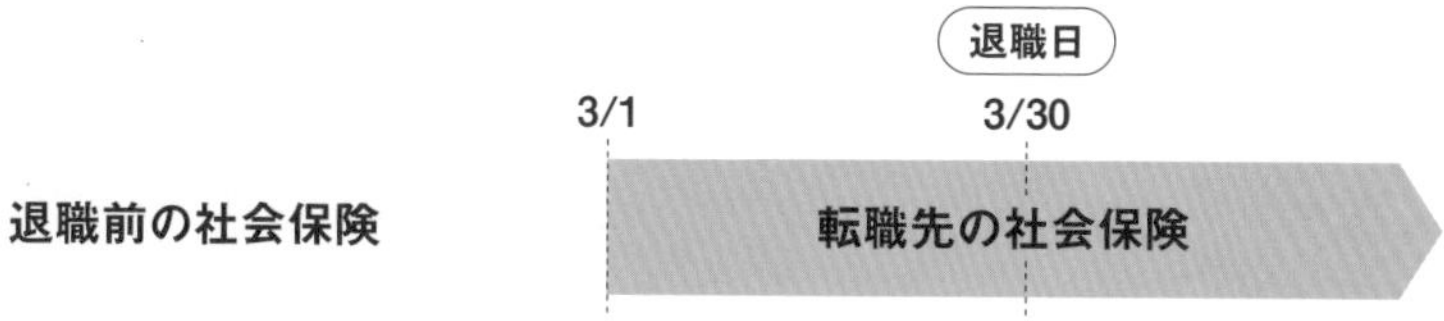

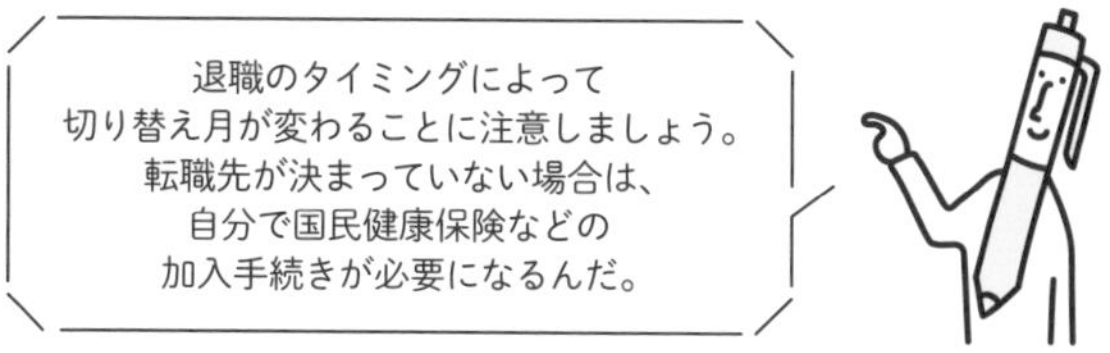

11

退職金の手続き③

退職金は誰でももらえる?

退職金制度は企業によってまちまち

多くの会社は退職金制度を導入していて、辞めるときには退職金がもらえるものという意識でいるかもしれません。しかし、**退職金には法的な縛りはなく、企業が独自に決めてよいもの**です。

退職金の原資の調達には、①会社が独自に用意する、②外部機関を活用する方法の2種類があります。支給の仕方は一時金型と年金型、両方の組み合わせがあり社員が自分のニーズに合わせて選べる仕組みを整えている会社もあります。

自分の勤める会社について、**退職金制度の有無やどのような仕組みになっているかを把握しておきましょう。**

退職金制度がある会社は全体の約75%

退職給付（一時金・年金）制度がある企業の割合は74.9%。企業規模別に見ると、従業員1,000人以上＝90.1%、300～999人=88.8%、100～299人＝84.7%、30～99人＝70.1%と、規模が大きいほど制度が整っている傾向があります。

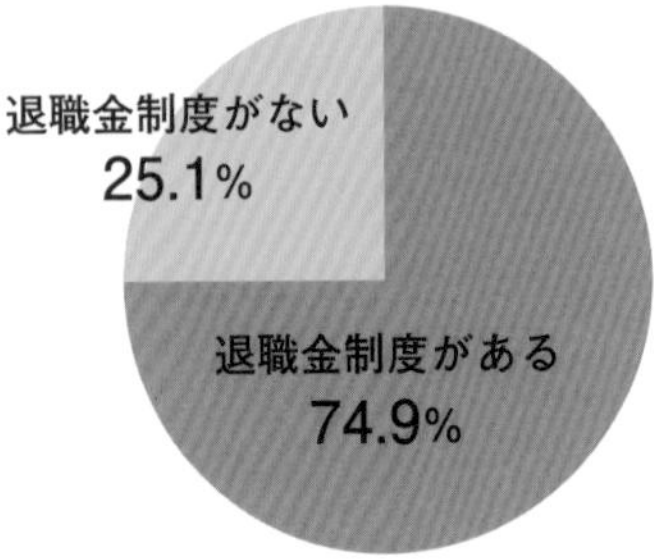

出典：厚生労働省「就労条件総合調査」令和5年（2023年）

過去の調査結果を見てみると、退職金制度のある企業の割合は、2018年=80.5%、2013年75.5%、2008年83.9%、2003年86.7%でした。全体的に減少傾向にあると言えそうです。

● 退職金制度の種類

退職金制度には原資の調達の仕方と支給の仕方によっていくつかの種類があります。

	会社が独自に準備	外部機関を活用して準備
一度にまとめて受け取る（一時金形式）	・退職一時金制度	・中小企業退職金共済 ・特定退職金共済
分割して受け取る（年金形式）	・退職年金制度	・厚生年金基金 ・確定給付企業年金（DB） ・確定拠出年金 （企業型DC/401K）

会社の制度を確認する方法

自分の会社の退職金制度がどうなっているのか確認する方法は以下の2つです。

- **会社の人事や総務担当者に聞く**
- **「退職金規程」を確認する**

退職金規程（例）の見方

退　職　金　規　程

（目　　的）
第１条　この規程は、従業員の退職金に関する事項を定めたものである。

（退職金の支給範囲）
第２条　従業員が退職した場合は、この規程により退職金を支給する。ただし、次の各号に該当する者についてはこれを適用しない。
（1）臨時に雇い入れられる者
（2）日々雇い入れられる者
（3）嘱託
（4）勤続3年未満の者
（5）非常勤社員
（6）顧問

退職金支給の対象。これらに該当しない従業員が対象となる。

2．前項のいずれかに該当するも、特に必要が認められる者は役員会の決定により本規定の対象とすることができる。

（退職金の支給条件）
第３条　退職金は満3年以上勤務する従業員が次の各号の一に該当し、退職する場合に支給する。
（1）自己都合によるとき
（2）会社都合によるとき（就業規則第○条における会社都合解雇）
（3）定年（就業規則第○条における男女65歳）
（4）傷病により勤務に耐えられないと認めたとき
（5）休職期間が満了したとき
（6）役員に就任したとき

退職金の支給条件。これらに該当する場合は支給される。

（退職金の計算方法）
第４条　退職金は、算定基礎額（○○給・○○給）に別表の勤続年数に応ずる支給率を乗じて算出した額とする。
2．自己都合により退職する場合は、別表の勤続年数に応ずる支給率より算出した額に次の率を乗じた額を支給する。

勤続 5年未満	○○%
勤続10年未満	○○%
勤続15年未満	○○%
勤続20年未満	○○%
勤続25年未満	○○%
勤続25年以上	○○%

支給額は勤続年数に応じて算出される。

押さえておきたい

退職金には税金がかかる？

退職金は退職所得として所得税・復興特別所得税・住民税がかかりますが、通常の給与所得と違う計算方法で、退職金から退職所得控除額を差し引いた金額が課税対象になります。退職所得控除額の計算方法は勤続20年以下と21年以上によって異なるので国税庁のサイトなどで確認しましょう。退職金が控除額より少ない場合は課税されません。

12

資産形成支援制度の手続き

財形貯蓄や確定拠出年金も忘れず手続きを

転職先に移換できるか確認して早めに手続きを

従業員の資産形成を支援するために企業が用意している制度の代表が財形貯蓄。毎月決まった金額を給与から差し引いて従業員の専用口座に振り込む仕組みで、まとまった資産形成をしたい従業員にとって有利なため利用者も多いでしょう。転職の際は、**新しい勤務先に財形貯蓄制度があれば、所定の手続きで継続できます。**

企業が毎月一定の掛け金を積み立て、加入者が運用する年金制度である企業型確定拠出年金（通称「企業型ＤＣ」）を導入している会社もあります。個人型（通称「ｉＤｅＣｏ」）との併用も可能です。転職の際にはこれらも忘れず手続きしましょう。

財形貯蓄は移換もできる

転職先に財形貯蓄の制度があれば、退職から２年以内に手続きを行うことで、移換することができます。財形住宅貯蓄か財形年金貯蓄の場合は利子非課税の状態を維持したままでの移換が可能です。

● 財形貯蓄の種類

	一般財形貯蓄	財形住宅貯蓄	財形年金貯蓄	
利用目的	自由	住宅購入・リフォーム	60歳以上で受け取る年金	
対象年齢	なし	54歳まで	54歳まで	
積立期間	3年以上	5年以上	5年以上	
税金	優遇措置なし	貯蓄型・保険型 550万円まで 非課税 ＊財形年金と合わせて利用する場合は合算して550万円まで	貯蓄型 550万円まで 非課税	保険型 385万円まで 非課税
			＊財形住宅と合わせて利用する場合は合算して550万円まで	

● 転職先への引継ぎ方法

転職先に財形貯蓄制度があり、取り扱い金融機関が同じであれば転職先の会社から「勤務先異動報告書」を金融機関に提出すればOKです。金融機関が異なる場合は、新たに契約し以前の金融機関から預け替えすることで継続できます。

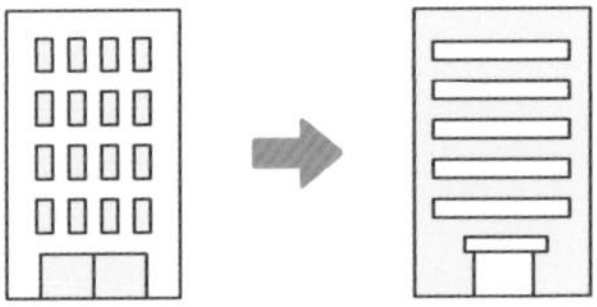

確定拠出年金は6カ月以内に手続き

企業型確定拠出年金制度の移換手続きは退職から6カ月以内に行います。転職先に同じ制度があるかを確認し、あれば切り替え、なければ下記の手順を参考にして処理しましょう。

● 企業型確定拠出年金に加入している人が転職する際の手続き

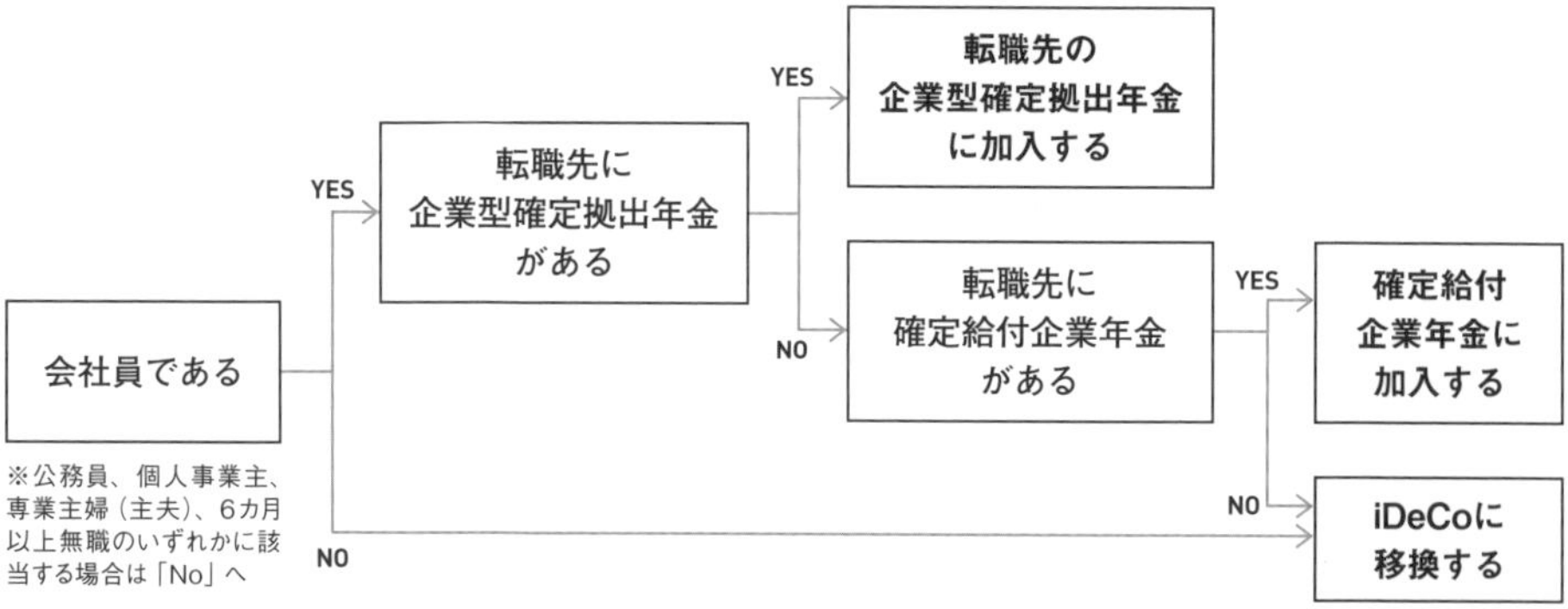

転職先に企業型確定拠出年金制度がある場合は6カ月以内に「個人別管理資産移換依頼書」を提出すると移換手続きをしてくれます。転職先に制度がない場合は個人型のiDeCoに移換するか、確定給付企業年金に移換する２つの方法があります。退職後に公務員・個人事業主・無職になった場合はiDeCoに資産を移します。

● iDeCoに加入している場合

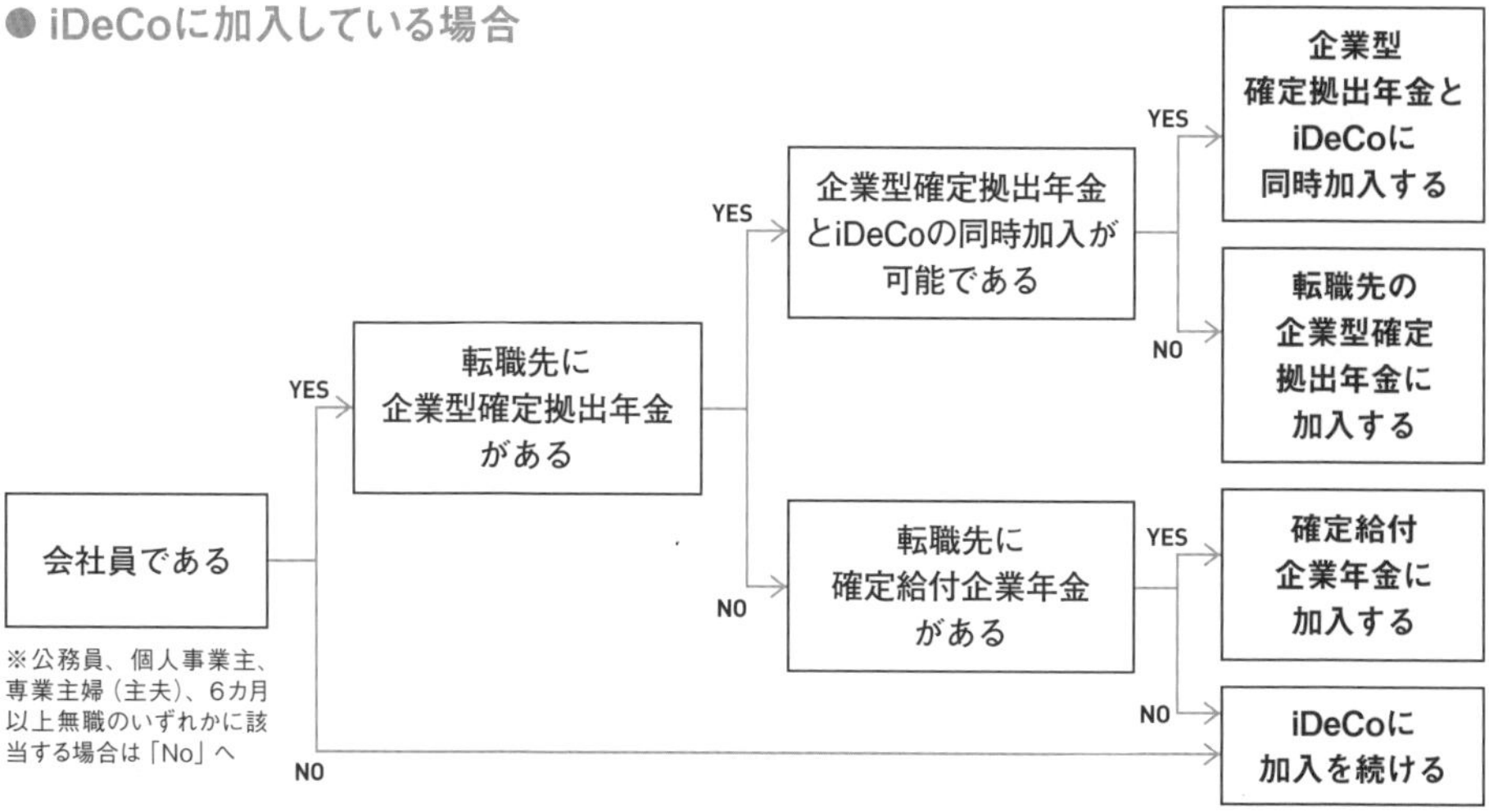

転職先企業に企業型確定拠出年金がある場合はまず、その企業がiDeCoとの同時加入を認めているかどうかを確認します。認めている場合は同時加入でき、認めていない場合はiDeCoの資産を企業型確定拠出年金に移換します。iDeCoに加入を続ける選択をした場合も、勤め先が変わったことを金融機関に届け出る必要があります。

13

退職後の手続き①

所得税・住民税の手続きを忘れずに

転職時期によって手続きが違うので注意

退職した後の税金に関する手続きも確認しておきましょう。**給与所得者の関係する税金で個人が意識すべきなのは所得税と住民税**です。

所得税は、該当する年の想定される年間所得額に基づいて仮決定された税額を給与から引いて会社が所轄税務署に納めています。想定よりも確定した税額が少ない場合、年末調整や確定申告によって納めすぎた分が還付されます。**転職の時期によっては、この手続きを本人がすることになる**ので注意しましょう。

住民税は前年1年間の所得をもとに決定した税額を月割りで給与から差し引いて納めています。未納分が残らないよう注意しましょう。

再就職のタイミングで自分で手続きする場合も

再就職の時期によって、自分で手続きしなければならないケースがあることを知っておきましょう。

退職と同じ年内に再就職する場合

↓

再就職先が手続きを行う

所得税、住民税とも転職先の担当者が手続きをしてくれます。ただし12月だと年末調整に間に合わないこともあり、その場合は自分で翌年の期日までに確定申告します。医療費控除を希望する場合も同様です。

提出書類

- 生命保険などの控除証明書
- 源泉徴収票（退職前の職場が発行）
- （医療費控除を希望する場合）医療費控除の明細書

退職の翌年以降に再就職または再就職しない場合

↓

自分で手続きを行う

所得税	自分で確定申告する ➡P184-185参照
住民税	退職した月によって一括徴収または普通徴収（自分で納付）

住民税は退職月によって納付方法が異なる

住民税は前年の1～12月の所得に対して税額を決定し、その年の6月から翌年の5月まで納めます。納付の仕方は次の2通りあります。

住民税の納付方法

給与特別徴収	給与所得者の一般的な納付方法	その年の6月から翌年の5月までの納付額を12等分して毎月の給与から差し引き、会社が本人に代わって毎月納付する。
普通徴収	給与所得者でない場合の一般的納付方法	納税者本人が4回に分けた納付書（6月・8月・10月・翌年1月）で納付する。

住民税の税額決定と納付の仕組み

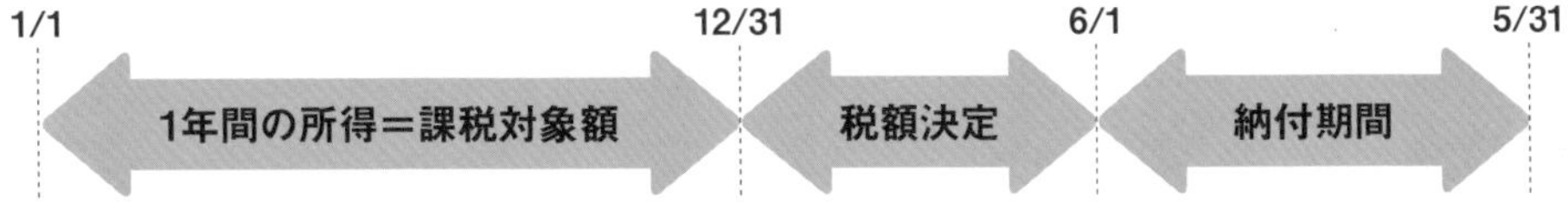

退職のタイミングで変わる納付方法

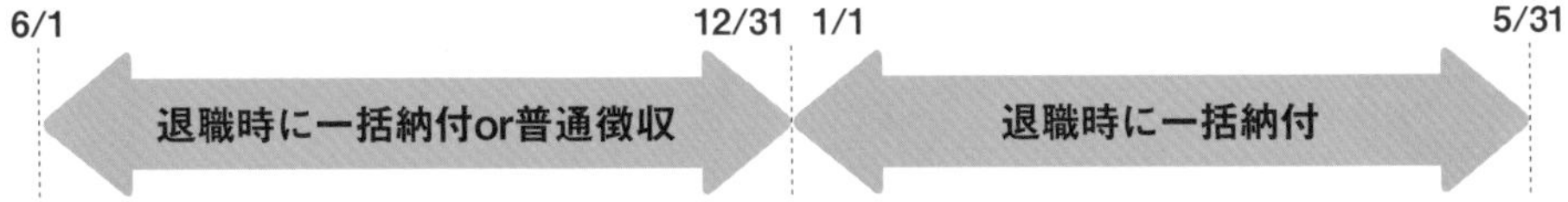

1～5月に退職した場合

未納分の住民税額を退職時に一括で納付します。一般的に退職月の給与や退職金から天引きされます。再就職のタイミングが6月1日以前なら、前年分の住民税は転職先の企業の給与から天引きとなります。

6～12月に退職した場合

未納分の住民税を退職時に一括で納付するか分割するか選択し、退職する会社の担当者に伝えます。一括納付の場合は退職月の給与か退職金から天引きされます。分割納付の場合は、後日住所地の役所から送られてくる納付書によって自分で納付します。ただし、転職した場合は転職先の会社で手続きすることで給与から特別徴収することも可能です。

年末調整を受けていない場合は確定申告が必要

給与所得者の場合、所得税は該当の年の所得額の見込みに基づいて仮決定した税額を会社が従業員それぞれの所轄税務署に納めています。これを**源泉徴収**と言います。あくまで概算で納税しているため、実際に納税すべき額と一致しないことがあります。その**過不足を調整するのが年末調整**です。会社が手続きしてくれるので、従業員本人はあまり意識がないかもしれません。

ただ、会社を退職して年末調整を受けずに年を越した場合、または事業所得や不動産所得などがある場合などは、本人が確定申告して納税額の過不足を調整しなければなりません。**退職後に仕事をしていない場合は納めすぎた分が戻ってくる可能性が高い**上に、翌年の住民税額にも影響してくるので、ぜひ手続きしましょう。

確定申告が必要なケースと手順

以下のケースに該当する場合は、確定申告が必要です。e-Tax（国税電子申告・納税システム）などを利用すれば、申告書類を準備する必要はありません。

● 確定申告が必要なケース

- 年末調整を受けず退職し、その後無職のままである。
- 年末調整を受けず退職し、個人事業主になった。
- 転職先で年末調整を受けたが、医療費など受けたい控除がある。

● 確定申告の手順

STEP1 確定申告書類を準備する

最寄りの税務署で用紙をもらう、国税庁ホームページからダウンロードまたは、入力方法を調べる

↓

STEP2 申告書を作成する

申告書作成の手引きや、国税庁ホームページの説明を参照する

↓

STEP3 申告書を提出する

- 郵送
- 税務署窓口
- インターネット（国税庁サイト内「確定申告書等作成コーナー」で作成、e-Taxで送信）

必要な書類

- 源泉徴収票
- 各種控除証明書
  （医療費・寄付・国民年金・国民健康保険・生命保険料など受けたい控除がある場合はその証明書）

● 確定申告書の記入例

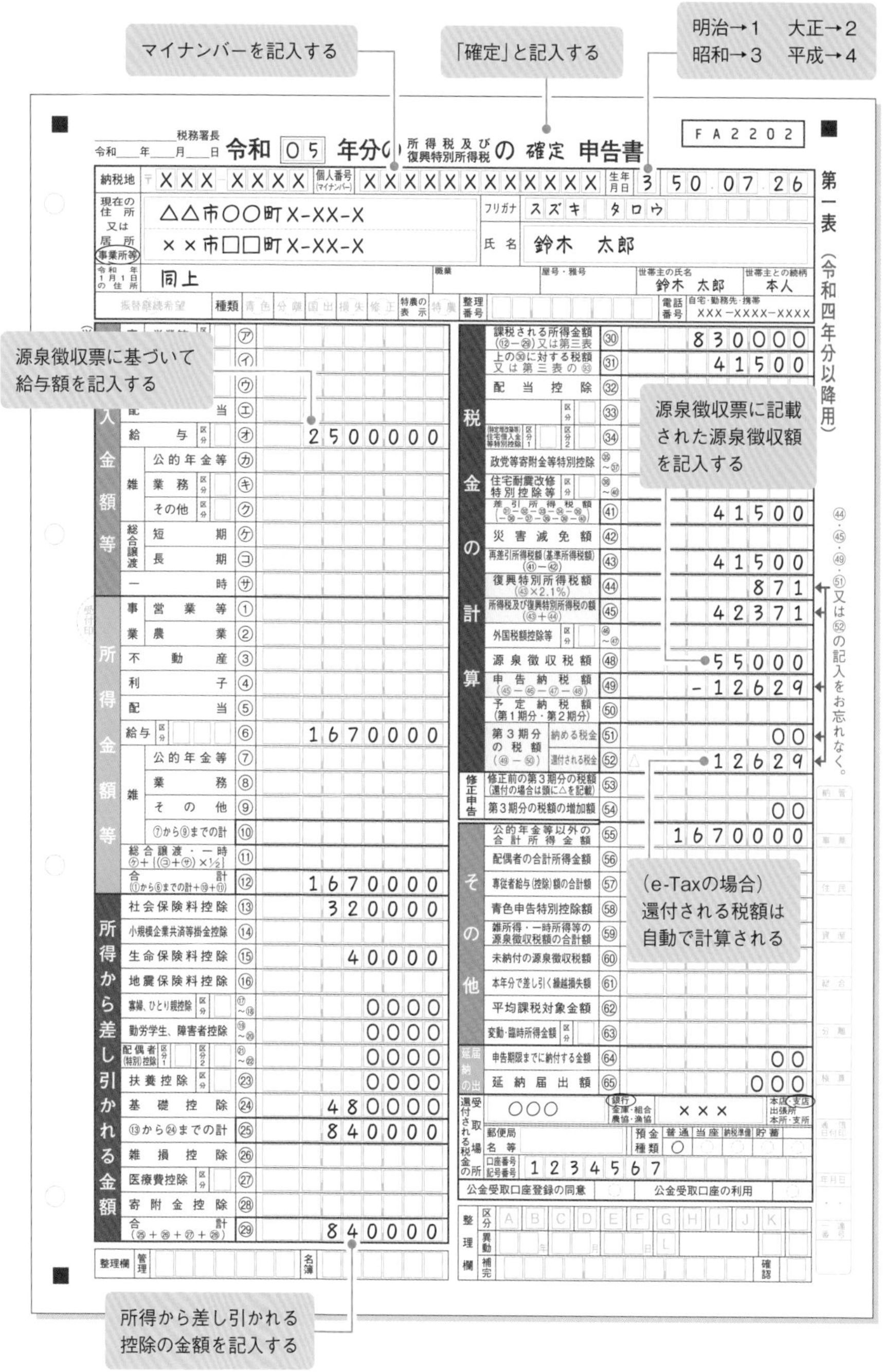
マイナンバーを記入する
「確定」と記入する
明治→1 大正→2
昭和→3 平成→4
源泉徴収票に基づいて給与額を記入する
源泉徴収票に記載された源泉徴収額を記入する
(e-Taxの場合)還付される税額は自動で計算される
所得から差し引かれる控除の金額を記入する
令和 05 年分の所得税及び復興特別所得税の 確定 申告書
FA2202
第一表(令和四年分以降用)
納税地 〒XXX-XXXX
個人番号(マイナンバー) XXXXXXXXXXXX
生年月日 3 50.07.26
現在の住所又は居所事業所等 △△市○○町X-XX-X ××市□□町X-XX-X
フリガナ スズキ タロウ
氏名 鈴木 太郎
令和1年1月1日の住所 同上
世帯主の氏名 鈴木 太郎
世帯主との続柄 本人
電話番号 自宅・勤務先・携帯 XXX-XXXX-XXXX
給与 ㋔ 2500000
給与 ⑥ 1670000
合計 ⑫ 1670000
社会保険料控除 ⑬ 320000
生命保険料控除 ⑮ 40000
寡婦、ひとり親控除 ⑰~⑱ 0000
勤労学生、障害者控除 ⑲~⑳ 0000
配偶者(特別)控除 ㉑~㉒ 0000
扶養控除 ㉓ 0000
基礎控除 ㉔ 480000
⑬から㉔までの計 ㉕ 840000
合計 ㉙ 840000
課税される所得金額 ㉚ 830000
上の㉚に対する税額 ㉛ 41500
差引所得税額 ㊶ 41500
再差引所得税額(基準所得税額) ㊸ 41500
復興特別所得税額(㊸×2.1%) ㊹ 871
所得税及び復興特別所得税の額 ㊺ 42371
源泉徴収税額 ㊽ 55000
申告納税額 ㊾ -12629
第3期分の税額 納める税金 ㊿ 00
還付される税金 52 12629
第3期分の税額の増加額 54 00
公的年金等以外の合計所得金額 55 1670000
申告期限までに納付する金額 64 00
延納届出額 65 000
還付される税金の受取場所 ○○○ 銀行 ××× 支店
預金種類 普通
口座番号 1234567
㊹・㊺・㊾・51又は52の記入をお忘れなく。

すぐに再就職しないときは自分で手続きが必要

会社員は職場の健康保険組合または協会けんぽに加入していますが、**退職後すぐに別の会社に再就職する場合は転職先の健康保険に切り替えるだけ**です。

一方、**退職後すぐに再就職しない場合は自分で手続きが必要**になり、次の3つのうちどれかを選んで手続きしましょう。①任意継続被保険者制度を利用して退職前の職場の健康保険に継続加入する（最大2年間継続可能）。②国民健康保険に加入する。③家族の健康保険の被扶養者になる。

年金についてもすぐに再就職するかどうかで手続きが違うので、把握しておきましょう。

退職後の健康保険の選択肢

退職後の健康保険の扱いは再就職するかしないかで変わってきます。

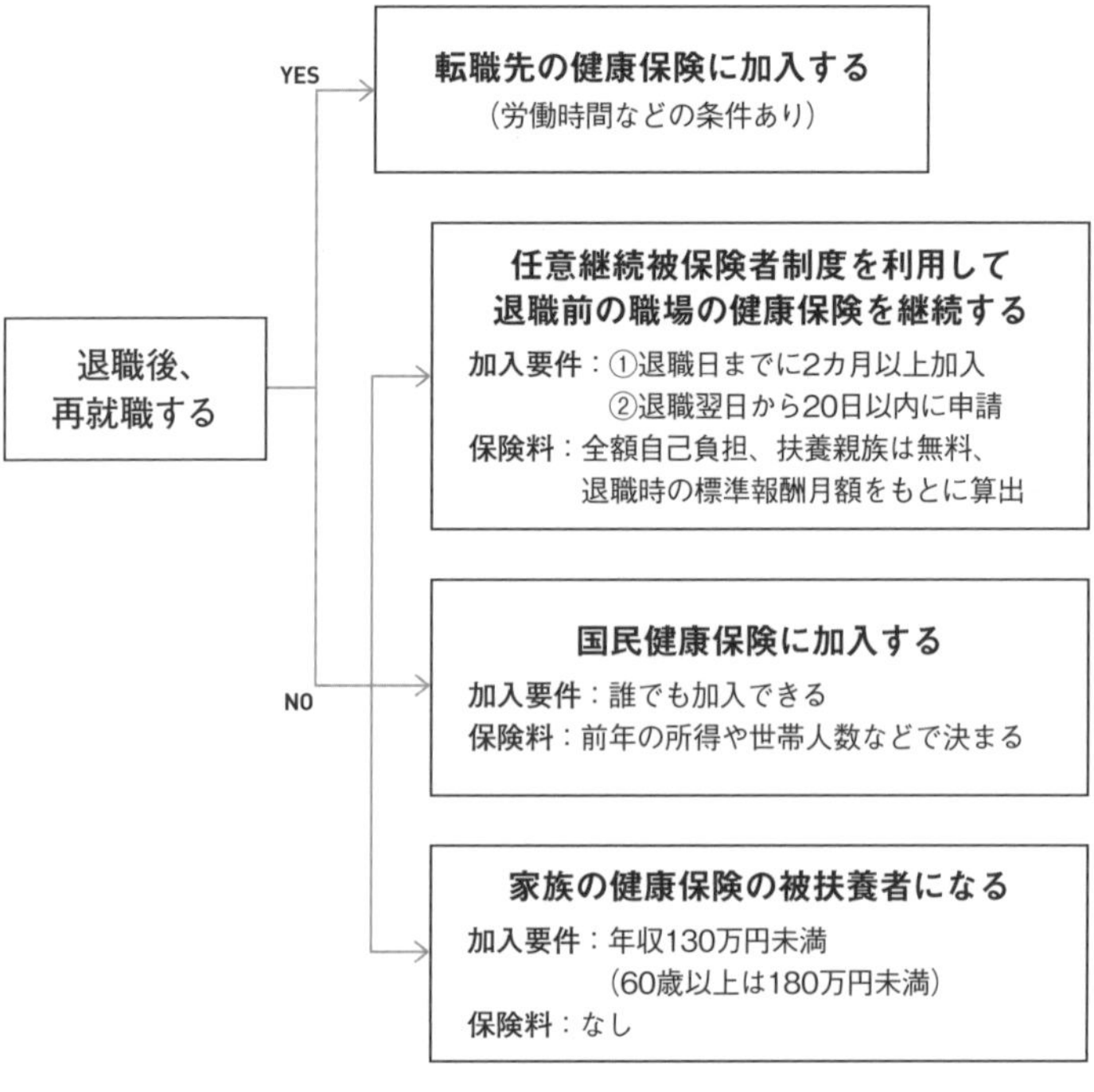
退職後、再就職する
YES
転職先の健康保険に加入する
（労働時間などの条件あり）
NO
任意継続被保険者制度を利用して退職前の職場の健康保険を継続する
加入要件：①退職日までに2カ月以上加入
②退職翌日から20日以内に申請
保険料：全額自己負担、扶養親族は無料、退職時の標準報酬月額をもとに算出
国民健康保険に加入する
加入要件：誰でも加入できる
保険料：前年の所得や世帯人数などで決まる
家族の健康保険の被扶養者になる
加入要件：年収130万円未満
（60歳以上は180万円未満）
保険料：なし

年金の切り替え方法と手続き

会社を退職すると、それまで加入していた厚生年金保険の加入資格がなくなります。退職翌日から新しい会社に再就職する場合は、厚生年金を継続することになるので、特に手続きは必要ありません。

退職日の翌日に再就職

↓

転職先の職場の厚生年金に加入する

＊転職先で手続きする

退職後再就職までに1日以上の間があるor再就職しない

↓

家族の厚生年金の扶養に入る
＊年収130万円未満

＊退職の翌日から14日以内に家族の勤務先で手続き

必要な書類

- 年金手帳
  または基礎年金番号通知書
- 戸籍謄本（抄本）
- 退職証明書
  または離職票の写し

↓

国民年金に加入する

＊退職の翌日から14日以内に住所地の国民年金窓口で手続き

必要な書類

- 年金手帳
  または基礎年金番号通知書
- 身分証明書
- 退職証明書
  または離職票の写し
- 金融機関情報

再就職までに1日でも
間がある場合は国民年金に
切り替える手続きが必要になるよ。

押さえておきたい

年金保険料の免除制度

収入の減少や失業などで年金保険料の納付が難しい状態になった場合は、保険料の免除または納付猶予の制度を利用することができます。申請書を提出するか電子申請で手続きできます。ただし、免除された期間があると将来受け取れる年金額が保険料を全額納付したときに比べて低くなります。10年以内であれば免除された保険料を後から納めることも可能で、追納すれば受け取れる年金が満額となります。

15

退職後の手続き③

雇用保険の手続き

働く人の生活を守る雇用保険

雇用保険は、加入する労働者がさまざまな事情によって仕事ができなくなった場合に、給付金で支援する制度です。

代表的なのが失業手当（失業保険）。退職後に再就職を目指して活動しても新しい職が見つからず、失業状態が長く続く場合があります。そうした状態になったとき、**次に就職先が見つかるまでの生活支援として支給されるのが失業手当**です。一定の条件に当てはまる人が申請することで受給できます。

雇用保険には失業手当のほかにも、育児休業給付、介護休業給付などがあります。自分が当てはまるものがあるか確認しましょう。

失業時に給付が受けられる制度

雇用保険は、正規・非正規にかかわらず1人でも従業員を雇っている事業主に加入義務があります。

目的　労働者の雇用の安定および、給付金や教育訓練支援を通じて仕事を失った場合の生活支援や雇用の促進を図ること。

対象者　被保険者となる対象者は、①1週間の所定労働時間が20時間以上であり、②31日以上の雇用見込みがある者。

保険料　一般の事業（農林水産・清酒製造・建設の事業を除く）の場合、保険料率は従業員の給与に対して15.5/1000で、事業主と従業員双方が負担します。負担割合は事業主が9.5/1000、従業員が6/1000です。

● 主な給付金

基本手当（失業給付）	一定期間以上、失業状態と認定された人が受けられる給付
育児休業給付	育児休業を取得した人が一定の条件のもとに受けられる給付
介護休業給付	雇用継続給付の一部で、介護休業を取得した人が受けられる給付
高年齢雇用継続給付	再雇用された60歳以上65歳未満の一般被保険者の給与が一定割合より低いときに支払われる給付

失業保険はどうしたらもらえる？

失業保険の対象となるのは、再就職先を探す積極的な意思や能力があるにもかかわらず、就職先が見つからない状態にある人です。受給するためには、まずハローワークで求職の申し込みをする必要があります。

● 受給条件

- 失業状態にあると認定される
- 雇用保険の被保険者期間が一定期間以上ある
- ハローワークに求職の申し込みをしている

● 自己都合で退職した場合（一般受給資格者）の手続き

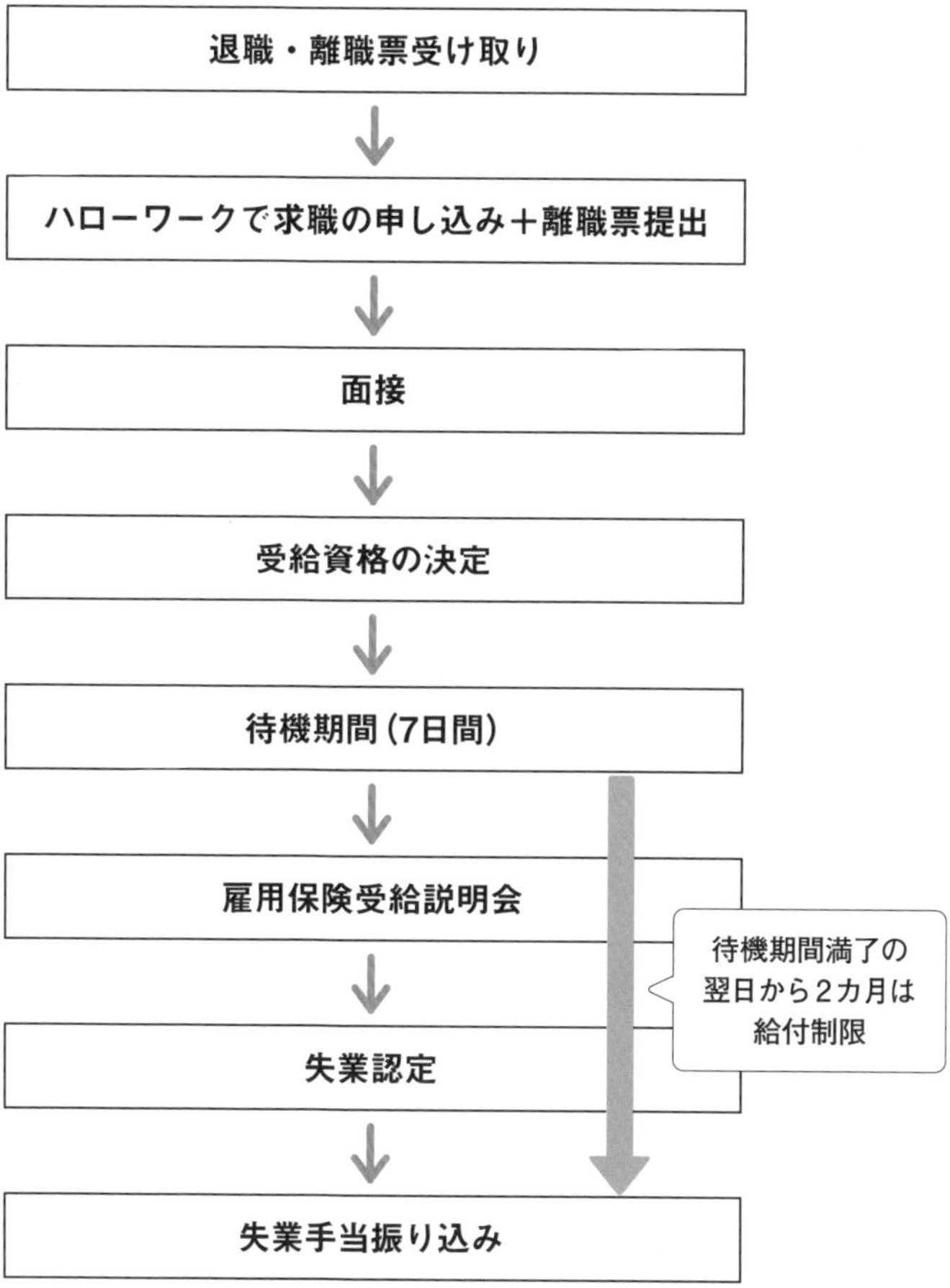

＊再就職または給付期限終了まで4週間ごとに
失業認定→給付を繰り返します。

失業手当はいつまでもらえる？

失業手当が受給できる期間は離職後最大１年間で、退職理由と雇用保険の被保険者期間によって違います。

● 退職理由別の受給期間

退職理由は大きく分けて①自己都合（一般受給資格者）、②会社都合もしくは自己都合（特定理由離職者）の2種類です。転職を前提として自分の意思で退職した人は①に分類されます。それぞれの受給期間は下表の通りです。

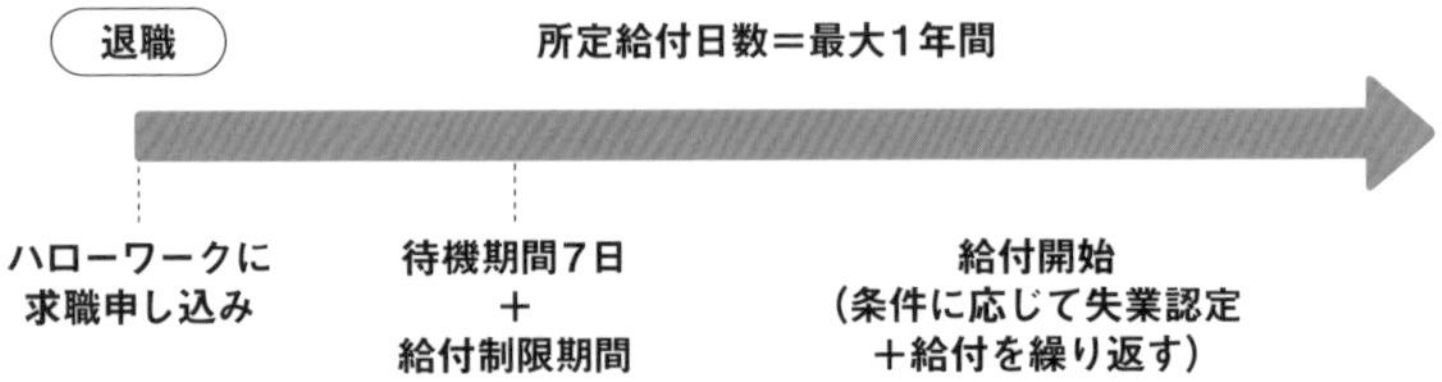

① 自己都合（一般受給資格者）の場合

雇用保険の被保険者期間	受給期間
1年未満	−
1年以上5年未満	90日
5年以上10年未満	
10年以上20年未満	120日
20年以上	150日

② 会社都合もしくは自己都合（特定理由離職者）の場合

雇用保険の被保険者期間＼離職時の年齢	30歳未満	30歳以上35歳未満	35歳以上45歳未満	45歳以上60歳未満	60歳以上65歳未満
1年未満	90日				
1年以上5年未満	90日	120日	150日	180日	150日
5年以上10年未満	120日	180日	180日	240日	180日
10年以上20年未満	180日	210日	240日	270日	210日
20年以上	−	240日	270日	330日	240日

受給例

例 32歳の会社員（月給28万円／6年勤務）が自己都合で離職したケースの失業手当受給額

受給額		基本手当日額		受給日数
529,560円	＝	5,884円	×	90日

失業手当はいくらもらえる？

失業手当の支給額は、受給者の退職前の給与を元に条件によって計算式に当てはめて基本手当日額を決定します。

● 基本手当日額の計算方法

基本手当日額 ＝ 賃金日額（退職前6カ月の賃金合計÷180） × 給付率50～80%（60～64歳は45～80%）

● 基本手当総額の計算方法

基本手当総額 ＝ 基本手当日額 × 所定給付日額

● 毎月の給付額の計算方法

毎月の給付額 ＝ 基本手当日額 × 28日分

［基本手当日額の計算方法］

離職時の年齢	賃金日額（w円）	給付率	基本手当日額（y円）
29歳以下（※1）	2,746円以上5,110円未満	80%	2,196円～4,087円
	5,110円以上12,580円以下	80%～50%	4,088円～6,290円（※2）
	12,580円超13,890円以下	50%	6,290円～6,945円
	13,890円（上限額）超	—	6,945円（上限額）
30～44歳	2,746円以上5,110円未満	80%	2,196円～4,087円
	5,110円以上12,580円以下	80%～50%	4,088円～6,290円（※2）
	12,580円超15,430円以下	50%	6,290円～7,715円
	15,430円（上限額）超	—	7,715円（上限額）
45～59歳	2,746円以上5,110円未満	80%	2,196円～4,087円
	5,110円以上12,580円以下	80%～50%	4,088円～6,290円（※2）
	12,580円超16,980円以下	50%	6,290円～8,490円
	16,980円（上限額）超	—	8,490円（上限額）
60～64歳	2,746円以上5,110円未満	80%	2,196円～4,087円
	5,110円以上11,300円以下	80%～45%	4,088円～5,085円（※3）
	11,300円超16,210円以下	45%	5,085円～7,294円
	16,210円（上限額）超	—	7,294円（上限額）

※1 離職時の年齢が65歳以上の方が高年齢求職者給付金を受給する場合も、この表を適用します。
※2 $y=0.8w-0.3\{(w-5{,}110)/7{,}470\}w$
※3 $y=0.8w-0.35\{(w-5{,}110)/6{,}190\}w$，$y=0.05w+4{,}520$ のいずれか低い方の額
出典：厚生労働省（2023年8月1日改定）

16

失業手当の延長

受給期間内に求職活動できない場合は？

失業手当の延長やそのほかの支援制度を利用する

失業手当の受給申請をして認められても、病気、ケガ、妊娠・出産・育児、介護などのやむを得ない事情で求職活動ができない期間ができてしまう人もいます。その場合は、失業手当の受給期間を延長することが可能です。失業手当の給付期間は最大で退職日の翌日から1年間ですが、**手続きをすることで最大4年まで受給期間を延長することができます**。

雇用保険の被保険者ではない、あるいは条件が満たなくて失業保険の対象にならない人は、**求職者支援制度を利用して、スキルアップのための教育訓練を受ける費用を受給することができます**。

失業手当の受給期間を延長する

期間延長は、あくまでも本人が働けるようになるまで失業手当の支給を保留しておくものです。延長申請しても、所定給付日数および給付額が増えるわけではないので、留意しましょう。また、早めに申請しないと、所定給付日数のすべてを受給できない可能性があります。

● 申請可能な期間の例

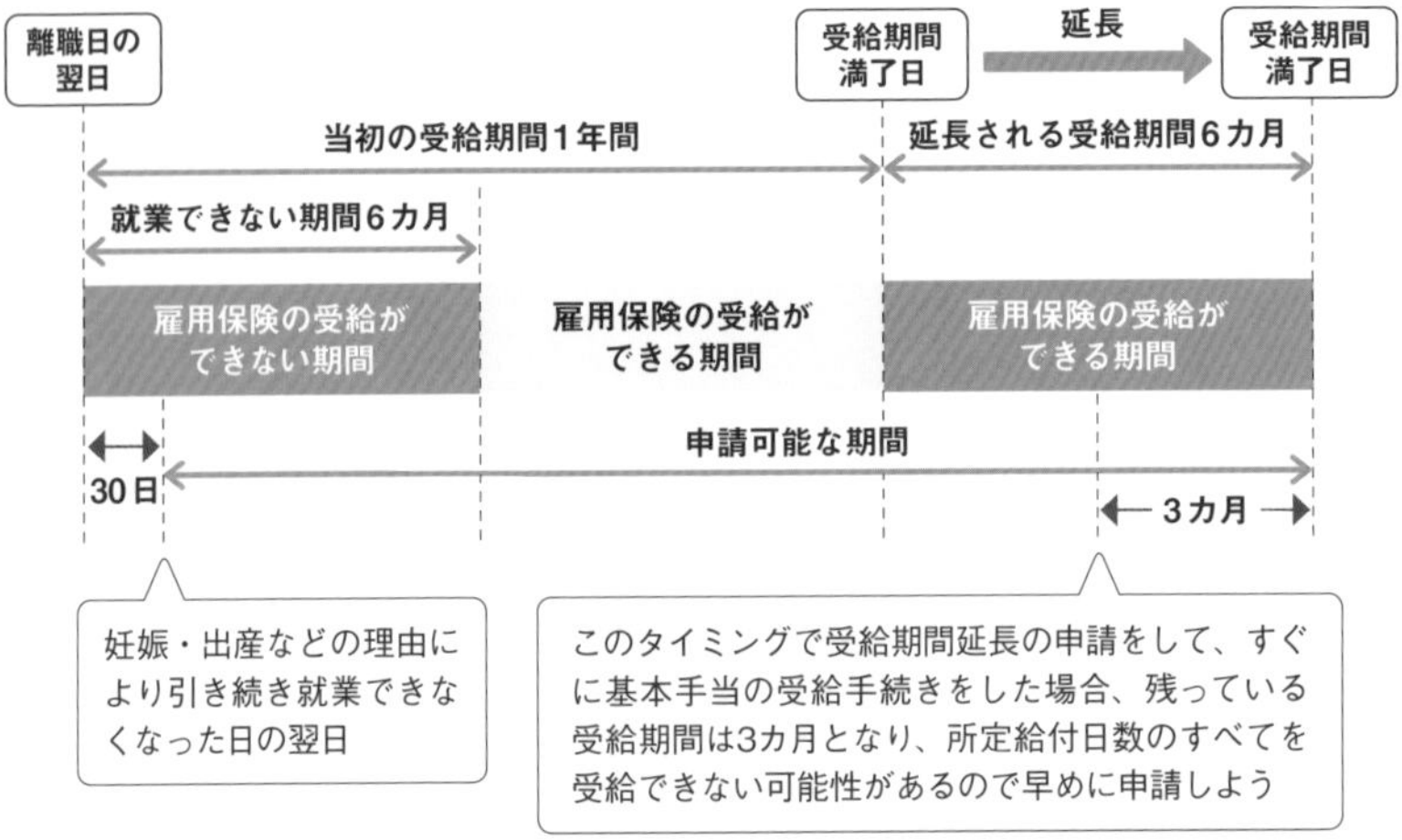

● 失業手当受給延長の条件と申請方法

対象者	失業手当受給対象者で、受給期間中に妊娠・出産・育児（3歳未満）、病気やケガ、親族の介護などにより30日以上働けない人
申請方法	ハローワークに「失業保険受給期間延長申請書」を提出
申込期間	働けなくなった日の翌日から30日過ぎた日～延長する受給期間の満了日
延長期間	受給期間（1年）＋働けない期間（最長3年）

雇用保険を利用できない場合の制度も活用する

失業手当は雇用保険の被保険者で一定の要件を満たした人しか受給できません。雇用保険に加入していない、または加入していても要件を満たしていない人が、安心して求職活動できるように求職者支援制度があるので活用しましょう。

職業訓練 ＋ ハローワークの就職支援 → **早期就職**

↑ 職業訓練受講給付金（月10万円＋通所手当＋寄宿手当）

- 求職者支援訓練または公共職業訓練を原則無料で受講できる。
- 訓練期間中も訓練終了後もハローワークが就職支援。
- 一定要件を満たせば、「職業訓練受講給付金」を支給。

対象者

下記のすべての要件を満たす「特定求職者」

- ハローワークに求職の申し込みをしている
- 雇用保険被保険者や雇用保険受給資格者ではない
- 労働の意思と能力がある
- 職業訓練などの支援を行う必要があるとハローワークが認めたこと

該当する例

- 雇用保険に加入できなかった
- 雇用保険の失業給付（基本手当）を受給中に再就職できないまま支給が終了した
- 雇用保険の加入期間が足りずに失業給付を受けられない
- 自営業を廃業した
- 就職が決まらないまま学校を卒業した

支給要件

次の要件をすべて満たすことが必要

- 本人収入が月８万円以下
- 世帯全体の収入が月30万円以下
- 世帯全体の金融資産が300万円以下
- 現在住んでいるところ以外に土地・建物を所有していない
- すべての訓練実施日に出席している
- 世帯の中に同時にこの給付金を受給して訓練を受けている人がいない
- 過去３年以内に、偽りその他不正の行為により、特定の給付金の支給を受けたことがない
- 過去６年以内に、職業訓練受講給付金の支給を受けていない

手続きの流れ

訓練受講の手続き

ハローワークに求職申し込み
↓
訓練コースの選択
↓
受講申し込み
ハローワークで押印された受講申込書を訓練実施機関に提出
↓
訓練実施機関による選考（面接・筆記など）
↓
訓練実施機関から合格通知が届いたら
ハローワークで「就職支援計画書」の交付を受ける
↓
訓練開始。受講中から終了後３カ月間は原則として
月１回指定日にハローワークで職業相談を受ける

給付金の手続き

「職業訓練受講給付金」の受給希望を申し出て、
必要書類を受け取る
↓
必要書類を添付して事前審査の申請
↓
事前審査に合格したら支給申請に
必要な書類を受け取る
↓
指定来所日に職業相談を
受けた後、支給申請する

必要な書類

- マイナンバー確認書類
- 身元確認書類
- ハローワークから交付された各種様式
- 所定の添付書類
（住民票、同居配偶者の収入証明など）

17 ケース別 会社都合で退職する場合

解雇や倒産で仕事を失ったとき

本人は継続して働く意思があるにもかかわらず、経営不振や事業再編成に伴う人員削減など**会社の都合によって解雇**されてしまったら、収入も途絶えて生活不安を抱えてしまいます。

突然そのようなことになったら気が動転するかもしれませんが、**労働者の権利は法律で守られている**ので、冷静に必要な手続きを進めたいものです。次の**転職活動に支障をきたさないために**注意すべき点も知っておきましょう。

また会社が倒産してしまって職を失うことも考えられます。その場合も法律にのっとって、すべき手続きを確認しておきましょう。

解雇の場合は理由を確認

正当な理由のない解雇は裁判所に訴えて、解雇の無効化や撤回を求めることができます。そのための判断材料として会社側が発行した解雇理由証明書が必要です。泣き寝入りすることなく、生活不安を軽減するために必要な手続きを知っておきましょう。

解雇されたらやること

- 解雇理由証明書を請求する
- 解雇の撤回を求める
- 就労の意思を示す
- 年金と保険の切り替え手続きをする

解雇された場合にもらえるお金

基本手当（失業給付）	退職後にハローワークに求職申し込みして手続きする（P188参照）。ただし、不当解雇を争う場合は本受給ではなく仮受給するように注意。
解雇予告手当	予告なく解雇された場合に支払われる手当。30日分の平均賃金を会社が支払わなければならない。ただし、不当解雇を争う場合は受け取ってしまうと矛盾が生じるので請求しない。
退職金	退職金規程に沿って支払われる。ただし、「懲戒解雇の場合は支給されない」などの規定があるかに注意。
解雇後の賃金	解雇された従業員が不当解雇を争って裁判所に訴えた場合、解決するまでの間の賃金を請求することができる。ただし、係争中に業務を指示された場合にはこれに応じる意思があることが必要。
慰謝料	解雇が不当である場合には、それにより被った精神的苦痛について賠償請求できる。

解雇を争う場合にやってはいけないこと

①退職届への署名押印

➡「自分の意思で退職」「解雇に同意した」という認識を示す証拠になる。

②失業給付の本受給

➡受給してしまうと退職を認めたことになる。一旦仮受給を受け、解雇の無効が認められ、退職しないことになった場合に返還する。

③解雇予告手当や退職金の請求

➡解雇が有効であるとの前提に立った請求となるため、不当解雇を争う場合は請求しない。会社側が一方的に振り込んできたら解雇後の賃金として受領する。

倒産による失業の場合、未払金を確認

会社が倒産した結果、職を失った場合は働いた分の給与がきちんと支払われたかどうかを確認しましょう。未払金がある場合は一定の要件を満たせば未払金の一部を国が立て替える未払賃金立替制度を活用します。

● 未払賃金立替制度

勤め先の要件

①事業活動を1年以上行っていた
②倒産した（法律上・事実上）

労働者の要件

①倒産について裁判所への申し立てまたは認定申請が行われた日の6カ月前の日から2年の間に退職した
②定期的な賃金、および退職金の未払い分が総額2万円以上ある

［立替払の額＝未払賃金総額の8割（限度あり）］

退職日における年齢	未払賃金総額の限度額	立替払の上限額（総額の8割）
45歳以上	370万円	296万円
30歳以上45歳未満	220万円	176万円
30歳未満	110万円	88万円

会社都合の退職のほうが失業保険の保証が手厚い

自己都合の退職と違って、会社都合で退職を余儀なくされた場合、本人は何も備えのないまま職を失ってしまうことも考えられます。そのような状況で生活不安に陥るのを防ぐために、失業手当は一般離職者に比べて手厚い保証となっています。

特定受給資格者とは

会社の倒産・解雇などの理由によって再就職の準備をする時間的余裕がないまま離職を余儀なくされた失業手当の受給資格者のこと。

受給要件 ①離職日前の1年間のうち6カ月以上雇用保険に加入していた。
（一般離職者は2年間のうち12カ月以上の加入期間）

給付開始日 ：ハローワークに求職申し込みした日から8日目

［給付日数］

離職時の年齢／雇用保険の被保険者期間	30歳未満	30歳以上35歳未満	35歳以上45歳未満	45歳以上60歳未満	60歳以上65歳未満
1年未満	90日				
1年以上5年未満	90日	120日	150日	180日	150日
5年以上10年未満	120日	180日	180日	240日	180日
10年以上20年未満	180日	210日	240日	270日	210日
20年以上	–	240日	270日	330日	240日

18

ケース別

もっと知りたい！ さまざまな制度や補償

自己都合で退職する場合① 転職・独立

独立・起業などで 会社員ではなくなる場合

出産、介護、病気のほか、自己都合退職にはさまざまな理由がありますが、ここでは**独立・起業**する場合に必要な手続きについて見てみます。独立・起業には大きく分けて、**①個人事業主（フリーランスも含む）**になる、**②会社を設立し経営者**になるという2つの道が考えられます。

これらは法人格をもつかどうかの違いですが、いずれにしても、雇われの身ではなく、自分で自分の仕事全般に責任をもちお金の出入りのすべてを把握する必要があります。

税制や社会保険、健康保険などにおける身分も会社員とは違います。それぞれのケースで、退職後に進める手続きについて確認しましょう。

個人事業主になる場合に必要な手続き

個人事業主とは税務上の区分で、会社など組織に属さず個人で事業を営む人のことです。税務署に開業届を提出すると個人事業主になります。一方、フリーランスは働き方の呼称で、税務上はフリーランスも個人事業主ということになります。

開業届	管轄の税務署に原則として事業開始から1カ月以内に提出する。税制上の優遇措置のある青色申告を希望する場合は青色申告承認申請書も提出する。
健康保険、社会保険の切り替え	会社員時代の健康保険から国民健康保険へ、厚生年金から国民年金への切り替えが必要。
事業所の確保	自宅でも可だが、必要に応じて事務所など事業所となる場所を確保。

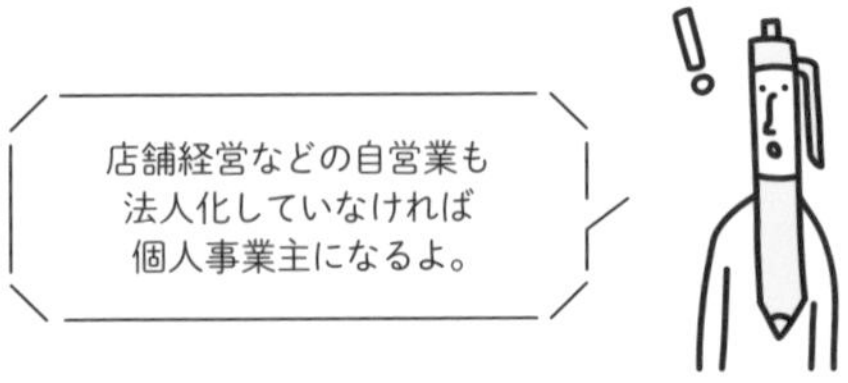
店舗経営などの自営業も
法人化していなければ
個人事業主になるよ。

会社を設立する場合に必要な手続き

明確な事業計画があって、会社を起こしてそれを実現したいという人もいるでしょう。会社の形態には、①株式会社　②合同会社　③合名会社　④合資会社の４つがありますが、最もよく知られているのは①株式会社です。

会社設立の大まかな流れ

会社を設立するには本社所在地の法務局に法人登記が必要です。法人登記には一般的に約2週間かかります。マイナンバーカードの取得者は法務局のサイトからオンライン申請も可能です。ここでは、株式会社の法人登記のしかたを押さえておきましょう。

事業計画 ➡ 資金調達 ➡ 法人登記 ➡ 関連諸手続き

株式会社の法人登記の手順

① **基本事項の決定**

会社形態、商号、事業目的、本店所在地、資本金、発起人住所などを決める

② **法人印（会社の実印）の作成**

③ **定款の作成・認証**

定款とは会社の決まり事をまとめた「会社の憲法」。設立にあたって最も重要となる。
作成したら公証役場で認証を受けなければならない。
認証手数料・収入印紙代（電子定款なら不要）など必要

④ **資本金の払込**

法人口座に資本金を払い込む

⑤ **登記に必要な書類の準備、法務局での申請**

法務局窓口に必要書類をそろえて申請（マイナンバーカード取得者はオンライン申請も可能）

会社登記後に必要な諸手続き

法人税の届け出	所轄の税務署へ、法人設立届出書、青色申告承認申請書、給与支払事務所などの開設届出書など税務上必要な届け出をする
住民税、法人事業税届け出	本社所在地の役所の税務部門へ届け出
健康保険・厚生年金保険に加入	年金事務所で手続き 健康保険・厚生年金保険新規適用届 健康保険・厚生年金保険被保険者資格取得届 （※被保険者となる役員、従業員の全員分）
労働法に関する届け出	労働基準監督署に届け出 適用事業報告、労働保険関係成立届、労働保険概算保険料申告書、就業規則届、時間外労働・休日労働に関する協定届（36協定）
雇用保険の届け出	ハローワークへ届出 雇用保険被保険者資格取得届、雇用保険適用事業所設置届
法人口座開設	最寄りの金融機関で、定款、登記簿謄本などの証明書類、法人印など必要書類を提出して開設

出産が理由の退職の場合に必要な手続き

出産を理由に退職する場合、まず、**健康保険の身分**をどうするか決めて、早めに手続きします。健康保険に加入している人は、退職の有無にかかわらず、出産にかかわる医療費にあてるための費用として胎児１人につき定額の**出産育児一時金**を受け取ることができます。加入している健康保険組合に申請します。

また、出産のため休職している間に事業主から報酬が受けられない場合、**出産手当金**が支給されますが、産休中に退職した場合でも支給対象になることがあるので、要件を満たしているかを確認しましょう。

産休・育休などの制度をしっかり理解して活用しましょう。

出産による退職者は年々減少

国の調査によると、近年、約７割の女性は出産しても仕事を継続、約５人中４人が育休を利用しています。その割合は2000年代以降順調に増加しており、出産後の継続就労環境が整いつつあることを示しています。

[第1子出生年別にみた、第1子出産前後の妻の就業変化]

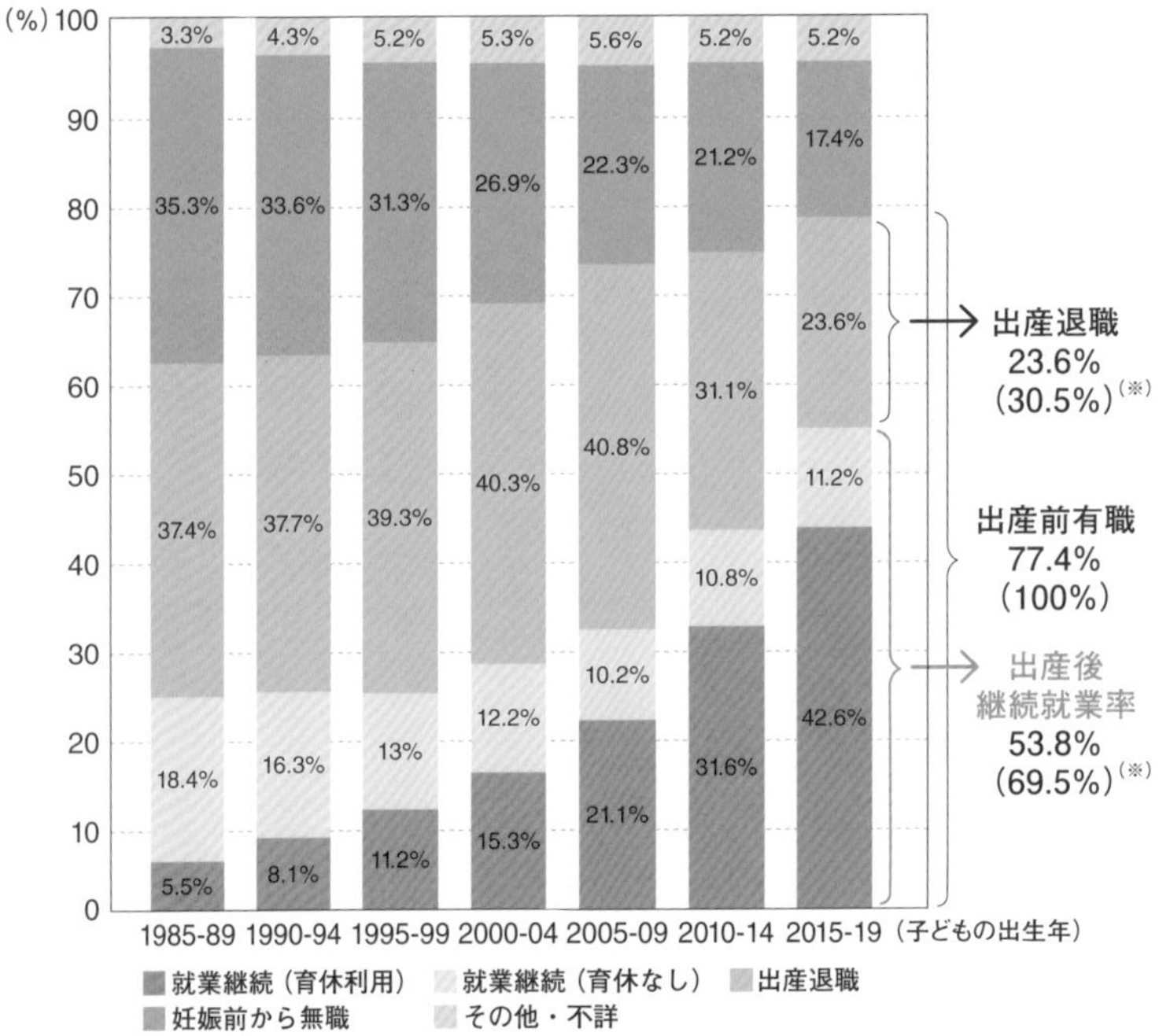

(※)（　）内は出産前有識者を100として、出産後の継続就業者の割合を算出
(注1) 就業変化は、妻の妊娠判明時と子ども1歳時の従業上の地位の変化をみたもの。
(注2) 上記グラフは、対象期間（例：2010～2014）中に出産した女性の就業変化を表している。
出典：国立社会保障・人口問題研究所「第16回出生動向基本調査（夫婦調査）」(2021年)

退職せずに産休・育休制度を活用する

妊娠・出産・子育てを理由に退職しなくても済むように整えられた制度について正しく理解し、職場と相談して活用しましょう。

出産予定日

産前休業
出産予定日の6週間（双子以上の場合は14週間）前から取得開始できる

産後休業
出産後８週間は就業できない。ただし６週間以降本人の請求と医師の許可があれば就業可

＊対象は出産する人。
休業期間は原則無給だが
出産手当金を受給できる。

育児休業
1歳に満たない子どもを養育する労働者は希望する期間休業できる。最長で子どもが2歳になるまで2回に分けて取得可。

※対象は男女。
休業期間は原則無給だが育児休業給付金を受給できる。
休業期間6カ月まで＝休業開始時賃金日額×休業期間の日数×67％
休業期間6カ月以降＝休業開始時賃金日額×休業期間の日数×50％

産後パパ育休
＊対象は男性。パートナーの出産後8週間以内に、育休とは別に、2回に分けて最大4週間取得できる。

出産が理由の退職の場合に必要な手続き

出産にかかわる一時金の支給制度などについて把握・準備しておきましょう。健康保険や確定申告の手続きも忘れずに行いましょう。

出産育児一時金

退職の有無にかかわらず、健康保険に加入している人が妊娠した場合、出産にかかわる医療費にあてるために支給される一時金。

<table>
<tr><th>条件</th><th>胎児一人当たりの支給額</th></tr>
<tr><td>産科医療補償制度に加入の医療機関等で妊娠週数22週以降に出産した場合</td><td>50万円</td></tr>
<tr><td>産科医療補償制度に未加入の医療機関等で出産した場合</td><td rowspan="2">48万8000円</td></tr>
<tr><td>産科医療補償制度に加入の医療機関等で妊娠週数22週未満で出産した場合</td></tr>
</table>

出産手当金

被保険者が出産のために会社を休んで無給となっている間、受けられる手当て。ただし、任意継続被保険者は支給されない。

出産手当が受けられる期間 出産の日（実際の出産が予定日後のときは出産の予定日）以前42日（双子以上の場合は98日）から、出産の日の翌日以後56日目までの範囲内で会社を休んだ期間

支給額 1日当たりの金額＝【支給開始日の以前12カ月間の各標準報酬月額を平均した額】÷30日×（2/3）

健康保険
➡P186参照

失業手当の受給期間延長申請
➡P192参照

確定申告
➡P184参照

20

ケース別 もっと知りたい！さまざまな制度や補償

自己都合で退職する場合③ 介護・療養

介護や体調不良に備える制度を知る

家族の介護や自身の病気・ケガなどで通常のように仕事を続けることが困難になることがあるかもしれません。働き続ける意思がある場合は、退職しなくて済むために整えられている制度があるので、職場との調整を図りつつ活用しましょう。

介護については育児・介護休業法で**介護休業や短時間勤務を利用する権利が保障されています。**

病気やケガについては**その原因が業務にある場合は労災保険の対象となり、業務外の場合は私傷病休職制度を利用できます。**具体的な仕組みは**就業規則を確認**しましょう。体調不良の場合は、必要に応じて診断書を提出するとよいでしょう。

介護による退職者は約7万人

厚生労働省の調査によると、2022年に自己都合で離職した人は約563万人で、そのうち「介護・看護」を理由とする人は1年間で約7万3千人でした。男性に比べて女性が多く、「55歳～59歳」で最も高くなっています。

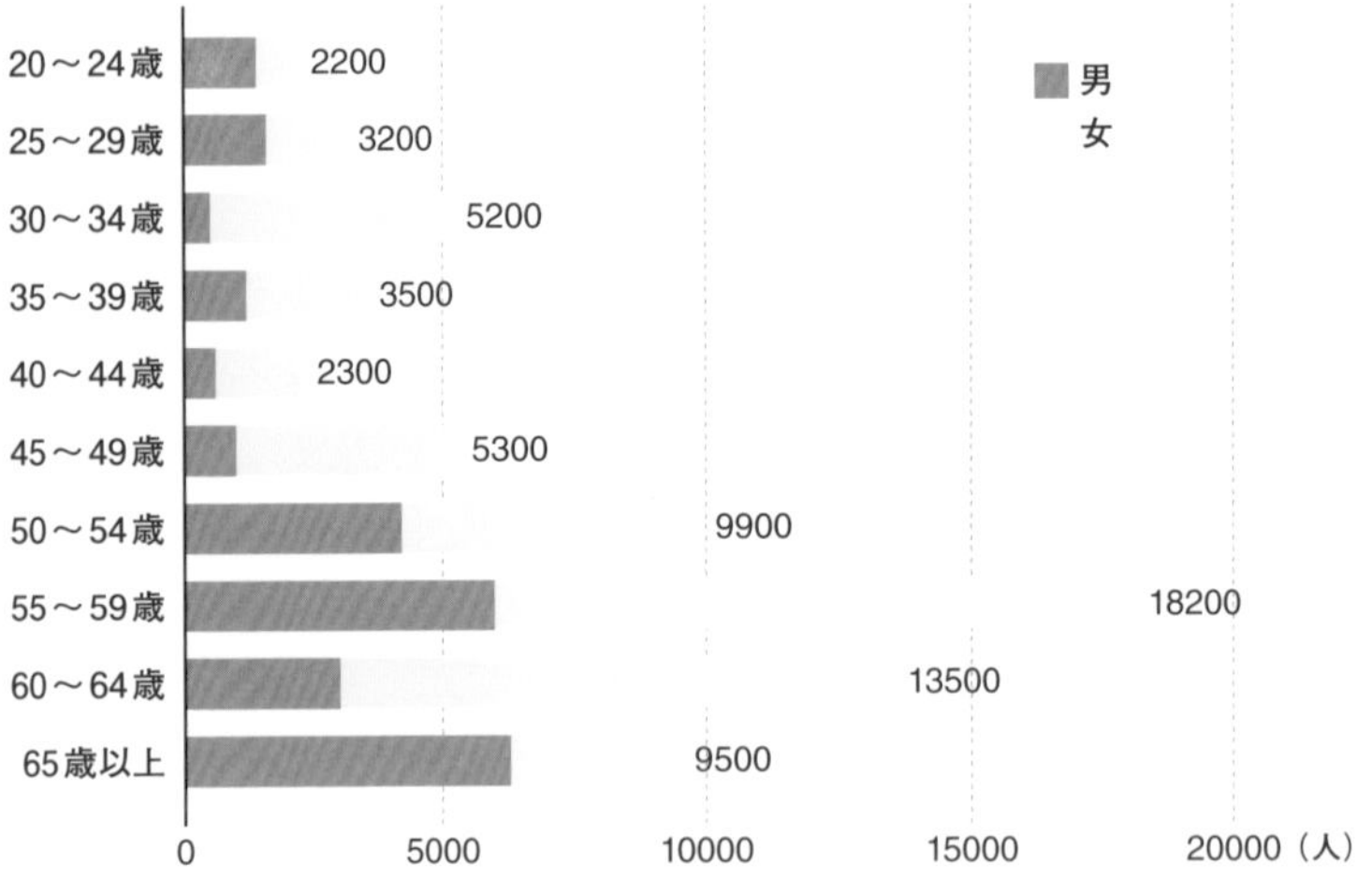

出典：厚生労働省「令和4年 雇用動向調査」

仕事と介護の両立支援制度を活用する

労働者の家族が介護を必要とする状態（要介護状態）になった場合に、労働者が仕事と介護を両立できるように仕事と介護の両立支援制度が整えられています。制度を知ってうまく活用しましょう。

● 介護休暇、介護休業

	介護休暇	介護休業
対象労働者	入社6カ月以上の労働者	入社1年以上の労働者
対象家族	配偶者（事実婚含む）、父母、子、配偶者の父母、祖父母、兄弟姉妹、孫	
取得可能期間	対象家族が1人の場合は、年5日まで。2人以上の場合は最大10日間。1日または時間単位	対象家族1人につき3回まで、通算93日まで
賃金・給付金	原則無給（会社によって異なる）	原則無給（会社によって異なる） 条件次第で雇用保険の介護休業給付金制度の利用可能

● その他の制度

短時間勤務	対象家族1人につき利用開始の日から連続する3年以上の期間で2回以上利用できる。
所定外労働の制限（残業免除）	1回につき1カ月以上1年以内の期間。回数の制限はなし。
時間外労働の制限	1回につき1カ月以上1年以内の期間。回数の制限はなし。
深夜業*の制限	1回につき1カ月以上6カ月以内の期間。回数の制限はなし。

*深夜業とは、午後10時から午前5時までの労働のこと。

● 介護休業給付金の計算方法

介護休業給付金支給額 ＝ 休業開始時賃金日額 × 支給日数 × 67%

押さえておきたい

休業以外の方法も検討する

自分や身内だけですべての介護を担うのではなく、外部の介護サービスを組み合わせて活用するのもひとつの方法です。まずは対象家族の住所地の地域包括支援センターに相談し、担当ケアマネージャーを中心にケアプランを作成してもらいましょう。介護保険制度の対象となるサービスは費用負担が軽減されます。

業務が原因の体調不良は労災が適用される

病気やケガなどの体調不良が生じた場合は、まず病院で診断と治療を受け、その原因が業務上に起きたものか業務外に起きたものかどうかを特定しましょう。**通勤時に発生した病気やケガも業務上の原因**となります。業務上の原因であれば、労災保険により医療費が補償され、会社側は該当の従業員が働けない期間と復帰後30日は解雇することが禁止されています。労災保険の対象となる可能性があれば、職場の担当部署に相談し、認定の手続きをしましょう。判断が難しい場合は社労士や弁護士などの専門家の指示を仰ぐとよいでしょう。

一方で業務外に起きた病気やケガは、会社によって対応が異なります。休職制度がある会社も多く、就業規則などで確認しましょう。要件を満たしていれば、健康保険の傷病手当金を受けられる場合もあります。

業務上の原因で生じた場合、さまざまな給付が受けられる

病気やケガの原因が業務上によるものの場合、労災が認定されます。労災保険は、補償の種類によって適用される給付内容と給付額が異なります。

労災保険とは

業務中・通勤中の事故や災害によるケガや病気に対する補償を目的とした保険。短時間労働者を含むすべての労働者が対象となる。

● 労災認定によって支給される主な給付金

療養（補償）給付	病気やケガの治療費を全額補償。検査・治療・入院・通院にかかる費用の実費相当額が労災保険から支払われる。
休業（補償）給付	病気やケガで仕事を4日以上休む場合、4日目から受け取ることができる。給付基礎日額（平均賃金）の80%が補償される。
障害（補償）給付	後遺障害が残った場合に、本来得られるはずだった利益を補償する。障害等級によって給付の種類と金額が決定される。
遺族（補償）給付	労働者が業務（通勤）災害によって死亡した場合、遺族に対して生活補償を行うもの。遺族の人数に応じて給付額が変わる。
傷病（補償）給付	治療を始めてから1年6カ月経過しても治癒しておらず、傷病等級が第1級～第3級のいずれかに該当する場合、支払われる。

労災対象ではない病気やケガの場合に利用できる制度

労働者が業務以外の原因で病気になったりケガをして、その療養のために仕事を休む場合は労災の対象にはなりません。その場合は、次のような制度を検討してみましょう。

私傷病休職制度

業務が原因ではない病気やケガで長期休業することになった場合に、会社が労働者に対して就業を免除する制度です。休業期間や給与支払いの取り扱いについて法律上の規定はなく、企業ごとに就業規則に定めているので確認しましょう。

傷病手当金

健康保険の被保険者が病気やケガで休職している間に給与が支払われない場合、受けられる手当です。療養のために3日間連続して欠勤した後の4日目からが支給対象となり、最長で支給開始日から1年6カ月までです。ただし、傷病手当金の額より少ない給与が支払われているときは、その差額を支給。

● 傷病手当金の支給例

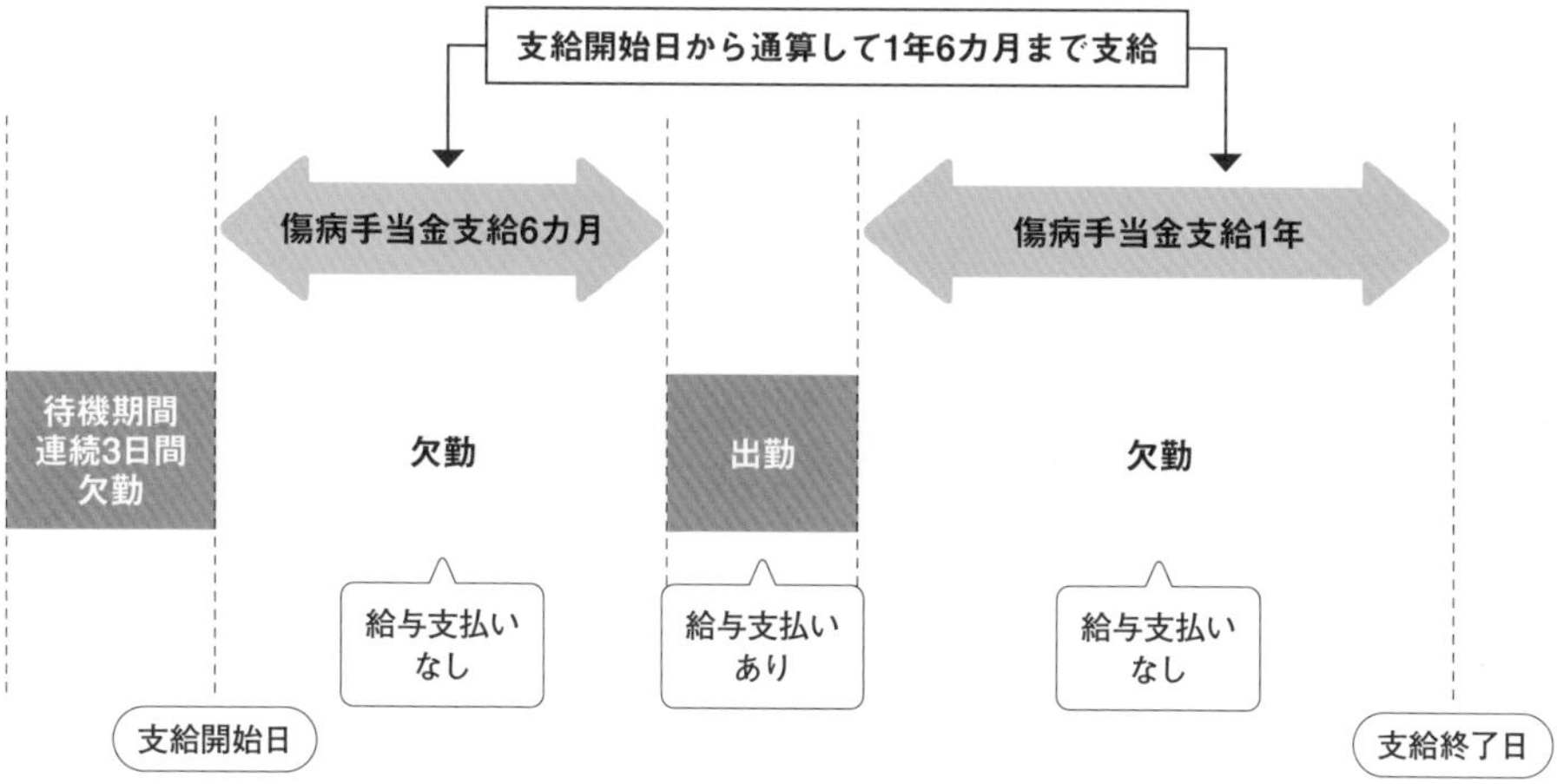

1日当たりの支給額 ＝ 支給開始日の以前12カ月間の各標準報酬月額を平均した額 ÷ 30日 × $\frac{2}{3}$

病気やケガを理由に自らの意思で退職した場合、
回復後に働ける状態になってから
求職活動を始めるケースが多いでしょう。
その場合におすすめな失業保険の受給期間の
延長申請はP.192で詳しく説明しているよ。

退職後自分ですべき公的手続きを忘れずに

定年退職の年齢は**60歳以上で各企業が任意に決める**ことができます。従来は60歳定年が主流だったものの、社会全体の高齢化を反映して定年を引き上げたり、再雇用の仕組みを導入したりして、働く意欲のある高齢者が、就労機会を得られるようにする傾向にあります。

定年退職年齢を迎えた場合、**年金受給、健康保険、雇用保険、所得税（確定申告）**などについて必要な手続きを確認しましょう。また、退職後に再就労、転職、独立開業などした場合も、それぞれの状況に応じて健康保険・厚生年金・雇用保険、確定申告をどうすべきか確認しておきましょう。

60歳を定年とする企業は約7割

2022年の厚生労働省の調査によると60歳定年は企業全体の72.3%、65歳定年は21.1%でした。2017年調査では60歳定年が79.3%、65歳定年が16.4%だったことからすると、定年退職の年齢は引き上げられる傾向にあると言えます。

［企業規模別定年年齢の割合］

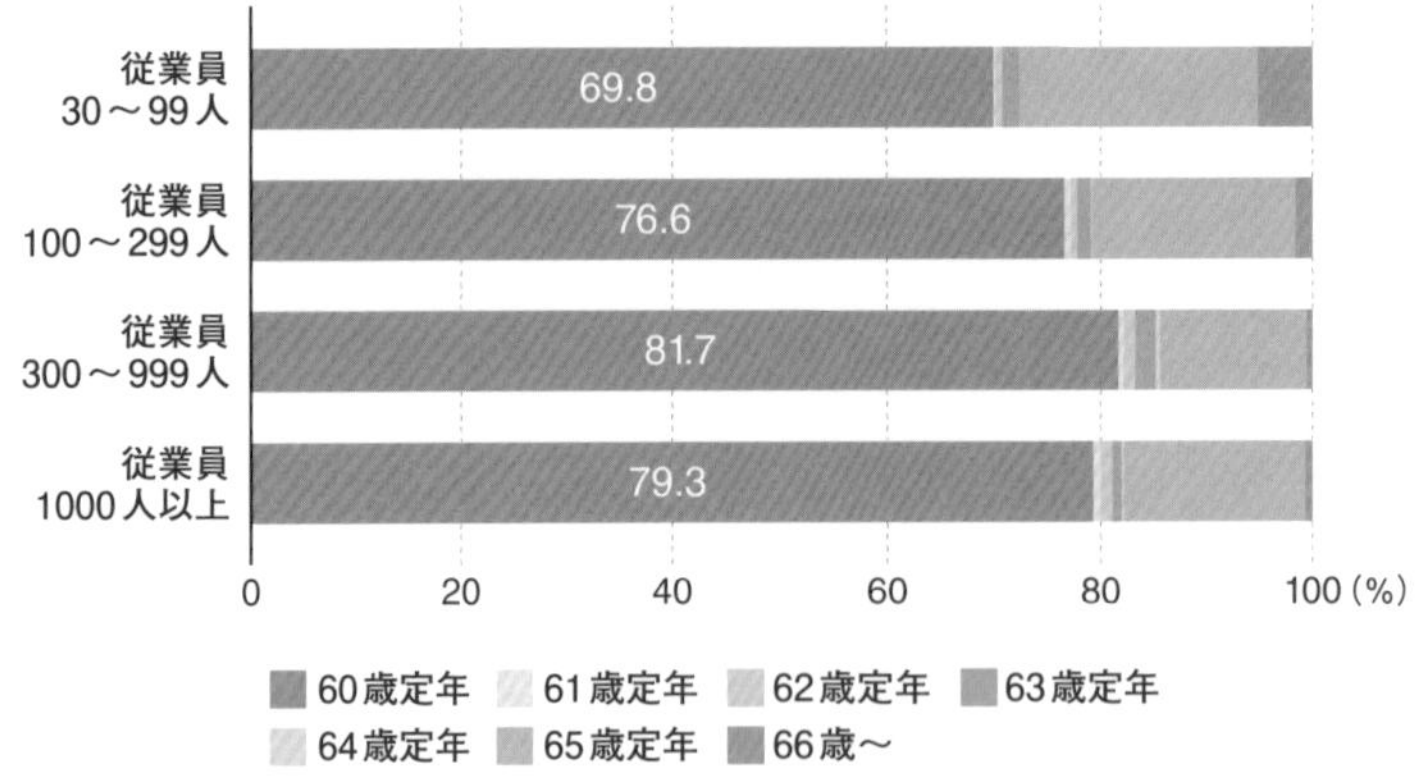

出典：厚生労働省「2022年就労条件総合調査の概況」

高年齢者雇用安定法の改正（2021年）で、企業に対して従業員の65歳までの雇用確保が義務化されたことに加えて、70歳までの就業確保措置が努力義務とされたことも定年年齢の引き上げを後押ししているよ。

60歳を過ぎると社会保険が変わる

60歳で定年退職した場合は、健康保険・厚生年金保険・雇用保険の被保険者資格を喪失します。退職後は個人の状況に応じて必要な手続きを進めます。

● 定年にあたって必要な主な手続き

年金	年金は自分で申請しなければ支給が開始されない。支給開始年齢に達する誕生日の3カ月前に年金請求書が届くので、必要書類を添付して年金事務所で手続きする。支給開始年齢は原則65歳だが60歳〜70歳の間で繰り上げまたは繰り下げが可能。支給額は繰り上げ時期が早いほど少なくなり、繰り下げ時期が遅いほど多くなる。60歳からの繰り上げ支給を希望する場合は年金事務所に問合せ。
健康保険	次のうちいずれかを選択して切り替え手続きする。 ①任意継続被保険者制度を利用して退職前の職場の健康保険に継続加入する（最大2年間継続可能） ②国民健康保険に加入する ③家族の健康保険の被扶養者になる
雇用保険	再就職の意思があり被保険者期間が所定の期間を満たしている場合は、失業保険の受給ができるため、会社から離職票を発行してもらい、ハローワークで求職申込をする。
税金	確定申告をする。12月末日で退職し再就職しない場合は会社が年末調整するが、それ以外は自分で確定申告が必要になる。住民税は前年の収入区分にもとづいて住所地の役所から送られてくる納入通知書で納入する。

退職後の生活、毎月いくら必要？

2021年の総務省家計調査によると、高齢夫婦のみ無職世帯の家計収支は、1カ月の平均支出総額25万5100円に対して平均実収入が23万6576円でした。不足分の1万8524円を貯蓄または働くことで賄う必要があると言えます。

［ 65歳以上の夫婦のみの無職世帯（夫婦高齢者無職世帯）の家計収支（2021年）］

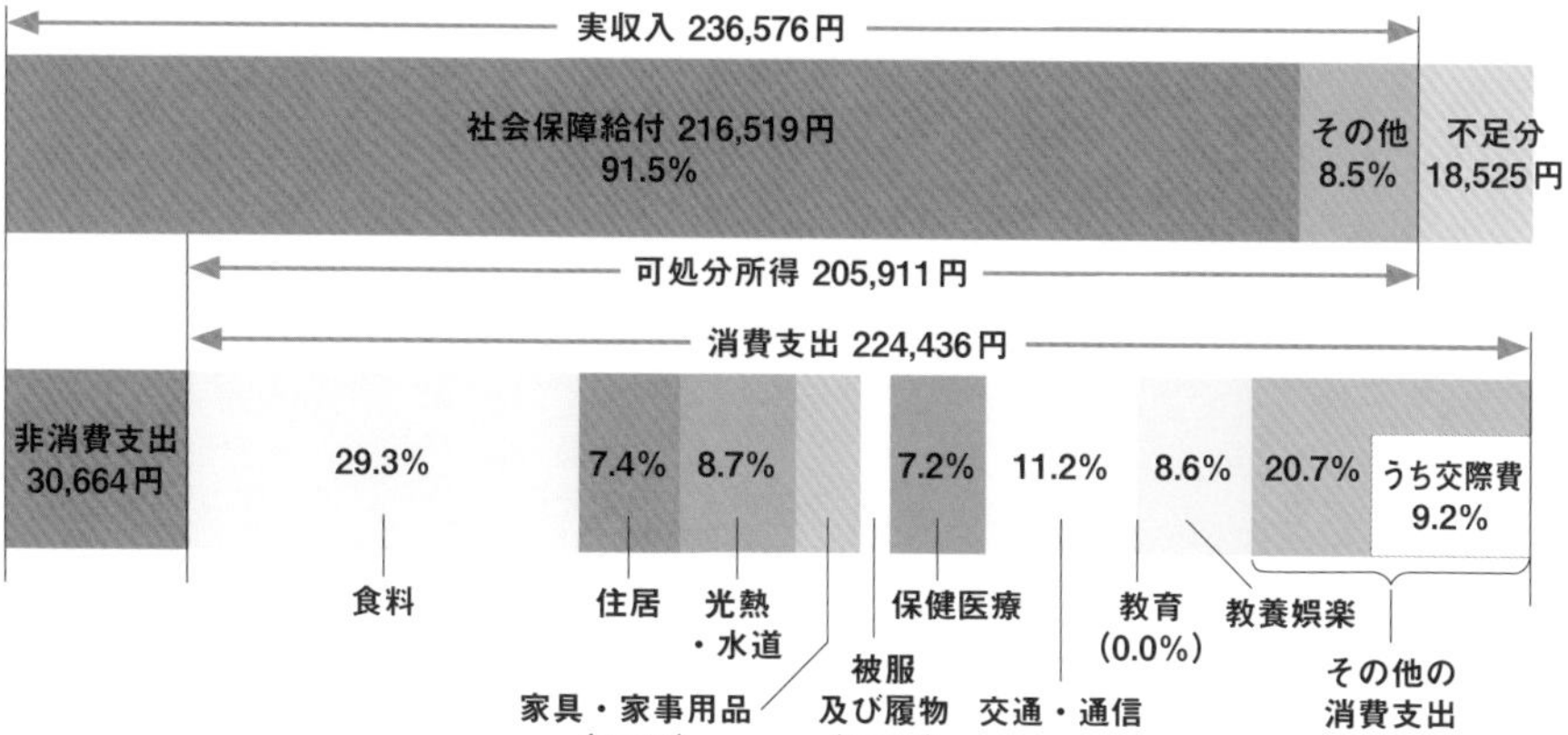

出典：総務省「家計調査年報（家計収支編）2021年（令和3年）Ⅱ総世帯及び単身世帯の家計収支」

大きな目標をもって行動したら古巣で開花した活躍のステージ

データ活用でビジネスを広げる

株式会社横浜銀行
KSさん（データマネジメント ビジネスリーダー）

大学卒業後、信用格付会社に入社。2014年に横浜銀行へ転職し、データを活用したマーケティング業務に携わる。その後データ分析ベンダー、外資系コンサルティングファームでの勤務を経て、2023年古巣の横浜銀行にICT推進部ビジネスリーダーとして再入行。

転職を通じてキャリアの道筋が見えてきた

——現在のお仕事の内容は？

ＩＣＴ推進部はＩＴを活用したシステム開発の企画立案や各部支援、サイバーセキュリティを担う部署で、既存のシステムと新技術を組み合わせて、顧客や銀行内のユーザーのニーズにこたえる仕事です。さまざまなプロジェクトについて担当者と目標を共有し、的確に指示を出して期限までの任務遂行を統括管理しています。

——これまでの経歴と転職のきっかけを教えてください。

新卒で入社した信用格付会社に6年勤務後3回転職していますが、ずっとデータ分析・利活用の道を歩んできました。銀行業界のデータ分析に興味があったので2社目は現在の職場である横浜銀行へ。データベースマーケティングを担当しました。3社目は分析技術を高めたかったのでデータ分析ベンダーへ。ここである程度経験を積んだころ、自分のキャリアの節目を感じました。キャリア形成方法として技術を極める道と、データを活用してビジネスを成長させる道の2つがありましたが、どちらを選ぶか考えたとき、自分は後者だと改めて気づきました。

——複数の職場を経験してご自分の指向性が明確になったのですね。

はい。次の転職先に選んだのが外資系コンサルティングファームで、そこでは生保、銀行、カード会社などのデータ利活用支援を担当。顧客のニーズをつかみ、データ活用で解を導くという自分の核が明確になってきました。次のステップを考えていたときに、古巣の横浜銀行にご縁がありました。

退職後も情報交換、そこから生まれた双方のメリット

——一度退職した会社に再就職した決め手は？

尊敬する元上司と定期的に会食するほど良好な関係を保っていたので

すが、その方からICT推進部内にデータマネジメントを担う新たなグループが立ち上がる話を聞いて、今求められている人材像と自分が培ってきたスキルがぴったり合うと感じ応募しました。そのとき改めて横浜銀行のデータ利活用に対する意識の高さも確認でき、まさに自分が目指している方向に近づけると思ったのです。

　自分の中での大きな目標は「金融業界のデータ活用の民主化」。つまり、誰もが適切なタイミングでデータを活用しやすい環境を作ることです。その目標に向かってブレずに進んだ結果、今のご縁につながりました。

――戻ってみていかがでしたか？

　拍子抜けするほど周りも自然に受け入れてくれて、仕事しやすいです。以前在籍していたときと変わっていることも多いですが、わからないことは快く教えてもらえます。こちらが持つスキルは惜しみなく発揮して、チーム力で成果を上げる状況を作ろうと努力しています。

　他社を経験してきたからこそ見える横浜銀行の強みも多く認識できています。例えば、行員一人ひとりの成長・挑戦を応援するキャリアオーナーシップ施策。これは行員が主体的に描いたキャリアを実現するのに必要な技能や資格の取得を会社が支援する仕組みです。また、社員がやりたい業務に自ら手を挙げられる社内FAも導入されて、やる気のある人が活躍しやすい環境があると思います。

――課題はありますか？

　リーダーとして部下に指示を出すときは、意図が明確に伝わるように、わかりにくいところは図に描いて説明するなどコミュニケーションを密にとるように心がけてはいますが、それでも解釈の違いが生まれることもあります。行き違いを防いで仕事を効率化するためにも、できるだけ風通しのよい関係を作りたいと思っています。これには時間をかけて取り組みたいと思います。

――転職を考えている人にアドバイスをお願いします。

　辞めるときには関係者に丁寧に理由を説明することをお勧めします。自分の場合、決してネガティブな理由ではなく目標への地固めであると説明しました。そうすれば納得してもらえるし、わだかまりなく引継ぎもスムーズにできます。前の職場とよい関係を保っていれば、有益な情報が入ってきたりして、お互いにとってメリットが大きいと思います。

横浜銀行のキャリアオーナーシップ施策

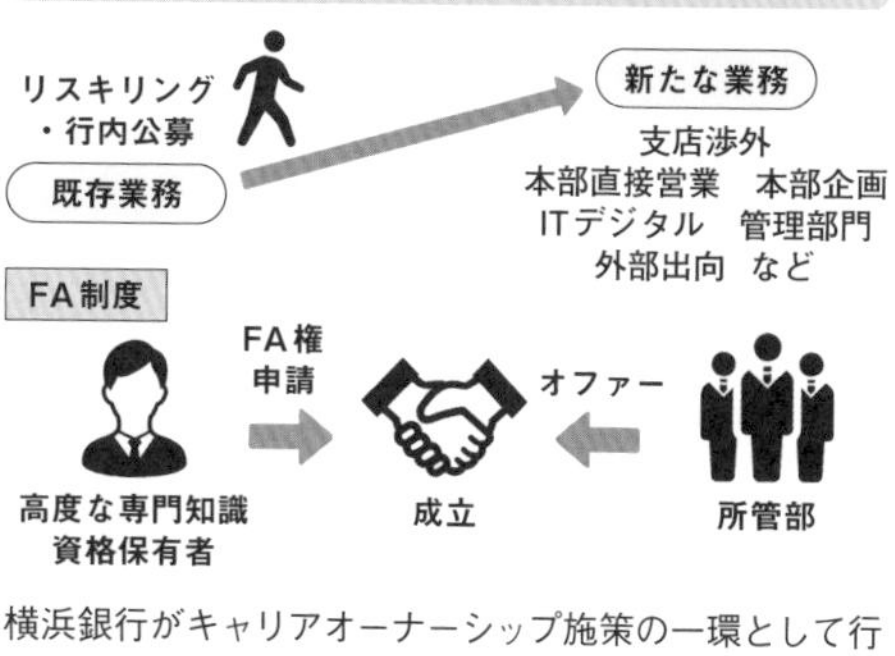

横浜銀行がキャリアオーナーシップ施策の一環として行う挑戦機会の提供強化。

退職者
×
元上司

異なる立場から見た転職と退職 ともに成長できる関係を目指して

世間で「転職」という言葉が一般的になりつつある昨今ですが、実際に転職や退職をする際には、上司や職場のメンバーとどんなコミュニケーションをするのがよいでしょうか。ここでは、10年働いた企業を退職した社員と、当時その退職を受け入れた元上司のお二方に、それぞれの立場での想いを聞きました。

元上司が退職を受け入れた時の本当の気持ち

——本田さんが転職を決意したきっかけは？

本田　勤続10年経ったころに、外の世界を経験して自分がもっと成長すれば、社会に貢献できることが広がるのではないかと思うようになったことがきっかけです。上司である新家さんにはその意志をはっきり伝えました。ここまで成長させてくれた会社に対する感謝の気持ちが大きいからこそ、遠慮してずるずる先延ばしにしてはいけないと考え、期日を明確に区切って願い出ました。

——それを聞いた当時、新家さんはどう感じられましたか？

新家　はじめは正直なところ寂しい気持ちでした。ただし、立場上今後の体制などを冷静に考える必要もあり、本田さんの話を聞いていく中で、次第に「社内では得難い経験を求めて巣立つ彼を温かく送り出したい」と心から思えるようになりました。

本田　新家さんが「また一緒に働くこともあるかもしれないね」と言ってくださったのが印象に残っています。正直、周りの反応も不安でしたが、それは杞憂でした。温かい声かけを沢山もらって、パナソニックで働いてよかったと思えましたし、だからこそもっと成長するぞという原動力にもなりました。

退職者の最後の仕事と上司の受け止め方

——退職を申し出る側、送り出す側として大切なことは何ですか？

本田　「立つ鳥あとを濁さず」ではないですが、退職時期や引継ぎのスケジュールを明確に示すことは大切ですよね。自分がいなくなっても混乱がないように状況を整えるのは、辞める側の最低限の恩返しであると思っています。

もう一つは当時の役員から言われた言葉でもあるのですが「退職者の最後の仕事は会社に課題を伝える事」だと感じています。一社員の目で気づいたこと、改善できる点を整理して伝えられたら良いと思います。

新家　上司としては、部下は自分の所有物ではないし、会社に依存した人生を送ってほしくもないです。退職を考える方の多くは、キャリアチェンジしてステップアップしたいという想いをおもちです。ですので、お互いがそれぞれの想いをリスペクトし合った上で、最終的に決断するのはあくまでも本人であるというスタンスを上司ももっておく必要があると考えています。それぞれが独立した個人として尊重し合う関係を大切にしたいですし、当社の人材育成においても重要視している点です。

残された
ほかの社員の反応

――退職時のやり取りという観点では、ほかの社員はどのような様子でしたか？

新家　まず、前提として、ネガティブな辞め方はしてもらいたくないので「ほかの会社でも成長してほしい」「その決断をリスペクトする」ということは必ず退職者本人に伝えています。残された社員たちにリスペクトを強要することはしませんが、私が退職する人に対してそうした態度をとり続けていくうちに、いつの間にか同様の考え方が浸透していくものだと信じています。

本田　そうですね。退職を伝えた時は怒られたり「裏切り者」と言われるのではないかと正直不安だったので、成長のチャンスに対して「おめでとう」と声掛けしてくれる社員もいたことは、私にとってもよい意味で想定外でした。この会社で働いてよかったと心から思った瞬間です。

成長していつかどこかで
交わる点があったら幸せ

――最後に、これから退職を考えている方にメッセージをお願いします。

新家　他社で働く退職者の話を聞くと、若い世代を中心に成長のスピードが速くなっているのを感じます。こちらももっと成長して、本田さんのように、退職者が戻って来たくなるような会社にならなければならないと痛感します。退職者には「成長し続けてほしい」と必ず伝えます。お互いに対等な関係として刺激し合える関係づくりがしたいですね。

TALK MEMBER

本田 慎二郎さん
（パナソニック オペレーショナルエクセレンス株式会社 リクルート＆キャリアセンター 企画部 経営企画課 課長）

大学卒業後、2010年にパナソニック株式会社に入社。人事、経営企画などを歴任後、2020年にファーストリテイリングに転職。ユニクロ配属となり生産性分析・UX（購買体験）改善を行う。2023年に現職へ転職、グループ全体へのリソースマネジメントに取り組む。

新家 伸浩さん
（パナソニック コネクト株式会社　執行役員 ヴァイス・プレジデント CHRO）

パナソニックグループにて一貫して人事を担当し、主にB2B ソリューションを担当する部門で人事戦略全般、人事制度企画、労使関係窓口、関係会社助成、採用などで事業体の変革をリード。現在は人事戦略推進のトップとして自社の変革を人事の立場で推進中。

経営層に聞く！

転職のお悩みQ&A

Q 仕事の区切りが悪く、転職のタイミングに踏ん切りがつきません。

社会人6年目です。転職を考えたいと思っていますが、ただでさえ慢性的に人手不足の今、残される周囲のことを考えると、なかなか辞める踏ん切りがつきません。どうしたらよいでしょうか?

（28歳・女性・会社員）

A

一度きりしかないあなたの人生、今がご自身のキャリアにとって転職活動を考えるタイミングなのであれば、動き出してしまってもよいと私は考えます。

アドバイスできることとすれば、転職活動と並行して「必要な人員を補填するための業務の棚卸し」「自分がいなくても滞らない・部下がいなくても滞らない体制構築」も同時に始めてみるのはいかがでしょうか、ということです。その体制を構築する過程で手に入れるマネジメントスキルは、転職後の職場でもきっとあなたの武器となりますよ。

残された同僚が困らないように段取りすることで、退職後も企業や上司・部下と良好な関係を維持できる”よい辞め方”ができるはずです。

余談ですが、今のあなたの責任感や組織への貢献意識はきっと採用活動をしている企業からも好ましく思われることと推察します。私が面接官の立場であなたからそうした背景を聞いたなら、とても信頼感を抱くことでしょう。

引き続き、ご自身だけではなく、転職先の企業・退職する企業・すべての人が気持ちよくいられる「あなたらしい転職」をぜひ実践してみてください。

（49歳・男性・会社役員）

Chapter

5

あなたのキャリアはあなたのもの

人生100年時代、キャリア形成の選択肢も多様化しています。
自分が納得できるキャリアを築くために、
さまざまなキャリアを歩む人たちのインタビューをご紹介します。

01

キャリアをとりまく変化①

転職は通過点でしかない

人生100年時代となり現役時代も長くなる

かつては60歳で定年を迎え、その先は趣味や余暇などで余生を送るとされていました。しかし、2023年の高齢社会白書（内閣府）によると、2021年の平均寿命は男性81・47歳、女性87・57歳。**健康寿命（健康上の問題で日常生活に制限のない期間）も2019年時点で男性が72・68歳、女性が75・38歳**まで延びています。同白書では**約9割が高齢期にも高い就業意欲**を持っているという回答結果があり、企業側も人手不足の時代を迎える中、**定年制の延長や再雇用制度**を進めています。

70歳、場合によっては80歳まで働くことが可能な時代、キャリアのあり方は変化しています。

人生100年時代のキャリア形成

従来の「学習」「仕事」「余生」という3ステージから、会社員、リカレント（学び直し）、副業・兼業などさまざまなステージを並行・繰り返しながら生涯現役である「マルチステージ」の時代に移り変わっています。それに伴いセカンドキャリアについての考え方も重要になっています。

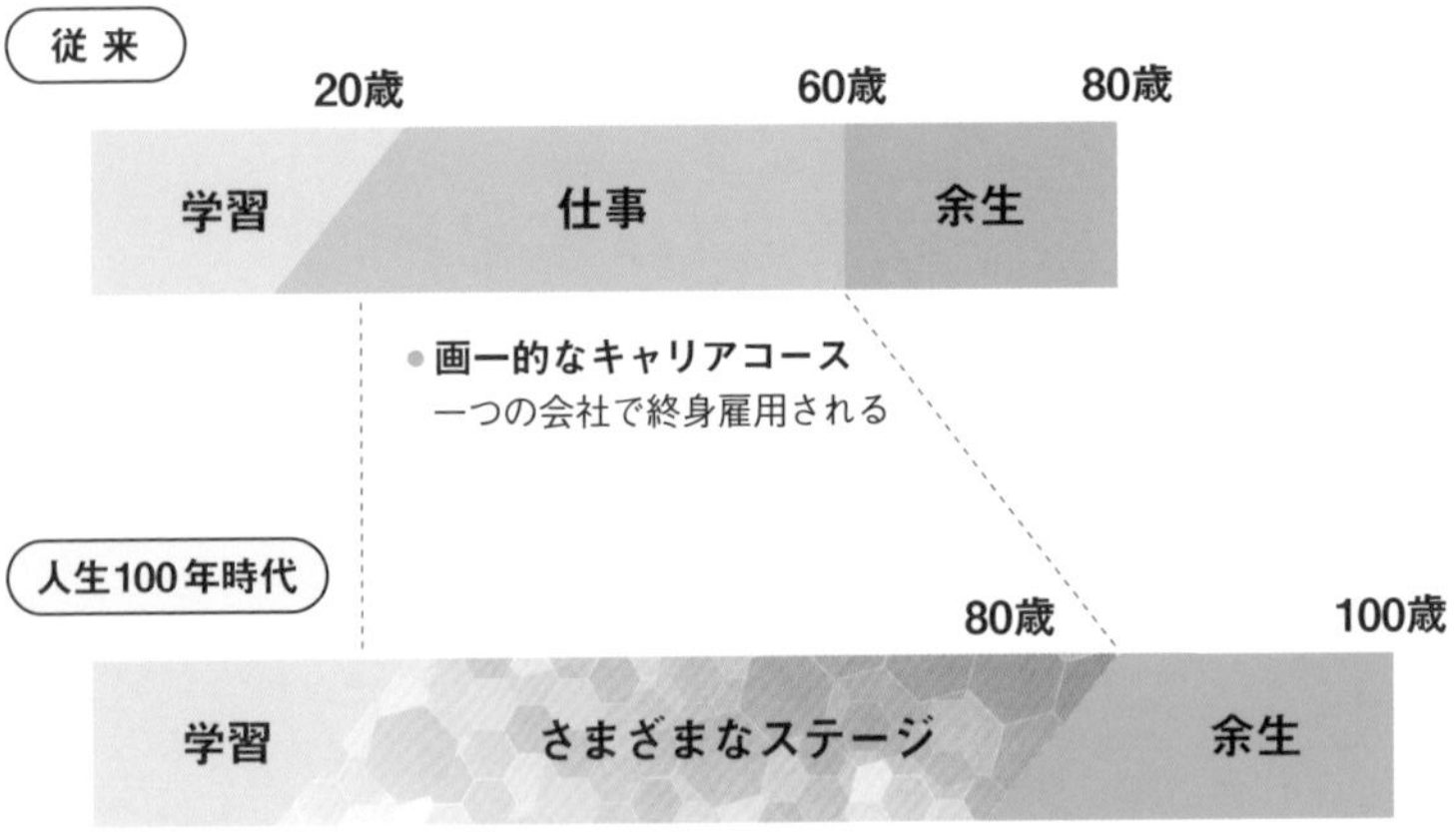

- **マルチステージ対応**
  会社員・副業・起業・リカレント（学び直し）・キャリアの探索など、ステージを組み替えながら柔軟に自分らしい生き方を見つけていく
- **ファーストキャリア→セカンドキャリア**
  これまで積んできた知識やスキルをもとに、将来を見据えたキャリアチェンジや新たなキャリアを切り拓いていく

現役の期間が延びてキャリアも変化する

現役の期間が延びたことで、一つの会社で働き続ける、もしくはずっと会社員であり続けるということから変化しています。

	これまで	これから
雇用制度	**メンバーシップ型雇用** 定期採用(新卒一括採用)で、採用した人間を必要な部署に配置する。	**ジョブ型雇用** 必要に応じて採用。職務内容を明確に定義して特定の職務で雇用契約を結ぶ。
雇用形態	**終身雇用** 入社から退職まで同一の会社で正社員として働く形態。	**柔軟な雇用** フリーランスや兼業・副業、一度退職した従業員の再雇用(アルムナイ採用)など。
昇格・昇給	**年功序列** 勤続年数や年齢が重視されて、同世代の人間が同ポジション・同程度の賃金になる。	**成果主義** 年次ではなく、仕事の成果によって、ポジションや収入が変わる。
働き方	**固定された働き方** 出社・退社時間が固定され、会社に出社して勤務する。	**柔軟な働き方** テレワークや時短、フレックスタイムなど、場所や時間にとらわれず働く。
退職金・年金	**定年退職後の収入は年金** 退職時に一定の退職金。公的年金支給開始年齢以降はそれを中心に生活。	**資産形成の時間を長くする** 働く期間を長くして公的年金の受給開始年齢を繰り下げ。退職金を原資に学び直し、起業などを行う場合も。

社会構造の変化をどうとらえて生きるか

１００年という時間はどう生きればよいのでしょうか。従来と同じ60歳で退職すると、働いてきた時間とほぼ同じ時間が残されています。

一方で、社会構造は大きく変化してきています。すでに人口減少時代を迎えていますが、約50年後の２０７０年には人口は現在の７割まで減少し、65歳以上の人口は38・７％になり、**人手不足はさらに深刻化**していくと言われています。

また、ＡＩなどの**技術の進展や世界情勢、大規模な自然災害などによって、ビジネス環境は急速に変化**しています。**予測困難で不確実性に満ちた時代を生き抜くためには、一人ひとりが主体的にキャリアを形成していくことが求められます。**企業のキャリアに対するとらえ方も組織主導の人材育成から個人主導の自律的キャリア開発へと変化していっています。

変化の激しい時代に求められるもの

近年、先を読むことが難しい「VUCA（ブーカ）時代」と言われるようになり、既存の価値観やビジネスモデルだけでは対応できない状況に変化してきています。

VUCAとは

Volatility・Uncertainty・Complexity・Ambiguityの頭文字から未来の予測が難しくなる状況。
2016年のダボス会議以降によく使われるようになった言葉。

V
Volatility
変動性

新たなテクノロジーの登場などで速いスピードで、価値観や社会の仕組み、顧客ニーズなどが大きく変動している状況。

例
SNSの普及、ITツールやAIによるビジネス手法の変化や既存業務の代用

U
Uncertainty
不確実性

国際情勢の変化や自然環境（災害）など、社会の情勢が不確かで将来が予測できない状況。

例
新型コロナウイルスの影響によるテレワークの浸透、ロシアのウクライナ侵攻による原材料不足と物価高

C
Complexity
複雑性

経済のグローバル化や新しい技術や手法などの登場で、ビジネスや業務が高度化・複雑化している状況。

例
金融とデジタル技術を結び付けたFintech（フィンテック）、海外でのサービスを日本に導入する際の法的課題

A
Ambiguity
曖昧性

「V」「U」「C」が複雑に組み合わさることで物事の因果関係が曖昧になり、何が正解なのかが見つかりにくい状況。

例
ベンチャーキャピタル（投資）やM&A（合併と買収）の相手先

これから求められる社会人としての力

経済産業省ではライフステージの各段階で活躍し続けるために求められる力を「人生100年時代の社会人基礎力」として3つの視点、3つの能力を挙げています。そして、自己を認識して振り返ることで、社会人基礎力を深めていくことが求められています。

［ 人生100年時代の社会人基礎力 ］

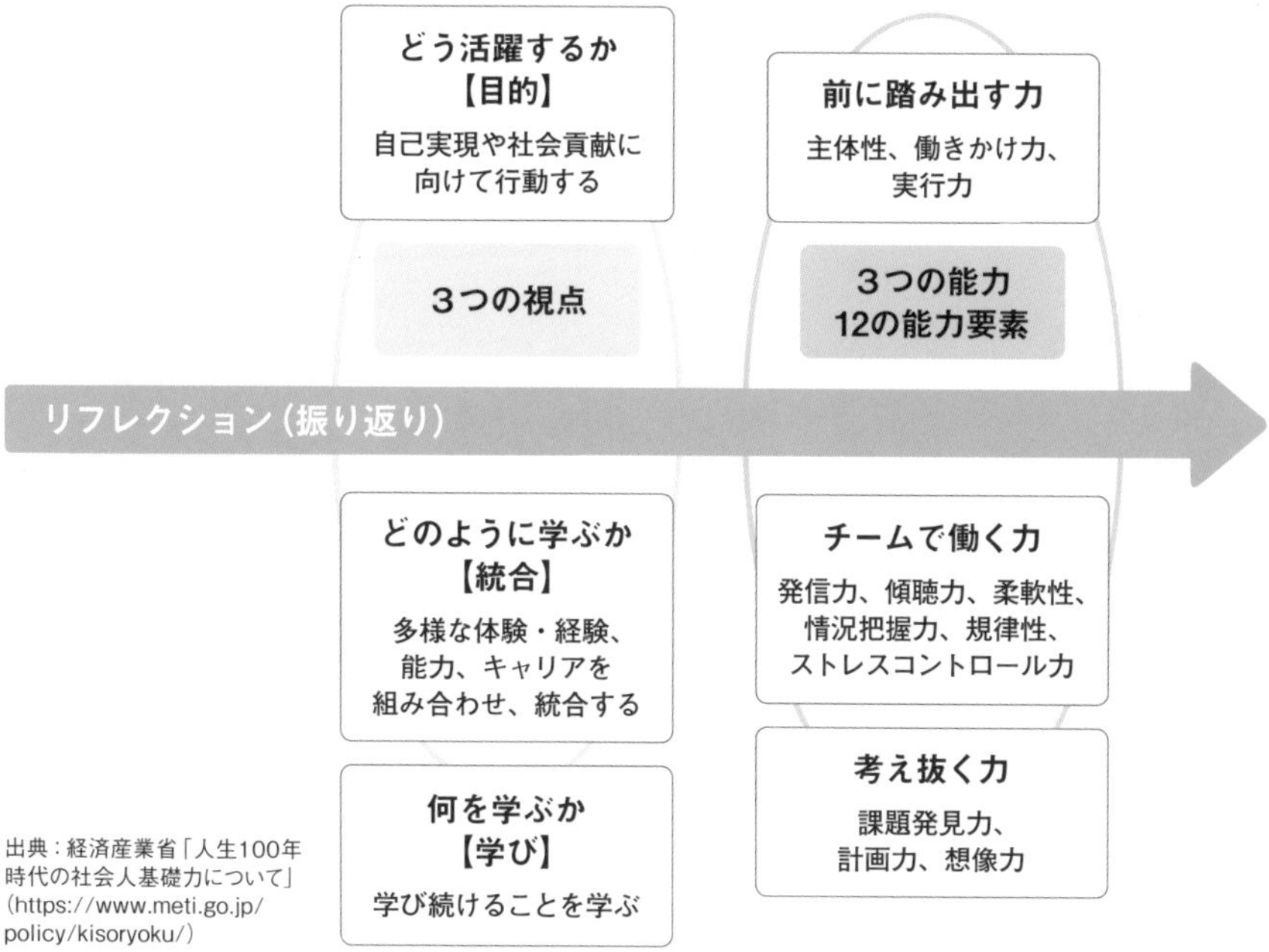

出典：経済産業省「人生100年時代の社会人基礎力について」（https://www.meti.go.jp/policy/kisoryoku/）

企業のキャリアに対するとらえ方も変わる

企業に対するエンゲージメントやスキル・能力、労働生産性の向上などの観点からも、自らがキャリアについての考えをもち主体的に行動する人材は、重要度を増しています。従来型の一方的な人材育成から、自律的キャリア開発を促す動きがあります。

● キャリア形成の特徴の変化

組織主導

人材育成

企業側が人員配置や異動などでキャリアを提示。事業戦略に基づくスキルや技術の習得を促し、OJT（職場内訓練）や画一的な研修などで長期雇用を前提とした育成を行う。

➡

個人主導

自律的キャリア開発

自らがキャリアについて考え、必要と考えられる行動・学習に主体的・継続的に取り組む。企業は学び、兼業・副業、社内起業、キャリア教育などでそれを支援する。

キャリアを後押しするさまざまな選択肢

キャリアオーナーシップで自分のキャリアを形成する

キャリア形成の手段は多様化しています。転職を繰り返す方法もあれば、退職した会社に再び復帰したり、起業して退職した会社とビジネス関係を結んでいったりする方法もあるでしょう。転職をせずに一つの会社に長く勤めることで、スキルや人間関係を深化させていく方法も、会社に勤めながら副業・兼業やリカレントを行う方法もあります。

　さまざまな方法がありますが、どれが正解ということはありません。人のキャリアは参考にしながらも、**キャリアオーナーシップをもって自分にとって納得のいくキャリアを形成**していくことが大切なのです。

キャリア形成の選択肢はさまざま

自分はどのようにキャリア形成を行っていきたいのか。「転職」「起業」など、大きく分けると同じ選択肢でも、人とまったく同一のキャリア形成というものはありません。

転職

勤めていた会社を退職して別の会社に入社する。異業種・異職種に転職する人も増えている。

➡ Chapter3参照

副業・兼業

会社に勤めながら関連する仕事もしくは違う仕事を行う。所属部署以外の仕事を行う「社内副業」を導入する企業もある。

➡ P54参照

起業

ビジネスを立ち上げて新たな製品やサービスを生み出す。革新的なビジネスを起こす起業は「スタートアップ」とも言われる。

1社で勤め上げる

転職をせずに1社に長く勤めることも、立派なキャリア形成の選択肢の一つ。

社会構造の変化により変わる現役世代の意識

社会に出た後も、それぞれの人が必要なタイミングで再び学び、仕事と学びを繰り返すことをリカレントといいます。ITツールやAIなど新しいテクノロジーの登場や社会構造の複雑化で、これまでの知識や経験だけでは業務をこなすことが難しい現代では学習したり、学習してみたいと考える人は増えています。

[社会人になった後の学校での学び直しの状況]

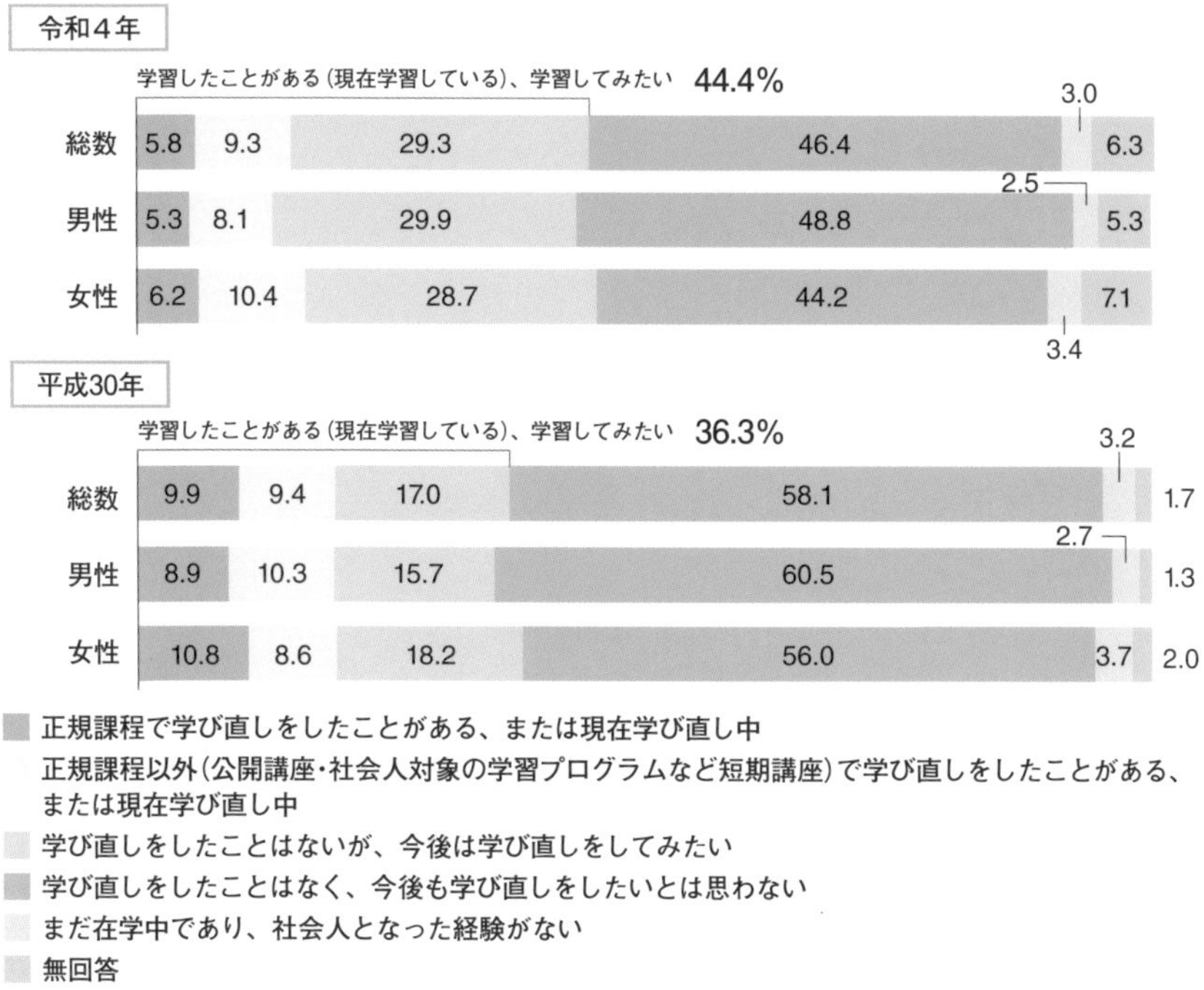

出典：内閣府「生涯学習に関する世論調査（平成30年7月調査、令和4年7月調査）」

マルチステージの人生の中で学び直しを
すでに行っている、もしくは行いたいと
感じる人が平成30年に比べると増えています。

押さえておきたい

社会人の学び直しを支援する制度

学び直しの支援制度としては、厚生労働大臣が指定する教育訓練を修了した場合に受講費用の一部が支給される「教育訓練給付制度」があります。対象となる講座は約1万5000あり、デジタル関係の講座や専門職大学院の課程なども対象となっています。また、文部科学省のサイト「マナパス」では大学・専門学校などの学び直しの講座情報や費用支援の情報などが紹介されています。

長年の在職で企業と候補者の双方と長期の信頼関係を構築

株式会社ジェイ エイ シー リクルートメント
富永暢昭さん（人材紹介コンサルタント）

人材
コンサルタント
として企業と
人をつなぐ

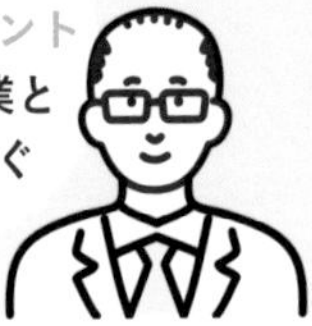

大学卒業後、大手都市銀行に入行。2004年に株式会社ジェイ エイ シー リクルートメントに入社。2011年よりエグゼクティブディビジョンに所属。経営幹部クラスに特化したエグゼクティブサーチ／人材紹介サービスで社内トップレベルの実績を長年継続。

「企業の成長支援」がベース 異業種からの転職で実現

——これまでの経歴について教えてください。

新卒で大手都市銀行に入行し、６年間、法人営業にかかわっていました。その後、２００４年に当社に入社し、人材紹介コンサルタントとして、企業の採用支援および転職を希望する方の転職支援を行っています。

——分野の異なる現在の会社に入られたきっかけは何ですか？

新卒で銀行を選んだのは、「企業の成長支援」をしたいという思いがあったからですが、自分の営業活動の取り組みはお客様に貢献できていないと感じていました。自身の行いたいことがここでは実現できないのではないかと悩み、転職を考えたときの相談先が当社でした。次に何がしたいか考え、相談する中で、コンサルタントの仕事が面白そうだと感じました。人材紹介業は企業が本当に採用したい人材をご紹介できたときに、初めて報酬が発生します。企業の採用のために必死で取り組めば、企業は採用が成功して喜び、またさらに入社できて喜ぶ方がいる、自分はその縁を作ることで目標を達成できます。企業のために頑張れば何も矛盾することなくすべてが叶うビジネスだと思いました。それが自分のベースにあった「企業の成長支援」とつながったために、この仕事に就こうと決めました。

——現職からの転職を考えられても在職し続けた理由はなぜですか？

リーマンショック後に企業が採用活動を控えていた折に、自身も業績が上がらず厳しい評価を受けた時期がありました。その際にこの半年で結果を出した中で評価をしてもらえなかったら辞める選択肢もあると考えました。しかし、その後の評価面談で極めて高い評価を受けました。これは当社の良い点ですが、敗者復活がいくらでもできる、しっかりとやればその時点で評価してくれる会社だと改めて思えたのです。

また当社では「自由と規律」という考え方をフィロソフィーとしています。会社への共感と仕事のやりがい、新しいことに常にチャレンジする機会をもらえる。それが長年、同じ会社で常に高いモチベーションで仕事を続けられていることにつながっていると思います。

正当な評価とやりがいが長年の勤務につながる

——一つの会社で長く働き続けることにどんなメリットがありますか？

自社の成長が自分の喜びとなります。入社時に２００名程度だった会社が１５００名に、売上も20倍近くになりました。自社だけでなく、紹介した方が活躍されてその企業が成長することを見守っていけることも、自分のやりがいにつながります。

20年間の働きぶりを周囲に見てもらえているために、それをベースとした信頼関係で仕事ができるという点も強みです。

——信頼関係という点で印象に残っているエピソードはありますか？

２０１６年に、ある企業の人事部長の方を上場企業の取締役管理本部長としてご紹介しました。そこからその企業ともご縁が深まり、キャリア採用のご紹介を複数させていただいていました。２０２２年にその方が次のステップを考えられ、別の上場企業の執行役員への転職支援をさせていただきました。その際、転職先のＣＥＯにご提案したところ、最初は転職前の企業の規模から自社には合わないと渋られました。しかし、必ずその企業のためになる方と思いましたし、候補者とも6年のお付き合いの中でとてもすばらしい方と感じていました。絶対的な自信でＣＥＯの意見を覆して面談の場を設定したところ、面談開始から10分ほどで「いつから来てもらえるか」という話にまで盛り上がりました。その企業を長期で理解したことと候補者の働きぶりを見続けて推薦したことが結果につながり、高い達成感を覚えた経験でした。

長く勤めて長くお付き合いをさせていただいているからこそ、実現できたことだと実感しています。

社内でトップクラスの紹介実績を長年継続

年間実績
（全社コンサルタント約800名中）

2017年度	2位
2018年度	1位
2019年度	3位
2020年度	2位
2021年度	6位

紹介実績の一部

- 上場メーカー…海外事業管掌執行役員／取締役CFO／執行役リージョンプレジデント／執行役員管理本部長／EC事業部長／経営企画部長／情報システム部長／中国現地法人総経理
- 上場商社…執行役員社長室長／社外取締役
- IPO準備ITサービス…副社長
- 外資系企業…新規事業統括部長
- ホテル運営企業／代表取締役社長

入社後からこれまで400名を超える人の新たな出発を実現。

「体験の共有」をテーマにしたＶＲで起業。退職した会社と協業して新たな関係を構築

「辞めて終わり」ではない関係を築く

イマクリエイト株式会社
山本彰洋さん（代表取締役 CEO）

大学卒業後、住友商事に入社。2018年に体験シェアリング株式会社を創業。2019年に株式会社CanRと合併し、イマクリエイト株式会社に称号を変更。主な事業はXR（VR/AR/MR）システムの企画・開発・運用・コンサルティング。

10億人を相手にできるビジネスを創造したいと発起

――前職を退職されたきっかけや理由は何ですか？

２０１６年に赴任中のトルコでクーデターが起きて死を身近に感じる機会があり、一度きりの人生なのでやりたいことをやろうと、退職・起業を決意しました。起業するからには「10億人を相手にできる」ビジネスを創造したいと考えました。

10億人レベルのものは何だろうと考えたときに、大学時代にさまざまな国を旅した経験から、「体験が人生最高のコンテンツ」であると思いました。「体験を共有」できるなら10億人を相手にビジネスできるのではないだろうかと。そうした着想をもったまま帰国したのが「VR元年」と呼ばれる年でした。視覚・聴覚を簡単に共有できる、これからさらに触覚や味覚などにも発展していく未来が見えたので、この分野で起業しようと決意しました。

――退職の際に気をつけたことは何ですか？

起業を考えてから退職までに2年ほどの準備期間を置きました。転職ではなく起業ということもありましたが、今後安定的に給料が入ってくるという保証はありませんでした。転職や何か新しいことに挑戦するときは、一定程度の資金や生活費を担保しておくことは大切かもしれません。やってみないとリスクが見えない部分はありますが、家族の理解を得ることや、例えば配偶者の出産、子育てなどといった人生におけるタイミングも重要であると感じています。

――退職された会社について、離れてから気づいた点はありますか？

資金力や世界的に展開しているネットワーク力はやはりすごいなと。社員は魅力的な人が多かったですね。そうした企業に7年間在職していたという経験が、起業してから自分でビジネスを行っていく上で、取引先の信頼につながっていると実感しています。

退職した会社と協業で双方の利益を生み出す

——退職された会社とのビジネスについて教えてください。

起業後に退職者（アルムナイ）のイベントがあり、ＶＲのビジネスをやっているということを先方の担当者と話す機会がありました。医療系のＶＲをやりたいと伝えたところ、ちょうどそうしたミッションに取り組もうとしているということで、そこから現在につながりました。

具体的には弱視を改善するＶＲの開発に取り組んでいます。弱視とは片方の視力が悪いことですが、10歳ぐらいまでに治さないと治りづらいと言われています。その治療にＶＲを取り入れることで、より効果的に改善できるのではないかといった発想をもとに開発を行っています。また、効果的な治療計画などを可能にする弱視改善ＶＲの開発も進めており、近い未来に子どもや両親への負担が少ない治療法を提供できるように取り組んでいます。

——退職された会社とのつながりでメリットに感じる部分は何ですか？

信頼できる情報をもっている人が多いということ、特に同期の存在が大きいです。商社は取り組んでいる分野が多岐にわたるため、ある分野のことを知りたいときにその担当者に聞くと、内部の詳しい情報を得ることができます。営業をしていてもトップレベルがどのようなことをやっているかというイメージがつくので、そうした点はとてもメリットに感じています。

会社自体もプロジェクトごとにアルムナイで最適化された人材で取り組むという方法を取り入れる傾向に変化しており、良い関係性が築けていると感じています。

——転職や退職を考えている方にアドバイスをお願いします。

限られた人生の中で、やりたいことをやったほうがよいと思っています。特に最近は人材の流動性が上がっているので、やりたいことがあったら会社にしばられずにどんどん挑戦したほうがよいでしょう。会社を辞めて新たな道を踏み出すことで、逆に関係が深まったり新たな関係性を構築できたりすることもあります。当社の社員の中でも転職したり起業したりした人もいますが、次に挑戦してほしいと、応援して送り出しています。

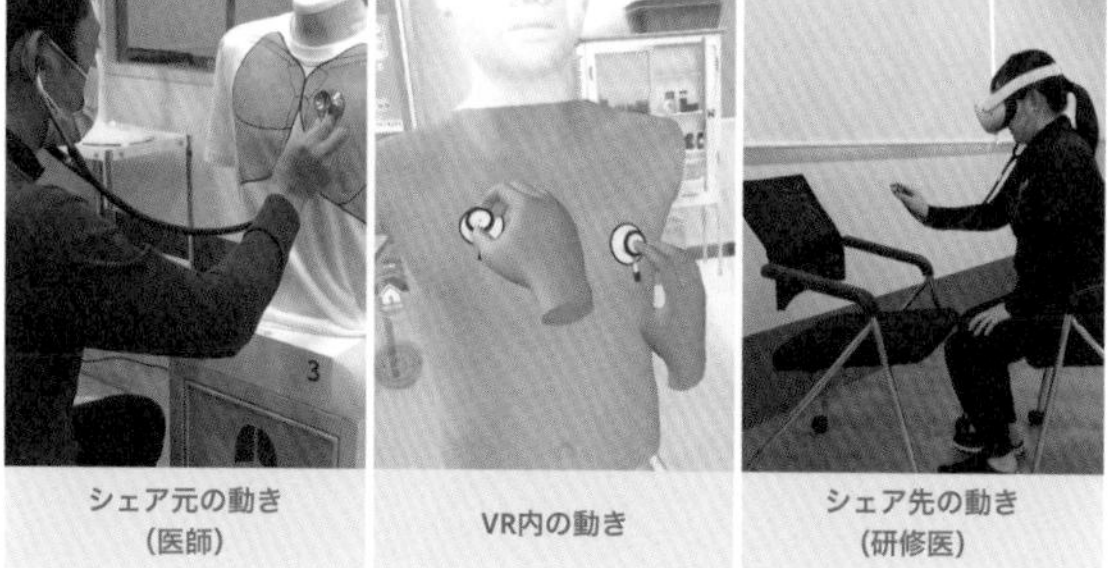

VRプラットフォーム「ナップ」では、体の動きをデータ化しVR上に可視化、シェア。動きをなぞることで、感覚を共有できる。

家族という基盤ありきのキャリア ともに成長し仕事に還元したい

育休で人生が充実

株式会社レジェンダ
鶴田聡さん（経営企画）

レジェンダ・コーポレーション株式会社に新卒で入社。その後何度かのグループ内転職を経て、現在は株式会社レジェンダの経営企画室に所属。経営数値の可視化、経営トップのメッセージ発信、オフィス環境の整備などを担当する。現在2回目の育休取得中。

男性の育休は当たり前という職場に愛着を感じる

——これまでの経歴と現在のお仕事の内容は？

2013年、レジェンダ・コーポレーション株式会社に新卒で入社し、現在は経営企画室で、経営数値の可視化、経営トップからのメッセージの発信などを担当しています。

——育休を取得された経緯を教えてください。

2020年第1子誕生時に2カ月取得。2023年10月に第2子が誕生したばかりで現在育休中ですが、取得期間は6カ月です。

フルタイムで働く妻の1人目の妊娠がわかったときから育休を取得すると決め、早めに職場にも伝えました。というのは、出産という身体を張った大事業を乗り超えて子育てしていくには夫の全面的協力がなければ物理的に無理という認識があったからです。2カ月必要と思った理由は、1カ月が妻の体調回復期、もう1カ月は赤ちゃんのいる生活に慣れる調整期間という位置づけでした。

2人目はこれに加えて3歳になった上の子の心のケアが必要です。上の子は生まれたばかりの赤ちゃんに親の愛がとられるのではないかと不安定になりがち。一人が家事を回す間、もう一人は上の子の相手をしてあげられる状況を作りたかったのです。加えて妻は産休明けで職場復帰する予定なので、6カ月間は自分がメインで家のことを担う覚悟を決めました。

以前から子育てへの夫のかかわり方が夫婦関係に大きな影響を与えると雑誌やネットの記事などで学んでいました。家庭円満があってこそのキャリアだと思っているので、自分にとって育休取得はごく自然な流れでした。

——職場との調整はどのようにされましたか？

該当する男性社員の半分以上が育休を取得する職場なので、当たり前のこととして受け止めてもらえました。私のように担当業務が社内の人とのやり取り中心という者だけでなく、クライアント業務に従事している男性社員も育休を取得できる環境です。育休に限らずチームのメンバーがしばらく職場を離れる場合は、「お互い補い合おう」という意識があります。引継ぎは、期間を設定して適切に段取りできたので特に混乱はありませんでした。3人の子育て経験者である女性の上司も、男性にとって育休を取ることは長い目で見てメリットが大きいという考えの持ち主です。

子どもの日々の成長を夫婦でわかちあえる喜び

——育休をとってよかったと思うことは何ですか？

　子どもの成長の瞬間を目の前で見ることができ、妻と一緒に喜びあえる幸せは何ものにも替えられないです。また、両親とも主体的に子どもの面倒を見ることに慣れているので、どちらかが体調が悪くなっても慌てずに対応できるようになりました。

——復帰後の仕事の進め方に変化はありましたか？

　子どもがいるとどうしてもいろんなことに一度に対応しなくてはいけません。また保育園のお迎えの時間は決まっているので、残業しないで済むようにうまく段取る必要があります。まだ十分ではありませんが、以前よりさらに効率よく仕事を回すことを意識するようになりました。

——課題はありますか？

　自分の職場は育休を当たり前に受け入れる文化があって恵まれていると思いますが、世間一般では、まだまだ男性の育休は少数派。実際に取得するとなると二の足を踏む状況もあるようです。収入減に不安があるという声も聞きますが、社会保険料の免除分を加味すると実質2割減にとどまります。そのことを知らないであきらめている人もいるのは残念です。正しい情報がもっと多くの人に伝わって育休取得の阻害要因が解消されるとよいと思います。

——育休取得を考えている人にアドバイスをお願いします。

　可能であればぜひ取得されることをおすすめします。それも2カ月以上。男性はお腹に孕むことはできないし、どうしても知識や経験が不足しがち。言われたことを手伝うのではなく、主たる担い手として子どもと向き合う時間を作ってみると、人生における家族の重要性を肌で感じられると思います。

男性の育児休業取得率は高まっている

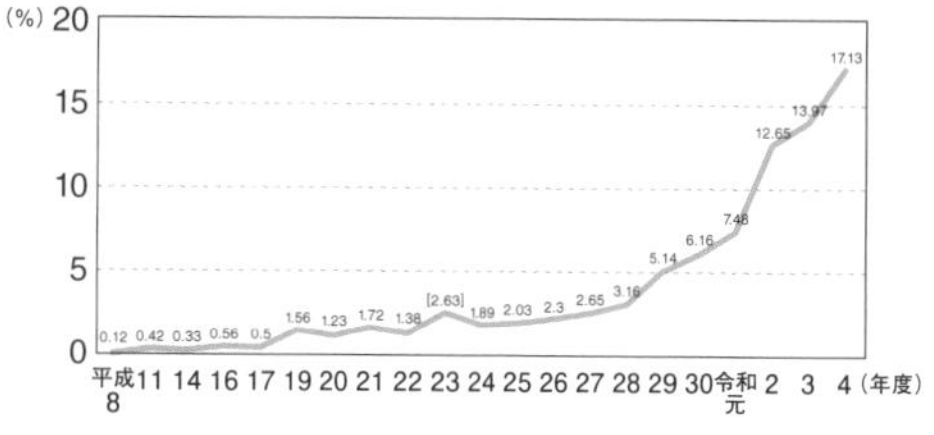

注：平成23年度の[ ]内の割合は、岩手県、宮城県及び福島県を除く全国の結果。
出典：厚生労働省「令和4年度雇用均等基本調査」

夫婦で育休を活用して協力しながら子育てを担うことで、生産性にも好影響がもたらされる。

目利き力が支える 付加価値の創造で社会に貢献したい

新ビジネスを育てる

Translink Capital
内田知宏さん（ベンチャーキャピタル）

日立ソリューションズにSEとして入社。新規事業立ち上げにかかわり、ロンドン、シリコンバレーの駐在経験を経て2020年帰国後は新規事業立ち上げ部門の責任者に。2021年Translink Capitalに転職し、成長の見込まれるスタートアップ企業と既存企業との協働を支援する。

多様な企業文化をつなぐハブとなる

――これまでの経歴と現在の仕事の内容を教えてください。

２００１年に日立ソリューションズに入社し、ＳＥとしてキャリアをスタートしました。２０１０年からの10年間は新規事業開発のキャリアを開始。その間ロンドン、シリコンバレーと2度の海外赴任を経験しました。

現地のスタートアップ企業のもつ尖った技術を日立ソリューションズとの協力関係でどのように成長させ、必要とする人のところに届けることができるのかという課題に取り組んできました。

２０２０年に帰国後は新規事業立ち上げ部門の責任者となり、２０２１年Ｔｒａｎｓｌｉｎｋ Ｃａｐｉｔａｌに転職しました。

――転職を考えた理由を教えてください。

社会人になって20年経過して、そろそろ次のフェーズへと思ったのと、これまでの経験で培ったスキルを生かして、一つの組織だけでなく日本のビジネス全体の活性化に貢献できたらと思ったからです。

培われたスキルとは、今後成長する市場や会社を見抜く目利き力と、文化の違う組織同士をつなぐノウハウです。

シリコンバレー時代から付き合いのあった現在の職場で、それらのスキルを生かしながら、新ビジネスを育てるお手伝いができるのではないかと思ったのが、転職の動機です。

――転職してみていかがでしたか？

仕事の内容は、興味深い技術をもつスタートアップ企業を発掘し資金面や戦略面でのサポートをしつつ、潜在顧客の紹介などを通じて成長をサポートするというもので、以前から取り組んでいる業務の延長線上にあるものです。

ただ、ベンチャーキャピタルという立場に身を置くと、より広い視野とネットワークをもてるようになったと思います。

正反対の文化をもつ組織同士を自分がハブとなってつなぐことも多いです。スタートアップと老舗企業、どちらの立場や考え方にも精通している自分が間に入って調整することで、それぞれの強みが生かされるのが醍醐味ですね。

日本の企業の多くは、既存の枠を超えたチャレンジをしたいけれど、

スタートアップの資金調達の推移

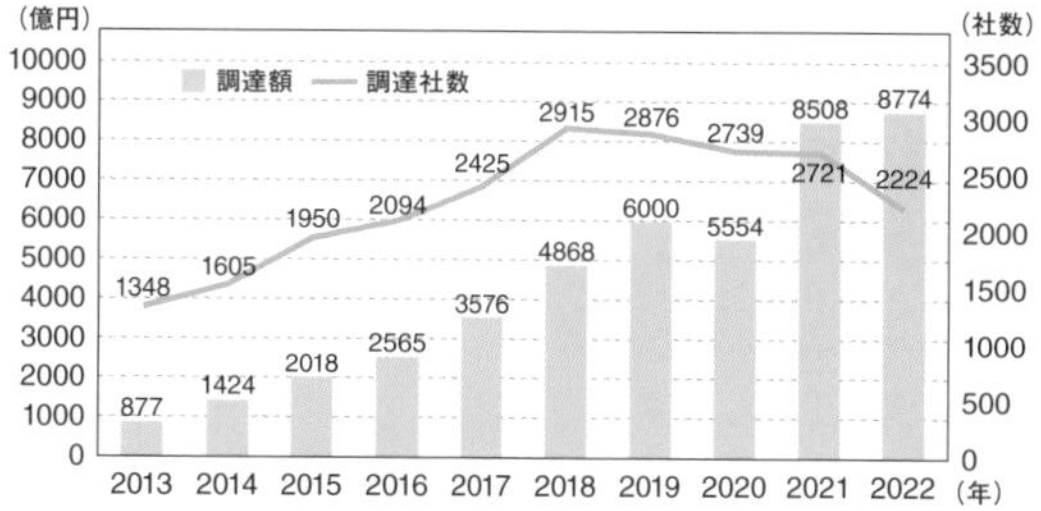

出典：一般社団法人日本ベンチャーキャピタル協会「ベンチャーキャピタル最新動向レポート（2022年）」をもとに作成

スタートアップの資金調達額は年々増加している。

思い切った変革が難しいというジレンマを抱えているように感じます。

そんな中で、自分が経験してきた好事例を紹介したり、多様な組織と連携をとりやすい環境作りをしたりすることで、チャレンジを促す推進力になれていることに大きな意義を感じています。

古巣と情報・意見交換して ともに成長していく

――以前の職場との関係はどのように維持していますか？

自分はさまざまな組織と協働する立場にいるので、高度に専門化された最先端の情報に触れる機会も多いです。前の職場とは、お互いの得た新しい知識を交換したり、開発者サイドが見落としがちな顧客の視点からの意見を求めたりすることもあります。そうしたコミュニケーションの継続はお互いの成長にとってメリットが大きいです。

さらに、外から古巣を見ると、改めて見えてくることが多々あります。

例えば、社員のやりたいことを応援する風土においてはかなり先進的な企業だという点。社員が自ら発案し計画・実行することを後押しする企業文化の中で、自分のマインドセットが醸成されたと思います。そのことへの感謝の気持ちは今も変わりません。

――転職を考えている人にアドバイスをお願いします。

転職の意思が決まった時点で、職場には理由も含めて早めに説明することをおすすめします。丁寧に説明すれば必ず理解してもらえると思います。引継ぎや後任の確保にもある程度時間を要するので、余裕をもって段取ることがお互いにとって大切だと思います。

転職は人生の一大事業ととらえられがちですが、個人的には転職は健全なキャリア形成のひとつのステップだと思います。前の職場ともよい関係を保ちながら、より世界を広げていく機会ととらえたらよいのではないでしょうか？

相手の価値観に響く提案で課題解決とビジネスを共存させたい

課題解決型
ビジネス
モデル

インパクトサークル株式会社
田村和弘さん（日本事業責任者）

2008年三井住友海上火災保険入社、8年間営業職に従事。南アフリカでのインターンを経て2019年よりUber Japan社、2021年より英Tractable社のオペレーション責任者等を経て、現職。投資事業を通して社会課題の解決を同時に図るプロジェクトに携わる。

自分のスキルを生かして社会貢献

――これまでの経歴と現在の仕事の内容を教えてください。

２００８年に三井住友海上火災保険株式会社に入社し、８年間営業職と事業開発を担当しました。その後２０１７年から２年間フランスへ留学（留学中に３カ月間、南アフリカのヨハネスブルグでインターンを経験）。帰国後Ｕｂｅｒとイギリス資本のトラクタブル社を経て、現在はインパクトサークル株式会社にて、日本とフィリピンで「インパクト投資」を通じて社会課題を解決する事業に取り組んでいます。

インパクト投資とは、経済合理性の追求だけではなく、投資を通じて社会に直接的によい影響が広がることを目指す活動のことです。代表的事例は、フィリピンのタクシードライバーの支援です。ドライバーが自分の三輪自動車を所有しようとしても低所得のためローンが組めず割高なレンタル料を支払いながら働き貧困から抜け出せないという社会課題があります。この課題を解決するために、見込み所得を計算に入れたローン設計で自動車の取得を容易にし、生活の安定を促進する事業を導入しました。その成果を見える化するために、データを収集してレポートを作成し投資家に提示。さらなる投資を呼び込む活動をしています。

この仕組みを応用して日本国内でも物流業界のドライバー不足と雇用創出の同時解決を図っています。その事業は古巣の三井住友海上とも連携して進めています。

――以前の職場とのつながりが仕事にも直結しているのですね。

人脈ももちろんですが、古巣で培われた営業マインドが大きく影響しています。三井住友海上では相手の考え方を徹底的に分析して提案をするという営業スタイルが当然でした。ところが転職してほかの現場を経験してみて、皆が実践していることではないと気づかされました。長く求められる存在であり続ける理由は、こういうところにあるのかもしれないと思いました。

一方、治安が悪いと言われる南アフリカでは、Ｕｂｅｒが安全かつ安価な移動手段を提供して、さらに雇用を創出していました。技術と知恵で新しい価値を生み出している事例は目からウロコでした。こうした経験から、保険会社で培った自分の営業マインドと、切実なニーズから生まれる柔軟な発想を組み合わせたら新しい価値を創造できるのではないかと考えるようになりました。

相手の価値観を知るには相手の懐に飛び込んでみる

――他者の価値観を理解するためにどのようなことを心がけていらっしゃいますか？

人対人なので、その人の特性に合わせて話しやすい環境作りをします。人は誰しも国や地域、世代、経験によってそれぞれ違う価値観をもっているものです。それを知る手がかりとして歴史、文化、習慣も学んで自分なりに仮説をたてた上で、こちらからボールを投げてみて反応を確かめたりと、さまざまなヒントから理解を深めるようにしています。

――人のつながりを大切にされているのですね。

これまでご縁のあった方とのつながりを継続することは、実際に取引や新しい事業にも生かされるだけでなく、人間としての成長にもつながると思います。自分以外にも転職している元同僚はたくさんいて、そういう人たちを通じてさらに人脈が広がり、お互いに情報交換できることは、刺激的で楽しいです。

自分の場合は日本の大企業、ＮＰＯ、外資系企業、スタートアップとさまざまな組織を体験して、多様な視点にふれたことが、今の自分の軸を作っていると思います。

――転職を考えている方にアドバイスをお願いします。

自分なりの意思決定軸をもつこととそれを言語化することが大切だと思います。優先したいことは何か、軸をしっかり決めて臨むことをおすすめします。

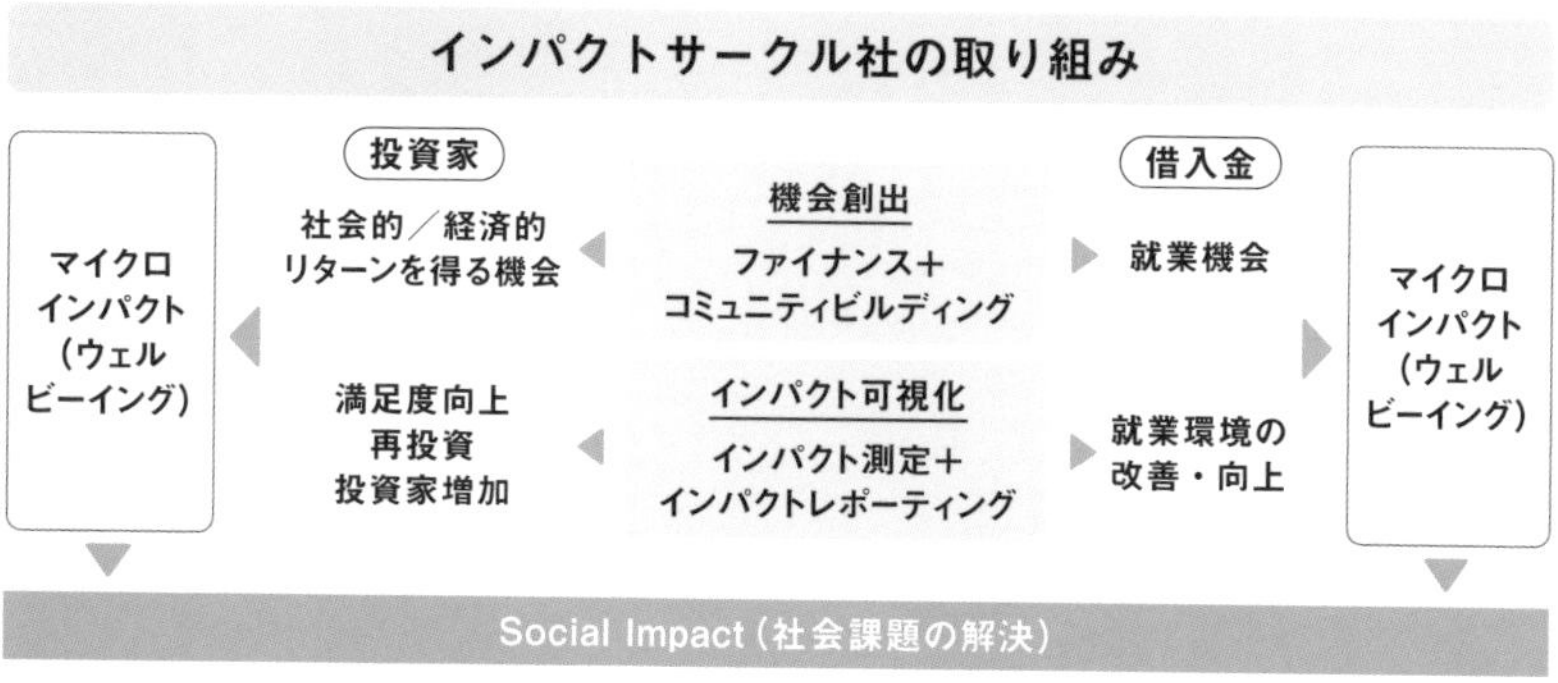

機会創出とインパクト可視化を通じて、結果として社会的課題解決（貧困改善、環境保全など）につながることを可視化する。

出産をきっかけに広がった視点から新たな学びと成長が得られた

保育士
親子でともに成長

YYさん（保育士）

医療機器の営業職4年の経験後、夫の海外駐在に帯同するため退職。出産のため帰国後、2人の男の子を育てながら保育士の資格を取得し、再就職。現在はパートタイムで子育てと保育士の仕事を両立。ほかにも、ファイナンシャルプランナー、フランス語検定、着物着付け講師など多彩な資格を保持する。

社会との接点を保ち キャリアも見据えて資格取得

——これまでの経歴と現在の仕事の内容を教えてください。

医療機器の営業職を経験した後、国際協力プロジェクトに携わっている夫の海外赴任に帯同するため退職しました。1人目の妊娠後、出産のために帰国し、ほぼ一人で子育て。2人目出産後も、できるだけ早く社会復帰したいと考え、宅建士やファイナンシャルプランナー、フランス語検定など将来のキャリアにプラスになりそうな資格に次々チャレンジ。子育てのほかにも自分の世界をもとうと必死でした。

——保育士資格を取得しようと思ったきっかけは？

保育士資格を通じて総合的に子育ての知識・技術を高めておけば、海外での子育てにも役に立つだろう、海外滞在中も帰国後も就労の機会につながるかもしれないとの思いで、独習を始めました。

2020年1月に保育士試験に合格。この年の夏頃にケニア行きを予定していたので、それまでの間だけでも資格を生かそうと、4月から認可保育園のパートで働き始めました。

久々の社会復帰は体力的には厳しかったですが、嬉しかったです。その後コロナがなかなか収束せず、ケニア行きが白紙になったこともあり就職先を探していたところ、自分の子どもたちの通う認可外保育園からお声がけいただいて正規職員となりました。

その保育園では、息子が園の玄関で登園しぶりをしていた際に先生の声かけ一つで笑顔になって部屋に入っていく姿を見てとても感動し、先生方に絶大な信頼を寄せていたので一緒に働けることは光栄でした。

仕事で得たスキルを生かして 生活と子の成長に好循環

——実際に仕事をしてみてどうでしたか？

保育士の仕事は、想像以上に大変

です。日本の保育園の配置基準では保育士一人あたりが担当する子どもの数が諸外国に比べて多く、負担が大きいのもあります。さらに、園児一人ひとりの家庭環境や個性はさまざまで、自分の子育て経験だけではとても追いつかない高度なスキルが求められることがわかりました。それだけにやりがいも大きく、子どもたちの成長を保護者の方たちと一緒に喜び合える幸せは格別です。

ただ、実質ワンオペ育児をしながらの正規職員は負担が大きく、ベビーシッター代の補助など公的な支援制度も使って職場とも調整しながら何とか続けてきましたが、現在はパートに切り替えています。

――ご自身の子育てや家事で工夫していることはありますか?

保育士として学んだ環境整備の仕方、例えば「物を少なくする」「わかりやすくラベリングする」などを家でも実践すると、子どもたちが自分で片付けや身支度できるように成長し、結果、家事も楽になります。そうして生活リズムが整うと子どもの情緒も安定するといういい循環が生まれました。

――今後の目標は?

近い目標は幼稚園教諭資格の取得です。必要な単位は通信大学で取得済みで、保育士としての勤務時間数を満たせば免許が取得でき、認定こども園で働くことができるようになります。さらなる目標は児童発達支援管理責任者の資格取得です。もっと丁寧に一人ひとりの発達段階に沿った向き合い方ができたらと思っています。

――キャリアを中断後に復職を目指している方へのアドバイスをお願いします。

それぞれの置かれた状況の中で最適解を見つけるには、考えるだけでは前に進まないので、まずは一歩踏み出してみることをおすすめします。その際、支援制度について情報を集め、使えるものは使う、職場とも交渉しながら状況に対応していくという姿勢が大切だと思います。

保育士の有効求人倍率は全職種平均に比べて高い

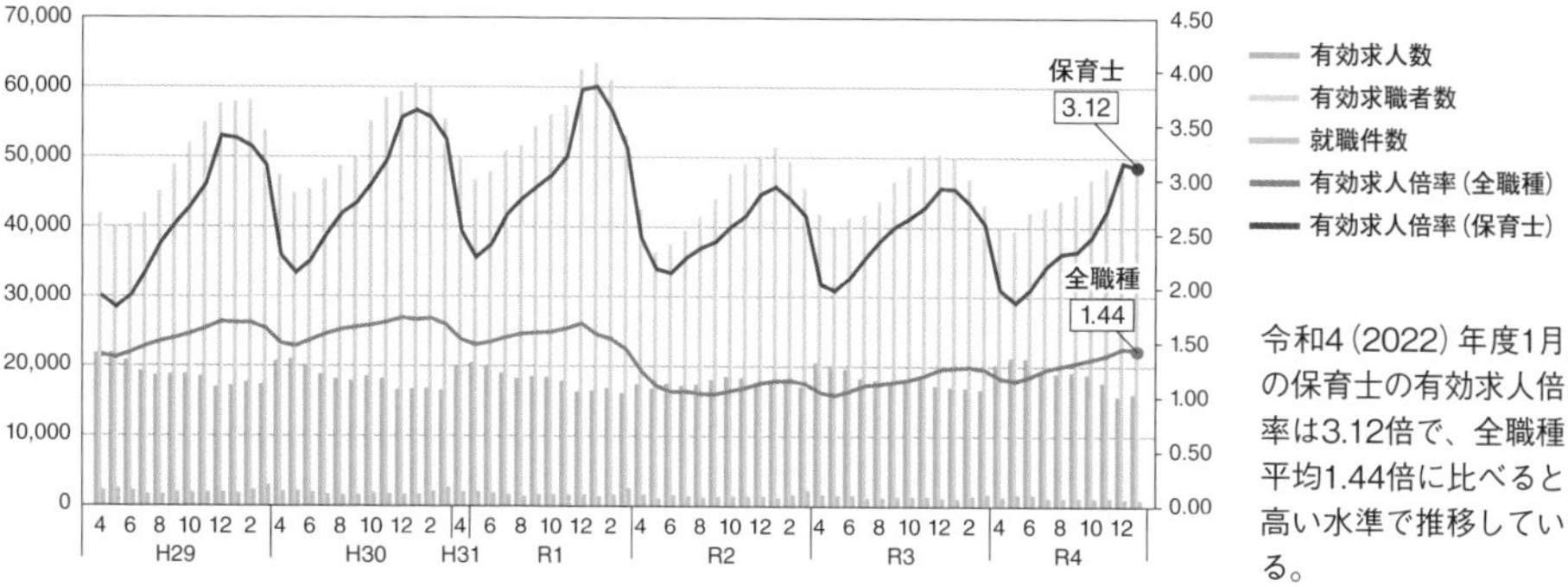

令和4(2022)年度1月の保育士の有効求人倍率は3.12倍で、全職種平均1.44倍に比べると高い水準で推移している。

出典:厚生労働省「一般職業紹介状況(職業安定業務統計)」

経験ゼロから飛び込み 世界に貢献する社会人のパイオニアに

社会課題を解決する

森川光世さん（国境なき医師団）

私立中高一貫校の英語教師から国境なき医師団日本事務局の職員として2005年に入職。2009年からスーダン、ナイジェリア、イエメンなどでの海外派遣に参加。アドミニストレーターとして予算管理など担当する。帰国後、米国公認会計士試験に合格し、大手監査法人に就職。有給休暇を活用して2022年にはウクライナでの支援活動に参加した。

教える立場から課題解決する立場へ

――これまでの経歴と現在の仕事の内容を教えてください。

高校のころからの夢だった英語教師を目指して日本の大学で教員免許取得後にアメリカの大学院に留学。帰国後、私立中高一貫校の英語教員になりました。授業では経済格差、人種差別、エイズなど世界で起こっているさまざまな社会問題を扱いました。それらについて生徒に知識を深めてほしいと、ＮＧＯ職員を招いて講演してもらうなどするうちに、自分も課題を解決する側に回りたいと思うようになりました。

教員を辞めてＮＧＯ運営の勉強をしていたとき、国境なき医師団（ＭＳＦ）のことを知り、その後、日本事務局に入職しました。担当はファンドレイジングという寄付関連の窓口で、日本の支援者に活動内容や寄付金の使われ方を説明するのですが、知れば知るほど現場の活動にかかわりたいという思いが強くなりました。現場で役立つスキルがなかったので、会計の知識を着けようと米国公認会計士（ＵＳＣＰＡ）の勉強を始め、合格はしていなかったものの、海外派遣スタッフに採用され、２００９年5月から約1年間スーダンに派遣されました。

――医療職でなくても派遣スタッフになれるのですね？

プロジェクトには、現場で働く医療職だけでなくお金の出入りを統括する人が必要です。私は現地スタッフと協力しながら、本部との調整やスタッフの給与の支払いなどを担当しました。細かいことを同時進行で目配りしなければいけないのですが、教員時代に培った調整力や事務局での4年間の経験が役立ちました。

――政情不安な地域への派遣に不安はありませんでしたか？

念願の海外派遣だったので喜びの方が勝っていました。それに、ＭＳＦでは、スタッフの安全を確保するための想定行動指針がしっかり立てられています。例えばスタッフが拉致された場合の訓練もあります。積み重ねた経験値に基づく対応法を学べたので安心できました。

　その後ナイジェリア、イエメン、エチオピアでの活動を経て、２０１２年３月に帰国。ＭＳＦ日本事務局の海外で活動する職員の採用担当として１年半勤めた後、退職して本格的にＵＳＣＰＡの勉強を再開。２０１５年に合格しました。その後シエラレオネでの活動に参加。帰国後、２０１６年に大手監査法人に入社し、現在も在職中です。

多様な人々と協働する能力が役立つ

――資格を生かしての転職になったわけですね？

　そうですね。とはいえ、一般企業での経験も監査の経験もなしで採用されるのは珍しいことと思います。海外派遣で多様な背景の人々と協力しあって目標を達成する経験で培った調整能力やコミュニケーション能力が評価されたのだと思います。

　現在は会計監査ではなくリスクアドバイザリー事業に携わる中で、官公庁のプロジェクトを担当していますが、そこでは、外国人の患者受け入れ態勢整備や医療ＤＸに関連する海外事例の調査などを進めています。チームをまとめて限られた期間に結果を出すという、まさに海外活動で行っていたことが生かされています。

――今後の目標は？

　２０２２年に有給休暇を使ってウクライナでの活動に参加してきました。職場の上司も理解を示してくれました。これを単発で終わらせず、継続的に本業との両立、そういう文化の確立を目指していきたいです。

　幸い時代の流れも手伝って会社全体で、社員一人ひとりの幸せが社会や地球の幸せにつながることを目指したウェルビーイング向上の気運が高まっています。民間企業と人道援助で働くことを両立し、それぞれの分野での経験が相互に役立つことを示す社会人のモデルケースになりたいと思っています。

――キャリア形成に悩んでいる方へのアドバイスをお願いします。

　やりたいことの追求が決してキャリアを阻むものではなく、人としての幅を広げ、逆にキャリアにもよい影響を与えるととらえてほしいです。

　一歩踏み出すタイミングは人それぞれですが、「できない理由」に着目するより、自分の中での優先順位を考えれば、おのずと道は見えてくると思います。

国境なき医師団の活動実績（2022年）

外来診療件数	1627万2300件
入院患者数	121万4100人
帝王切開を含む分娩介助件数	32万700件
マラリア治療件数	426万8600件
入院栄養治療プログラムに受け入れた重度栄養失調児数	12万7400人
麻酔を用いた外科手術件数	11万8100件

タイプの違う看護経験を通して広い視野で健康をサポート

地域の人々の健康を守る

MKさん（看護師）

新卒で都内総合病院に看護師として入職。美容外科へ転職して、看護技術だけでなくレベルの高い接遇マインドを学び新人研修で講師も担当。結婚を機に出身地の長野県に移住後、地元の総合病院の産婦人科病棟に勤務。第1子出産後は外科外来に復帰しリーダー看護師として各部署との連携の要となる。第2子出産後インタビュー時は育休中。

身近な人の健康を守りたい思いからスタート

——看護師になりたいと思ったきっかけは何でしたか？

高校生のとき、祖父が胃がんで余命1カ月と診断されました。何もできない自分がもどかしく、医療の専門知識を身に着けて家族の助けになりたいと思ったのがきっかけです。

２０１２年、新卒で都内の総合病院に入職。終末期の患者さんもいる病棟の看護師として医療処置の介助、人工呼吸器管理など基本的な看護技術を身に着けました。新人のころは死と向き合うことに慣れていなくて、自分の処置が悪かったのではと思い詰めたり精神的に苦しいこともありましたが、職場の結束が固く、皆で情報共有して励まし合って頑張ろうという空気がありました。そのおかげで、過酷な状況も乗り越えられたと、今も感謝しています。

その後、以前からきれいになりたい人をお手伝いしたい気持ちがあり若いうちに挑戦しようと、大手美容外科クリニックに転職し、脱毛、シミ取り、スキンケアなどに必要な医療的処置を担当しました。

——総合病院と美容外科では求められるスキルはどう違いますか？

どちらも確かな看護技術が求められるのは当然ですが、長期入院もある総合病院では、よそよそしくならないように親しみをもって患者さんに接していました。一方、美容外科はサービス業の要素が強く第一印象が大切。身なりにも気を使い、言葉遣いにも気をつけながら不用意にお客様の気分を害することがないように注意を払っていました。高いレベルの接遇マインドを身に着け、新人研修の講師も担当しました。

４年間勤めた後、結婚を機に夫婦ともに地元である長野県に戻って、総合病院に入職。最初は産婦人科病棟の看護師として配属され、主に出産前後のお母さんと新生児のケアを担当しました。

——産婦人科は初めてでしたか？

はい。当時はまだ出産経験がなかったので、赤ちゃんの抱っこもぎこちないところからのスタートでした。お産を介助するときは、緊張しましたが、助産師さんはじめ周りのスタッフがとても丁寧に指導してくれたおかげで、仕事に慣れていきました。自分の出産も職場でしましたが、様子がわかっているだけに安心感がありました。

地域の子育てを応援する保健師になりたい

——復帰後、子育てと仕事の両立はどのように工夫していますか？

　第1子が1歳8カ月になったとき復帰しましたが、夜勤のある病棟勤務は難しいので、外科外来に配置替えとなりました。リーダー看護師としてカンファレンス（患者さんの情報を関係者で共有して治療方針を決める会議）に参加して、各方面との調整を図る役目を担っています。夜勤がないとはいえ、保育園の準備や送り迎えをはじめ、こなすべき家事・育児は山ほど。一人では無理なので夫と話し合い、それぞれの勤務状況と調整しながら分担しています。

　とはいえ、人間ですから忙しい日常でつい夫や子どもに対して感情が爆発しそうになることもあります。そんなときは「ペアレントトレーニング」という地域主催の講座で学んだことを思い出し、まず感謝の気持ちを伝えてから、お願いしたいことを冷静に言うように心がけています。

——今後の目標は？

　将来的には保健師として地域住民の健康を守る活動をしたいです。特に自分の経験から、子育て中の親は社会との接点が少なくなって、乳幼児健診のときに接する保健師さんの一言が大きな意味をもつと実感しています。保健師から前向きになれる言葉をかけてあげられたら、もっと安心して子育てできると思います。

——キャリア形成に悩んでいる方へのアドバイスをお願いします。

　完璧を求めすぎず、少しずつでも前に進めたら自分をほめてほしいです。自分もさまざまな職場を経験して、多様な視点がもてるようになりました。どんな経験も次に生かされると思って前向きに臨んでもらえたらと思います。

保健師と看護師の役割の違い

	保健師	看護師
主な仕事	保健指導	診療補助、療養者の世話
主な支援対象	地域住民など	傷病者など
主な勤務先	・市町村（保健センター） ・保健所　・病院　・診療所 ・一般企業　・学校	・病院　・診療所 ・訪問看護ステーション ・介護施設　・保育所など
なるには	看護師国家試験と保健師国家試験の両方に合格して保健師免許を取得	看護師国家試験に合格して看護師免許を取得

看護師が病気やけがのある人をサポートするのに対して、保健師は病気を予防して健康維持・増進をサポートする役割。

【索引】

株式会社ハッカズーク

企業と退職者に関するアルムナイ（退職者）という領域でサービスを提供。アルムナイ・ネットワークやコミュニティの構築を支援するクラウドシステム「Official-Alumni.com（オフィシャル・アルムナイ・ドットコム）」やコンサルティングなどを提供していて、日本を代表するような多くの大企業にサービスが導入されています。

日本初のアルムナイに特化したクラウドサービス「Official-Alumni.com（オフィシャル・アルムナイ・ドットコム）」。

アルムナイとは

元々は学校の卒業生などを意味して広く使われている言葉。欧米企業を中心にコーポレート・アルムナイとして企業の退職者を意味するようにも使われるようになった。

日本では終身雇用などの雇用慣習を背景に「退職者＝裏切り者」という考えが長く根付いていたこともあり、退職が縁の切れ目となることが一般的でしたが、2020年頃からアルムナイに関する取り組みをする企業が急増しています。ハッカズーク社のビジョンである「アルムナイとの関係構築で、退職で終わらない企業と個人の新しい関係を実現して、退職による損失をなくす」動きが日本でも加速しています。

● 企業と退職者の関係をアップデート

アルムナイとの関係構築で、退職で終わらない企業と個人の新しい関係を実現して、退職による損失をなくす。

● 監修社

株式会社ハッカズーク

2017年の設立以来、企業とアルムナイ（退職者）の関係を構築する領域で、アルムナイ・ネットワークやコミュニティを支援するクラウドシステム「Official-Alumni.com（オフィシャル・アルムナイ・ドットコム）」やコンサルティングサービスなどを提供。日本を代表する多くの大企業がサービスを導入する業界のリーディング企業であり、テレビや新聞でも多く取り上げられている。同社のビジョン「退職で終わらない企業と個人の新しい関係を実現して、退職による損失をなくす」を実現するために、退職後の関係構築だけでなく、退職時の体験の改革にも取り組んでおり、退職者と企業の双方にとっての良い退職体験を実現する「#辞め方改革」を提唱している。

STAFF

イラスト／こつじゆい
本文デザイン・DTP／加藤美保子
装丁／俵社
執筆協力／長坂亮子　吉村亜紀　圓岡志麻
編集・DTP協力／株式会社エディポック
編集／朝日新聞出版　生活・文化編集部（上原千穂・森香織）

転職《てんしょく》の前《まえ》に知《し》っておきたい　正《ただ》しい辞《や》め方《かた》

今《いま》さら聞《き》けない

転《てん》職《しょく》・退《たい》職《しょく》の超《ちょう》基《き》本《ほん》

監　修　　株式会社ハッカズーク
発行者　　片桐圭子
発行所　　朝日新聞出版
〒104-8011
東京都中央区築地5-3-2
（お問い合わせ）infojitsuyo@asahi.com
印刷所　　図書印刷株式会社

Published in Japan by Asahi Shimbun Publications Inc.
ISBN 978-4-02-334158-6

定価はカバーに表示してあります。
落丁・乱丁の場合は弊社業務部（電話03-5540-7800）へご連絡ください。
送料弊社負担にてお取り替えいたします。